W0188942

Blettenberg

Reflektierte Praxis: DED-Beiträge zur Entwicklungspolitik

Herausgegeben von
Willi Erl und
Volkmar Becker

Dietrich Reimer Verlag Berlin

Anton Markmiller

„Die Erziehung des Negers zur Arbeit"

Wie die koloniale Pädagogik
afrikanische Gesellschaften in die
Abhängigkeit führte

Dietrich Reimer Verlag Berlin

Die Deutsche Bibliothek – CIP-Einheitsaufnahme

Markmiller, Anton:
„Die Erziehung des Negers zur Arbeit" : wie die koloniale
Pädagogik afrikanische Gesellschaften in die Abhängigkeit
führte / Anton Markmiller. - Berlin : Reimer, 1995
(Reflektierte Praxis)
ISBN 3-496-02551-4

Die vorliegende Arbeit wurde vom Fachbereichsrat der
Philosophischen Fakultät II – Psychologie und Pädagogik – der
Universität Regensburg unter dem Titel *„Die Erziehung des Negers
zur Arbeit" – Der Beitrag der kolonialen Pädagogik zur
Strukturellen Abhängigkeit peripherer Gesellschaften* im Juli 1994
als Dissertation angenommen.

Umschlaggestaltung: Bayerl & Ost, Frankfurt a. M.
unter Verwendung eines Fotos von 1885:
Die deutschen Kolonien,Togo
Bildarchiv preussischer Kulturbesitz

© 1995 by Dietrich Reimer Verlag
Dr. Friedrich Kaufmann
Unter den Eichen 57
12203 Berlin

Inhaltsverzeichnis

Vorwort

In seiner Schriftenreihe „Reflektierte Praxis" veröffentlicht der DED ein Buch mit dem heutzutage provozierenden Titel „Die Erziehung des Negers zur Abeit". Dabei handelt es sich um die Dissertation in Pädagogik, die Anton Markmiller, der Leiter der Vorbereitungsabteilung des Deutschen Entwicklungsdienstes verfaßte. Welchen Beitrag leistet diese rückblickende Arbeit zur Reflexion der gegenwärtigen Praxis des DED?

Bereichert durch eine kritische Auseinandersetzung mit der Dependenztheorie beschäftigt sich die Arbeit – zunächst – mit der Analyse des Zusammenstoßes der auf kapitalistischen Grundlagen beruhenden Ökonomie der Kolonialnation Deutschland und der subsistenzwirtschaflich organisierten Ökonomie im östlichen Afrika – einem Gebiet also, das später Deutsch-Ostafrika genannt werden sollte. Der Prozeß der Kolonisierung dieses Gebietes ist hinreichend dahingehend beschrieben worden, daß die Grundmuster heutiger weltwirtschaftlicher Arbeitsteilung wesentlich in kolonialer Zeit begründet und legitimiert worden sind. Ausgeblendet bei der Diskussion dieser Zusammenhänge ist allerdings weitgehend der Beitrag des kolonialen Bildungs- und Erziehungswesens mit seinem wesentlichen Zweck der Arbeitserziehung, um die historische und aktuelle Abhängigkeit armer Gesellschaften zu errichten und abzusichern.

Gerade die Frage der Arbeitserziehung beinhaltet eine besondere Brisanz: Es geht hierbei schlicht um die Zurichtung von Menschen für die Bereitstellung von Arbeitskraft für den Kolonialherrn und die Verankerung eines entsprechenden Bewußtseins bei den Betroffenen. Zum „Neger" – dieser aus kolonialen Zusammenhängen überkommenen Terminologie, ihrer Verwurzelung im kleinbürgerlichen Bewußtsein heutiger Menschen und der daraus entspringenden Rassen- und Rollenzuweisung – zum „Neger" wird man nicht geboren, zum „Neger" wird man gemacht.

Anton Markmiller liefert hierzu keine Geschichte der kolonialen Pädagogik, sondern stellt auf verschiedenen Ebenen schrittweise dar, mit welchen Zielen, Erwartungen, Methoden und Resultaten Kolonialherrn und Missionare als Erzieher der schwarzen einheimischen Bevölkerung gearbeitet haben und welche nachhaltigen Auswirkungen dies auf die einheimische Bevölkerung, deren kulturelle, wirtschaftliche und soziale Eigenständigkeit und ihre gesellschaftliche Entwicklung im lokalen, regionalen und weltweiten Zusammenhang hatte.

Dazu werden diejenigen Dokumente ausgewertet und dargestellt, denen Informationen über die ideologischen und programmatischen Voraussetzungen, die Umsetzungen und die Effekte einer „Erziehung des Negers" zur Arbeit zu entnehmen sind. Dies sind besonders Konzeptionen und Beschreibungen der Kolonisierung einerseits und der christlichen Missionierung auf der anderen Seite. Dabei sind umfangreiche kolonialpädagogische Quellen ausgewertet worden. Den Zusammenhang, daß gerade nach dem „Erwerb" der Kolonie Deutsch-Ostafrika durch das Deutsche Reich innerhalb der Missionsgesellschaften und der Kolonialverwaltung eine lebhafte Diskussion über Stellenwert und Methoden kolonialer Pädagogik eingesetzt hat, analysiert der Autor. Er stellt fest: Es gab einen engen Bezug zwischen der sogenannten Arbeiterfrage in den Kolonien und der von den Missionsschulen zu leistenden „Bildung".

Einen besonderen Stellenwert nahm dabei die sogenannte Arbeitserziehung ein. Dieser Aspekt der Kolonisierung, bei der über religiöse Erziehung und praktische Unterweisung eine Bewußtseinsveränderung bei den Betroffenen vorgenommen wurde, ist in vergleichbaren Arbeiten bislang weitgehend ausgeblendet worden. Obwohl gerade die Konzeption der Arbeitserziehung in den zeitgenössischen Diskussionen einen breiten Stellenwert einnahm, erscheint sie in den Aufarbeitungen der kolonialen Phase des Deutschen Reiches seltsam romantisierend als unumgänglicher Beitrag zur Finanzierung der Erziehungsleistungen der Missionare oder als notwendig, um einen vermuteten Dünkel der „Besserstellung" der mit europäischer Bildung beglückten Schwarzen zu vermeiden.

Besonders zeigt Anton Markmiller auf: Die Abschaffung der Sklaverei stellt eine historische Schnittstelle dar zu einem neuen System der Anwendung der Arbeitskraft afrikanischer Menschen. Die Zwänge zur Arbeit wurden indirekter, vielfältiger, „selbstbestimmter" und gerade dadurch effektiver. Hatten die Missionare dazu beigetragen, Zwangsarbeit und Sklaverei abzuschaffen, so waren sie es aber auch, die andere und scheinbar humanere Instrumente der Nötigung zur Arbeit entdeckt und entwickelt hatten. Hier erweist sich die Beziehung des Missionswesens zur Kolonialverwaltung bei allen Gegensätzlichkeiten als wirksame Symbiose.

Dies zeigt sich explizit am Nachweis des Einflusses, den der Vorschlag eines evangelischen „Missionstheoretikers" zur Bereitstellung von schwarzer Arbeitskraft für koloniale Zwecke hatte: Unter der Überschrift „Wie erzieht man am besten den Neger zur Plantagenarbeit?" schlug er als wirksames Erziehungsmittel die Erhebung einer Kopf- und Hüttensteuer vor, die die Afrikaner zur Arbeitsleistung zwang. Durch die Einführung dieser Steuer in Deutsch-Ostafrika gelang es der deutschen Kolonialverwaltung in kurzer Zeit und in großem Stil, afrikanische Menschen zur „freiwilligen" Arbeitsleistung zu bringen. (Der Zusammenhang der Preisschrift Merenskys mit der Einführung der Kopf- und Hüttensteuer ist meines Wissens bisher in der Literatur nicht dokumentiert worden. Merensky hat dieses Modell allerdings vom englischen Beispiel in der Kap-Kolonie übernommen.)

Markmillers Arbeit ist für den DED und sein Handeln von besonderem Belang aus mehreren Gründen: Zunächst sollten Entwicklungshelferinnen und

-helfer Kenntnis von der kolonialen Geschichte des Deutschen Reiches besitzen. Zum einen ist es notwendig, den Weg zu kennen, den die europäischen Kolonialnationen bei der Unterwerfung „des Südens" genommen haben, zum zweiten prägt diese Unterwerfung noch heute viele Erwartungen und Projektionen der Menschen in der sogenannten Dritten Welt, mit denen Entwicklungsarbeiter konfrontiert werden, zum dritten schließlich hat der Kolonialismus die Grundlinien der Ausbeutung – oder moderner: der internationalen Arbeitsteilung – gelegt, die uns heute von der „Dritten Welt" sprechen lassen müssen.

Konzept und Wirkungsmechanismen kolonialer Pädagogik blieben bei der Aufarbeitung des Kolonialismus weitgehend ausgeblendet. Allenfalls taugte das Schlagwort vom christianisierenden Missionar mit Bibel und Flinte, der dem nackten Wilden die Kleidung der Zivilisation überwarf, dazu, die Bildungsbemühungen der Mission obsolet zu machen. Das subtile Wirken einer auf europäischen ethischen Zusammenhängen aufgebauten Erziehungskonzeption als ein Instrument zur Umwertung der ortsbürtigen Werte verlangt aber eine gründlichere Analyse.

Eine solche Analyse ist dann speziell erforderlich, wenn festgestellt werden muß, daß sich das heutige Wirken von Entwicklungshelfern – oberflächlich betrachtet – von dem der Missionare nicht wesentlich unterscheidet. Findet nicht auch hier eine „Arbeitserziehung" statt? Werden nicht auch hier Werte, Kenntnisse, Fertigkeiten vermittelt, die für die Teilnahme am ökonomischen Prozeß einer kapitalistischen Weltordnung unerläßlich sind? Wird der Eurozentrismus der frühen Bildungskonzepte nicht ins Unendliche verlängert und wird nicht gerade dadurch die Umwertung der ortsbürtigen Werte subtil aber „effizient, professionell und nachhaltig" fortgesetzt?

Diese Fragen können nicht eindeutig mit Nein beantwortet werden. Der Sinn der vorliegenden Ausführungen und der damit angestoßenen Reflexion liegt aber darin, sie sich in der praktischen Entwicklungszusammenarbeit immer wieder zu stellen. Es ist ein Anliegen dieser Arbeit, die Sensibilität für systemimmanente Wirkungszusammenhänge zu wecken und zu größter Vorsicht bei der unreflektierten Übernahme eurozentrischer Sichtweisen aufzurufen. Dies betrifft vor allem die unkritische Übernahme sogenannter moderner Planungsmodelle, die zwar vorgeben, die einheimische Bevölkerung einzubeziehen und an der Planung teilhaben zu lassen, die aber bereits in ihrer Anlage ein Instrument der Perpetuierung von geistigen Abhängigkeitsstrukturen darstellen.

Der Kolonialismus mit seinen Auswirkungen und der damit einhergegangenen Zerstörung der ortsbürtigen Lebensbedingungen ist nicht rückgängig zu machen und jede Romantisierung vergangener Zeiten führt in die Irre – so romantisch waren diese Zeiten ohnehin nicht, denn auch die feudale Gesellschaft Afrikas war eine Ausbeutungsgesellschaft. Es muß also um eine pragmatische Analyse der heutigen Situation der sogenannten Entwicklungsländer im Rahmen der weltwirtschaftlichen Zusammenhänge gehen, um moderne Entwicklungszusammenarbeit wirksam zu gestalten.

Moderne Entwicklungszuammenarbeit hat sich vom missionarischen Auftrag der Sendung freigemacht und konnte sich somit im Interesse der armen Menschen qualifizieren und für die Verbesserung von deren Lebensbedingungen eintreten. Gleichzeitig hat aber auch die Mission ihren Ansatz verändert und sieht sich heute überwiegend eben diesem Anliegen verpflichtet. Nicht mehr das Überstülpen von Werten ist heute das Credo der Missionare, sondern das Unterstützen von Selbsthilfeansätzen der Menschen. Hier treffen sich die Entwicklungsbemühungen kirchlicher, quasi-staatlicher und nicht-staatlicher Organisationen.

Die Gefahr der eurozentristischen Überfremdung wird verstärkt durch die staatlichen Interessen, in deren Dienst auch die Entwicklungszusammenarbeit steht. Damit wird zweierlei deutlich: der eurozentristische Kontext ist stets zu überprüfen und nach Möglichkeit zu minimieren, vielmehr aber sind die staatlichen Interessen im politischen Prozeß so zu beeinflussen, daß sie die Überwindung von Armut und Not, die Befreiung aus Unterdrückung, Folter und Mord und schließlich die stützende tätige Solidarität als eigenständige Werte definieren. Sich dies zu gegenwärtigen, ist Aufgabe für alle, die sich in der Entwicklungszusammenarbeit engagieren und ist auch Aufgabe der entwicklungspolitischen Bildungsarbeit und Bewußtseinsbildung.

Auch in diesem Zusammenhang will die vorliegende Arbeit helfen, mit einigen Argumenten dagegen zu halten, wenn es heißt: „Der Neger war schon immer faul und arbeitsscheu!"

Berlin, im März 1995   Willi Erl
                                            Geschäftsführer des DED

Eine Welt, die Reichtum hervorbringt um den Preis der Armut

Ein engagiertes Wort vorweg

Im Zuge der Diskussion um die Analysen der Dependenztheoretiker zur Erklärung von Entwicklung und Unterentwicklung schien Mitte der siebziger Jahre tatsächlich die Hoffnung auf, die bestehende Kluft zwischen den Industrieländern und den sogenannten Entwicklungsländern werde in den folgenden Jahren kleiner werden. Immerhin stellte die Dependenztheorie erstmals einen ursächlichen Zusammenhang von wachsendem Reichtum und wachsender Armut her. Die in verschiedenen modernistischen Entwürfen scheinbar vorgezeichnete Linie einer menschlichen Entwicklung von der Steinzeit zum Industriezeitalter war mittels einer in ökonomischer Dependenz analysierten Wirklichkeit gebrochen.

Noch Ende November 1974 hatte die 2. Welternährungskonferenz formuliert, daß nach Ablauf eines Jahrzehnts kein Kind mehr hungrig zu Bett gehen müsse und keine Familie sich um das tägliche Brot mehr zu sorgen habe. Inzwischen ist bekannt, daß dieses Ziel nicht erreicht wurde, sondern im Gegenteil die Kluft beständig größer geworden ist. Die Zunahme der Bedrohungen für eine Zukunft des Menschen und aller Menschen wird durch den sogenannten Umweltgipfel in Rio de Janeiro im Jahre 1992 augenscheinlich dokumentiert.

Zwar sind große weltweite Anstrengungen unternommen worden, um die soziale und wirtschaftliche Situation der Länder in Armut, Not und Unterdrückung zu verbessern, doch haben Entwicklungsprogramme und Entwicklungskonferenzen nicht verhindert, daß die Verelendung von immer mehr Menschen weiter fortgeschritten ist. Und die Fragen wurden immer dringlicher: Kommen die „Entwicklungsprogramme" tatsächlich den armen und bedürftigen Menschen zugute? Werden nicht durch vielfältige Hilfsprogramme neue Abhängigkeiten geschaffen? Kann überhaupt „Hilfe zur Selbsthilfe" geleistet werden?

Die Ursachen der Verarmung werden im öffentlichen Bewußtsein nach wie vor besonders in einer „Rückständigkeit" der Länder des Südens gesehen. Entwicklungspolitik ist in diesem Denkmodell eine politische und wirtschaftliche „Nachhilfepolitik" der „Entwickelten" für die „Unterentwickelten" auf dem Wege der Industrialisierung und Modernisierung. Diese Argumentation ist blanker Zynismus vor dem Hintergrund einer verschleierten strukturellen Abhängigkeit dieser Länder. Gerade aber die wachsende Schuldenlast vieler Länder Afrikas, Asiens und Lateinamerikas hat eben diese Abhängigkeit von den kapitalstarken Ländergruppen erhöht und ihren eigenen Handlungsspielraum ständig verringert. Die gegenwärtigen Weltwirtschaftsstrukturen sind kaum geeignet, eine eigenständige Entwicklung für alle zu ermöglichen.

Die Erfahrungen vieler entwicklungspolitisch aktiver Gruppen hierzulande aus Partnerschaften mit Initiativen in armen Ländern lehren, die Beziehungen der Bundesrepublik Deutschland zu den Ländern, in denen Armut herrscht, nicht als einen Randbereich des eigenen Lebensvollzugs zu sehen. In einem der reichsten Länder der Welt konsumieren wir Bundesbürger nicht nur Nachrichten und Kultur armer Länder, sondern auch deren „billige" Nahrungsmittel und Rohstoffe.

Welche Verantwortung tragen wir für diese Welt, die Reichtum um den Preis der Armut hervorbringt?

Die Probleme dieser Welt können nicht verborgen bleiben. Weltweit sterben jedes Jahr ca. 80 Millionen Menschen, weil ihnen die zum Überleben notwendigen Nahrungsmittel vorenthalten werden. An Unterernährung, fehlender Gesundheitsfürsorge und unmenschlichen Lebensbedingungen leiden mehr als 800 Millionen Menschen. Und wer kann alle die zählen, die in ihren Grundrechten menschlicher Existenz eingeschränkt und ständig von Verarmung und Verelendung bedroht sind?

Auf der Suche nach den Ursachen rücken soziale Ungleichheiten und strukturelle Ungerechtigkeiten auf nationaler und internationaler Ebene immer schärfer ins Blickfeld:

Hunger entspringt offensichtlich nicht einer Knappheit der Nahrungsmittel, sondern der verschwenderischen Nutzung und ungerechten Verteilung der vorhandenen: sowohl innerhalb der betroffenen Länder als auch weltweit. Die Industrieländer mit nur einem Viertel der Weltbevölkerung verbrauchen 4/5 der Reichtümer der Welt. Die einseitige Landverteilung zugunsten weniger Großgrundbesitzer und zu Lasten unzähliger abhängiger Bauern und Tagelöhner in den Ländern des Südens stützt und befördert diese Situation. Nahrungsmittelknappheit herrscht dort, wo die Landwirtschaft nach Exportinteressen organisiert wurde und Nahrungsmittelimporte den Anreiz zur Eigenproduktion verhindern.

Das rapide Bevölkerungswachstum in vielen Ländern ist weniger Ursache der Verarmung als vielmehr Folge einer fehlenden sozialen Sicherheit. Lang bestehende Lebensgewohnheiten und Gemeinschaftsformen werden durch die Überstülpung und Aggressivität von außen kommender Lebensmuster und Kulturindustrien sowie der damit einhergehenden Kommerzialisierung seit Jahrhunderten zerstört. Frauen und Kinder sind von dieser Verelendung am stärksten betroffen und müssen, um überleben zu können, immer mehr schlecht bezahlte Arbeiten ausführen. Frauen verrichten weltweit zwei Drittel der gesellschaftlich notwendigen Arbeiten, erhalten aber nur ein Zehntel des Einkommens.

12

Die Verarmung der Bevölkerungsmehrheit geht einher mit der obszönen Bereicherung einer kleinen Minderheit: lokale Eliten, hervorgegangen aus kolonialen Strukturen und deren wirtschaftspolitischem Vermächtnis, abhängig vom Auslandskapital und nicht selten der Korruption verfallen. Gleichzeitig ist diese Elite daran interessiert, Kapital in das Ausland zu transferieren.

Landflucht und Verelendung in städtischen Slums sind die Folgen der Zerstörung vorhandener Eigenversorgung (Subsistenzwirtschaft), die im Interesse einer billigen Rohstoffbeschaffung von Monokulturen verdrängt wird. Eigene nationale Entwicklungswege (z. B. Aufbau eines einheimischen Kleingewerbes) auf der Grundlage gewachsener Selbstversorgungsstrukturen werden durch den übermächtigen Druck arbeitszeitsparender Importtechnologien und multinationaler Konzerne verhindert. Diese Konzerne verfolgen nicht die Befriedigung der Grundbedürfnisse der Bevölkerung, sondern ihre eigenen Profitinteressen.

Das geringe oder sogar negative Wirtschaftswachstum der Länder des Südens muß im Zusammenhang mit den für sie immer ungünstiger werdenden Austauschrelationen (fallende Rohstoffpreise – steigende Preise der modernen Industriegüter) gesehen werden. Die in der Zeit des Kolonialismus von Europa geschaffenen Ausbeutungsstrukturen haben die ehemaligen Kolonien bis heute in ihrer damaligen Rolle belassen: als Lieferant billiger Rohstoffe und Arbeitskräfte sowie als Käufer von Industriegütern.

Die soziale Entwicklung wird gebremst und behindert von Menschenrechtsverletzungen durch Militärdiktaturen und anderen Unrechtsregimen. Anstatt politischem Druck von außen ausgesetzt zu sein, erhalten diese Regimes jedoch oftmals internationale Anerkennung und wirtschaftliche Unterstützung.

Die niedrigen Anteile der Länder des Südens beim „freien" Welthandel sind nicht bedingt durch geringe Produktionsraten. Ursache dafür ist vielmehr die Chancenungleichheit auf dem Weltmarkt. Das Weltwirtschaftssystem wird durch die hochindustrialisierten Länder des Nordens bestimmt und kontrolliert: Mengenbegrenzungen, Zollschranken (für Fertigwaren), Subventionen für eigene Produkte und andere Handelshemmnisse gewährleisten, daß in den Industrienationen zentrierter Reichtum auf Kosten der wirtschaftlich schwächeren Länder wachsen kann.

Die katastrophale Auslandsverschuldung vieler Länder hat inzwischen dazu geführt, daß die Rückzahlungen aus Zinsen und Tilgungen größer sind als die entgegengenommenen Entwicklungshilfegelder. Der in den reichen Norden fließende Geldstrom wird zusätzlich vermehrt durch die Transfer-Manipulationen (z. B. überhöhte innerbetriebliche Verrechnungspreise) der multinationalen Konzerne und die Kapitaltransfers der reichen Oberschicht aus den sogenannten Entwicklungsländern in die Banken der Industrienationen.

Die Kredite, auf die die verschuldeten Länder immer wieder neu angewiesen sind, führen sie in eine wirtschaftspolitische Abhängigkeit von den Gläubigerländern (oder -Banken) und dem Internationalen Währungsfonds (IWF), d. h. in die Abhängigkeit der reichen Industrieländer. Die mit den Schuldnerländern vereinbarten Maßnahmen wie Lohnstopp und Freigabe der Preise treffen aber immer und am stärksten die Armen in der Bevölkerung.

Die Bundesrepublik Deutschland trägt als eines der reichsten Länder der Welt mit ihrer großen wirtschaftlichen und politischen Macht Mitverantwortung für das Weltwirtschaftssystem, das den nahtlosen Übergang von kolonialer Ausbeutung zur heutigen strukturellen Abhängigkeit ermöglicht.

Zugleich wird unsere Welt mehr und mehr von einem „Zivilisationsmodell" bestimmt, das sich wirtschaftliches Wachstum, die Erschließung sowie die Standardisierung neuer Absatzmärkte bei Beibehaltung exotischer Nischen zu touristischen Zwecken zur Aufgabe gemacht hat. Forciert durch eine ständig wachsende Zahl von Medienangeboten, werden den Menschen weltweit Konsumgüterstandards (Coca-Cola, Jeans, Autos, Fernsehprogramme usw.) als eine universale Glücksbeschreibung eingetrichtert, die sämtliche Kulturbereiche durchdringt. Es ist dieses Zivilisationsmodell, das im Begriff ist, die verschiedenartigen Länder in eine „Eine-Welt-Kultur" zu zwängen.

In den reichen und ökonomisch bestimmenden Industrieländern wird hierzu ein Muster ausgeprägt, das den armen Ländern neben der ökonomischen Zulieferrolle zum Weltmarkt ein exotisches Flair zuweist, welches sie einerseits als bedürftig und andererseits als touristisch interessant erscheinen läßt. Damit leistet die Bevölkerung der Länder des Südens sowohl Zuarbeit zum bestehenden Weltwirtschaftssystem, als sie sich dadurch auch zu einem Opfer desselben macht.

Diese hier nur kurz angerissenen Zusammenhänge bieten umfangreiche Gelegenheit zur wissenschaftlichen Aufarbeitung und kritischen Diskussion. Einen wichtigen Stellenwert nimmt dabei die Problematik der „Modernisierung rückständiger Gesellschaften" ein. Wie hier nachgewiesen wird, findet vor dem Hintergrund eines ideologischen Modernisierungsbegriffs tatsächlich eine Modernisierung statt, die aber mit dem ursprünglichen Begriff nichts gemein hat. Dies läßt sich sowohl analytisch gewinnen, als auch praktisch aus den Auswirkungen ablesen. In diesem Kontext ist auch die behauptete Rückständigkeit kritisch zu betrachten und in einen Bezug zur Modernisierung zu setzen. Es kann dabei aufgezeigt werden, wie Strukturen heutiger Arbeitsteilung bereits in kolonialer Zeit begründet und legitimiert worden sind. Dies führt schließlich auch zu der Analyse, warum sich der Kolonialismus historisch überlebt hat. Diese Diskussion ist jedoch auch andernorts geführt worden und rechtfertigt für sich allein genommen diese Arbeit nicht.

Weitgehend ausgeblendet bei der Diskussion dieser Fragestellungen ist aber die Betrachtung des Beitrags des kolonialen Bildungs- und Erziehungswesens in den kolonisierten Ländern, das in seiner Sozialisationsfunktion über bestimmte Erziehungs- und Bildungsinhalte, in seiner Selektions- und Allokationsfunktion der Elitenbildung und schließlich in seiner legitimatorischen Funktion einer kulturellen Unterlegenheit der im Wortsinne Betroffenen entscheidend an der Errichtung und Absicherung der historischen und aktuellen Abhängigkeit mitgewirkt hat.

In diesem Zusammenhang ist ein kolonialpädagogisches Erziehungsziel besonders zu berücksichtigen, das in bisherigen Arbeiten zu diesem Thema entweder nur in auffälliger Verneinung oder allenfalls am Rande eine Rolle gespielt hat: die Erziehung des „vorgefunden" menschlichen Potentials zur Arbeit. Im hier untersuchten Falle geht es um die Erziehung schwarzer Menschen zur Arbeit, und zwar zur Arbeit für den Kolonialherrn. „Schwarz" kann dabei allerdings stellvertretend für die Menschen in allen Kolonien stehen, gleich welcher Herkunft oder Rasse sie sind. Vielfältig sind hierzu die Beispiele und Querverweise in der entsprechenden Literatur.

In zeitgenössischen Beiträgen zur kolonialen Pädagogik wird diese Thematik entweder unmißverständlich auf den Begriff gebracht oder romantisch idealisiert, wie im folgenden belegt werden wird. In der aktuellen wissenschaftlichen Aufarbeitung der historischen Zusammenhänge ist eine weitgehende Ausblendung dieser Erziehung zur Arbeit feststellbar. Sie erscheint in der Literatur meist legitimatorisch, um einen vermuteten drohenden Dünkel der mit Bildung beglückten Schwarzen abzuwehren, oder wird darüber hinaus als notwendig dargestellt, um den ökonomischen Bedarf der Missionsstationen kostengünstig zu sichern.

Dabei beinhaltet gerade die Frage der Arbeitserziehung eine besondere Brisanz: es geht hierbei schlicht um die Zurichtung von Menschen für die Bereitstellung von Arbeitskraft und die Verankerung eines entsprechenden Bewußtseins bei den Betroffenen. Hieraus generiert sich auch der Titel dieser Arbeit. Zum „Neger" – dieser aus kolonialen Zusammenhängen überkommenen Terminologie, ihrer Verwurzelung im kleinbürgerlichen Bewußtsein heutiger Menschen und der daraus entspringenden Rassen- und Rollenzuweisung – zum „Neger" wird man nicht geboren, zum „Neger" wird man gemacht. Analog hierzu ist auch die behauptete „Rückständigkeit" keine ursächliche, sondern eine gemachte. Oder anders: ein „Entwicklungsland" existiert nicht per se – ein „Entwicklungsland" wird gemacht.

Vor diesem Hintergrund und gerade in der Anwendung und Disposition kolonialisierter Arbeitskraft in kolonialer und postkolonialer Zeit müssen auch heutige soziale und wirtschaftliche Zusammenhänge entsprechend analysiert werden. Deshalb will diese Arbeit kein nostalgisch-kritischer Rückblick auf längst vergangene Zeiten sein, sondern der aktuellen Diskussion um Abhängigkeiten, deren Entstehungszusammenhänge und Ideologisierungen Argumente liefern.

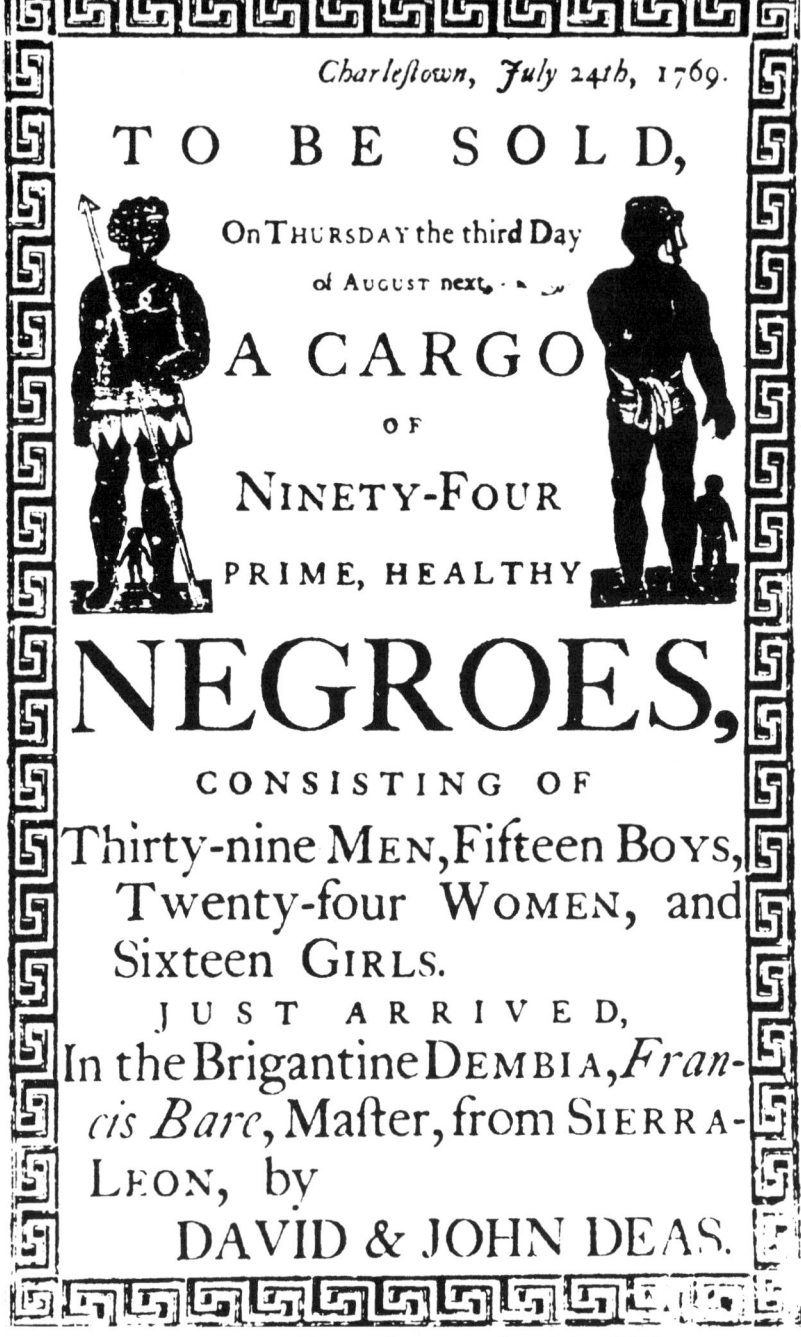

Abb. 1: Flugblatt für eine Sklavenauktion aus dem Jahre 1769

Koloniale Bildung und ihr Beitrag zur Entwicklung der Unterentwicklung

In der deutschen Erziehungswissenschaft werden Fragestellungen zu pädagogischen Problemen in abhängigen Gesellschaften[1], gemeint sind damit die Länder der sogenannten „Dritten Welt", kaum aufgegriffen. Das trifft insbesondere für den Bereich der Erziehungswissenschaft zu, der sich damit vorrangig beschäftigen sollte, nämlich dem der Vergleichenden Erziehungswissenschaft. Die Vergleichende Erziehungswissenschaft befaßte sich bisher hauptsächlich mit Darstellungen von und Vergleichen zwischen Industrieländern der kapitalistischen Welt oder mit Konfrontationen von Systemen, was lange Zeit auf den altbekannten „Ost-West-Vergleich" hinauslief. Wenn überhaupt zu Bildungsfragen in der Dritten Welt gearbeitet wurde, so bezog sich dies auf die entwicklungspolitische Perspektive der Finanzierbarkeit von Bildungssystemen in Entwicklungsländern.[2] Diese Perspektive verfolgte ebenso die gesamte bildungspolitische Auftragsforschung im Rahmen des entwicklungspolitischen Engagements der Bundesrepublik Deutschland.[3]

Ausgangspunkt für diese Forschung ist es, die Bedeutung des Schulwesens an der Rolle zu messen, die es für die Entwicklung der Länder der Dritten Welt gespielt hat und in Zukunft spielen könnte. „Entwicklung" sollte dabei in einem weiten Sinne verstanden werden und alle gesamtgesellschaftlich relevanten sozialen, politischen und wirtschaftlichen Aspekte einbeziehen. Die entsprechenden Forschungsvorhaben versuchen im einzelnen, das Thema mit einem umfassenden theoretischen Ansatz der Modernisierung und des sozialen Wandels[4] unter Anwendung des empirischen Instrumentariums der Sozialwissenschaften anzugehen. Auf diese Zugrundelegung der Modernisierungstheorie zur Erforschung der Bildungssysteme in abhängigen Ländern wird später noch einzugehen sein.

Grundsätzlich wird bei diesen Versuchen so vorgegangen, daß die entwicklungspolitischen Zielvorstellungen der Geberländer von Entwicklungshilfe und der Entwicklungsländer selbst zusammenhängend erfaßt werden, das Erziehungswesen als gesellschaftliches Subsystem hierzu in Beziehung gesetzt und schließlich in diesem Zusammenhang die Funktion des Schulsystems für die jeweilige Gesellschaft bestimmt wird. Dieser klassische Ansatz findet sich beispielsweise für den schwarzafrikanischen Kontext bei Röhrs[5] und Najman[6];

---

[1] Zum Begriff der strukturellen Abhängigkeit siehe Kapitel 2
[2] Vgl. hierzu: von Recum, H., Bildungsplanung in Entwicklungsländern, Frankfurt 1963 und: Hanf, Th., Bildungsplanung und Entwicklungsländer, ohne Ort, 1966
[3] Zur Einbindung von Forschungsprogrammen in staatliche Politikinteressen auf dem Hintergrund des Wechselspiels zwischen Wissenschaftsförderung und Wissenschaftslenkung im Bereich der Entwicklungspolitik vgl. Bosse, H., Verwaltete Unterentwicklung, Funktionen und Verwertung der Bildungsforschung in der staatlichen Entwicklungspolitik, Frankfurt 1978
[4] Modernisierung und sozialer Wandel verbinden sich nach diesem Verständnis über den Systemansatz des Strukturfunktionalismus
[5] Röhrs, H., Afrika – Bildungsprobleme eines Kontinents, Stuttgart 1971
[6] Najman, D., Bildung in Afrika. Vorschläge zur Überwindung der Krise, Wuppertal 1976

im Bezug zu unserem Untersuchungsgebiet sind vor allem Dias u. a.[7],Bendokat[8], Hundsdörfer[9] und Eggert[10] zu nennen.

All diese Versuche bleiben bei der Feststellung stehen, daß Bildung und Wirtschaft interdependente Wirkungen aufweisen. Die Abhängigkeit der Bildung von ökonomischer und politischer Herrschaft wird nicht erkannt.

Die vorgelegte Arbeit möchte die enge Verknüpfung von ökonomisch-politischen Strukturen einerseits und Erscheinungen im Bildungswesen abhängiger Länder andererseits aufzeigen. Dies erscheint umso notwendiger, als die Ergebnisse der bisherigen Entwicklungsdekaden erwiesen haben, daß die ökonomische Kluft zwischen den Industrieländern und den Entwicklungsländern nicht kleiner, sondern größer geworden ist. Die langfristige Auslandsverschuldung der Entwicklungsländer betrug im Jahr 1973 96,8 Milliarden Dollar, belief sich im Jahr 1981 auf 436,9 Milliarden Dollar und stand 1991 bei 1 341 Milliarden Dollar, um nur einen Indikator zu nennen.[11] Dabei sind die Probleme der armen Länder, wie Verelendung großer Massen, akuter Nahrungsmittelmangel, verkümmernde Subsistenzlandwirtschaft u. a. nicht kleiner geworden, sondern haben im Gegenteil an Dynamik, wie etwa durch die Zerstörung der lebenswichtigen Ressourcen und die zunehmende Flüchtlingsbewegung aufgrund ökonomischer und politischer Zusammenhänge, erheblich zugenommen, was auf einen drohenden Kollaps dieser Staaten hinweist. Unter diesem Eindruck stellt sich die Frage, ob nicht auch der Beitrag des modernen Bildungswesens zur Milderung oder Lösung dieser Probleme überschätzt wurde.[12] Schließlich war man ja vor allem in der zweiten Entwicklungsdekade unter dem Anspruch „Entwicklung durch Bildung" angetreten.

Die vorliegende Arbeit stützt sich auf das Instrumentarium der Dependenz-Theorie und ihre Anwendung auf den Bereich des Bildungswesens im kolonialen Zusammenhang. Im Gegensatz zum eingangs erwähnten Begriff der Entwicklung im Kontext der Modernisierungstheorie und der Theorien des sozialen Wandels wird in dieser Arbeit davon ausgegangen, daß sich in den ehemaligen Kolonien eine „Entwicklung" in struktureller Abhängigkeit vollzogen hat. Diese strukturelle Abhängigkeit manifestiert sich als Unterordnung

---

[7] Dias, P.V., Küper, W., Weiland, H., Die entwicklungspolitische Bedeutung des christlichen allgemeinbildenden Schulwesens in Afrika, Band 1 und 2, Freiburg i.B. 1971
[8] Bendokat, R., Der Beitrag der Bildungspolitik zur ländlichen Entwicklung, dargestellt am Beispiel Rwandas, Berlin 1977
[9] Hundsdörfer, V., Die politische Aufgabe des Bildungswesens in Tanzania, Saarbrücken 1977
[10] Eggert, J., Missionsschule und sozialer Wandel in Ostafrika, Bielefeld 1970
[11] Quelle: Der Spiegel, 36. Jahrgang, Nr. 36, 6. September 1982, Angabe zu 1990 siehe Bundesministerium für wirtschaftliche Zusammenarbeit (BMZ), (Hrsg.) Journalisten-Handbuch Entwicklungspolitik, Ausgabe 1991/92, Bonn 1991, S. 266
[12] vgl. hierzu: Nestvogel, R., Verstärkung von Unterentwicklung durch Bildung? Schulische und außerschulische Bildung im Kontext gesamtgesellschaftlicher Entwicklung in Kamerun. Bonn 1978

einer nationalen Wirtschaft unter die Bedürfnisse einer anderen, und zwar in dem Sinne, „in der die Wirtschaft bestimmter Länder bedingt ist durch Entwicklung und Expansion der Wirtschaft eines anderen Landes, der sie unterworfen ist. Das Verhältnis der Interdependenz zwischen zwei oder mehr Volkswirtschaften sowie zwischen diesen und dem Welthandel nimmt die Form der Abhängigkeit an, wenn einige Länder (die beherrschenden) in der Lage sind, zu expandieren und sich aus eigener Kraft kontinuierlich zu entwickeln, während andere (die abhängigen) das nur als Reflex dieser Expansion tun können, was entweder positive oder negative Auswirkungen auf die unmittelbare Entwicklung letzterer haben kann."[13] Unter Zuhilfenahme des Begriffs der Abhängigkeit können innere Situationen von armen Ländern als Teil der Weltwirtschaft gesehen werden. Dieser theoretische Schritt führt über den herkömmlichen Begriff der Entwicklung hinaus, der nur untersucht, inwieweit die Effizienzmuster der Industrienationen von „unterentwickelten" Ländern in welchem Grade übernommen werden.

Über diesen Ansatz analysiert auch Arora[14] das Bildungswesen in Indien, der gleich eingangs den Begriff der Modernisierung kritisiert: „Der Begriff ‚Modernisierung' hat auf die nachkolonialen regierenden Eliten in den Ländern der Dritten Welt – besonders in Indien – in noch viel stärkerem Maße als heute sichtbar eine narkotisierende Wirkung gehabt. Modern war alles was vom Westen kam."[15] Vielmehr plädiert er für die Analyse des strukturellen Abhängigkeitsverhältnisses, in dem die industrialisierten Metropolen und die wirtschaftlich armen Länder der Peripherie miteinander verbunden sind.

Insbesondere können als Hauptmerkmale einer strukturellen Abhängigkeit genannt werden:
- Vorherrschaft des Agrarkapitalismus und Abhängigkeit der agrarischen Produktionsstruktur vom Weltmarkt. Das Wirtschaftswachstum wird dabei über den Anteil der Exportproduktion bestimmt (Anbau von Cash-crops).
- Bildung einer lokalen Elite in Abhängigkeit vom dominierenden Auslandskapital. Diese Elite rekrutiert sich direkt über koloniale Strukturen und deren Vermächtnis.
- Entwicklung von bürokratischen Apparaten, die sich in bezug auf ihren Kompetenzbereich und ihre Effizienz mit ähnlichen Einrichtungen der Vergangenheit nicht mehr vergleichen lassen. Gleichzeitig ist eine Bevölkerungsmehrheit vorfindlich, die in der Landwirtschaft ihr Auskommen findet und zunehmend proletarisiert wird.

---

[13] dos Santos, Th., Über die Struktur der Abhängigkeit, in: Senghaas, D., (Hrsg.) Imperialismus und strukturelle Gewalt. Analysen über abhängige Reproduktion, Frankfurt 1972
[14] Arora, D., Bildung in der Abhängigkeit: Strukturkrise des Bildungswesens im Kontext der neokolonialen Dependenzsituation – das Beispiel Indien, Bensheim 1981
[15] ebenda, S. 15

– Zunehmende Ungleichheit in der Verteilung der Einkommen und Leben am
Existenzminimum für den überwiegenden Teil der Bevölkerung als Ergebnis
der Peripherisierung (Marginalisierung der Bevölkerungsmehrheit).[16]

Das Konzept der strukturellen Heterogenität bildet damit ein grundle-
gendes Strukturmerkmal unterentwickelter Gesellschaften als Folge der Abhängigkeit von den Industrieländern. Der Ort abhängiger Bildung und Wissenschaft bestimmt sich durch die kulturelle Dimension der strukturellen Heterogenität, und es stellen sich Fragen nach der spezifischen Funktion der Erziehung und Bildung in den abhängigen Gesellschaften.

Das in den ehemaligen Kolonien entstehende Schulwesen kann insofern
als koloniales kategorisiert werden, als es zur Qualifizierung der Menschen für
den jeweiligen kolonialwirtschaftlichen und damit europazentrierten Bedarf
diente. Gleichzeitig antwortete das transferierte europäische Bildungssystem
im hier untersuchten Falle auch auf ein von bestimmten afrikanischen Kreisen
artikuliertes Bildungsinteresse. Damit trug die Kolonialschule als Institution
in Afrika zum Peripherisierungsprozeß der autochthonen Bevölkerung in dop-
pelter Weise bei: zum einen durch die Ausbildung afrikanischen Personals für
die wirtschaftlichen, administrativen und politischen Interessen des Kolonial-
regimes, zum anderen, indem sie Wertvorstellungen und Verhaltensweisen
vermittelte, die als Sozialisationseffekte die Herausbildung von Eliten in den
peripheren Gesellschaftsformationen unterstützte.

Ein wesentliches Moment der Abhängigkeit besteht auch darin, daß die
Ausbildungssysteme der peripheren Gesellschaftsformationen weitgehend die
Mechanismen und Strukturen der Sozialisationsapparate der Industrienationen widerspiegeln – zunächst sicher anfanghaft, dann jedoch im Verlauf der
Jahre immer mehr –, obwohl sich durch sie andere soziale Schichten und
ökonomische Klassen reproduzierten als im europäisch-nordatlantischen Ge-
sellschaftszusammenhang.[17] Die durch den Transfer von Ausbildungsstruktu-
ren vermittelten Sozialisationsergebnisse erweisen sich damit für die Rekrutierung von Führungseliten in den abhängigen Gesellschaftsformationen als funktional, für die Lebensbedingungen der Mehrheit der Bevölkerung jedoch als
dysfunktional.

Unter der kolonialen Herrschaft erfolgte in Afrika die Etablierung der
Institution Schule als Berechtigungsinstanz und Selektionsinstrument zum sozialen Aufstieg, und zwar mit einer vom konkreten kolonialpolitischen System
unabhängigen Eigendynamik, wie gerade am Fortwirken dieses Prozesses un-

---

[16] Vgl. hierzu: Amin, S., Die ungleiche Entwicklung. Essay über die Gesellschaftsformationen des
peripheren Kapitalismus, Hamburg 1975, S. 265ff
[17] Vgl. hierzu: Bosse, H., Diebe, Lügner, Faulenzer. Zur Ethno-Hermeneutik von Abhängigkeit und
Verweigerung in der Dritten Welt, Frankfurt 1979, S. 73ff

ter wechselnden Kolonialmächten bis in die Nach-Kolonialzeit hinein nachgewiesen werden kann. Das Bildungswesen in abhängigen Ländern stellt damit kein solches dar, wie es etwa kolonisierten Gesellschaften eigen wäre, sondern es wirkt dergestalt, daß Herrschaftsprozesse nunmehr in die Innenbereiche der jeweiligen Gesellschaftsformation verlagert wurden und unabhängig von der formalen Kolonialzeit fortdauern.

Um also den Beitrag des Bildungswesens zur strukturellen Abhängigkeit der peripheren Gesellschaftsformationen erklären zu können, bedarf es zunächst des Nachweises der Verknüpfung kolonialwirtschaftlicher Entwicklung mit der Geschichte des Bildungswesens in den jeweiligen Kolonien. Dabei geht es in unserem Fall um den Nachweis der partiellen Auflösung und Umwandlung der ursprünglichen afrikanischen Subsistenzwirtschaft in ein außenabhängiges koloniales Wirtschaftssystem, wobei die Bildungsinstitutionen spezifische kolonialherrschaftliche Zwecke erfüllen sollten: das Schulwesen als Instrument kolonialer Machtpolitik zur Schaffung einer einheimischen Elite, zur Deckung des Arbeitskräftemangels im kolonialen Dienst und zur legitimatorischen Massenbildung.

Von der Lösung der Frage, wie die Bildungssysteme der ehemaligen Kolonien nach Erreichung der Unabhängigkeit weiterbetrieben bzw. verändert wurden, ließe sich dann auch der Beitrag des Bildungssystems als Faktor der Neuorientierung in der gesamtgesellschaftlichen Entwicklung dieser Länder ablesen.[18] Diese Analyse würde aber den Rahmen dieser Arbeit sprengen und bleibt weiterer Untersuchung vorbehalten.

Das Bildungswesen eines abhängigen Landes kann historisch nach folgenden Etappen erfaßt werden: Schulsystem an den befestigten Handelsplätzen der Handelsgesellschaften, Schulen als Missionsmittel, die koloniale Bildungspolitik, die nachkoloniale Expansion des Bildungswesens und die Reformen.[19]

Diese Arbeit widmet sich vor allem den kolonial- und missionspädagogisch orientierten Bildungsansätzen als Instrumente des Kolonialismus im Gebiet der ehemaligen Kolonie Deutsch-Ostafrika. Mit dem Erwerb der Kolonie Deutsch-Ostafrika durch das Deutsche Reich setzte innerhalb der Missionsgesellschaften und der Kolonialverwaltung eine lebhafte Diskussion über Stellenwert und Methoden kolonialer Pädagogik ein. Aufgrund dieses Materials läßt sich der Ansatz der Kolonialpädagogik deutlich darstellen.

---

[18] Deutlich wird hier schon, daß Reformbestrebungen, die ausschließlich im Bildungssektor angesiedelt sind, aufgrund übergreifender gesellschaftlicher Rahmenbedingungen das bestehende System perpetuieren.

[19] Vgl. hierzu: Adick, Ch., Bildung und Kolonialismus: Eine Studie zu den Entstehungszusammenhängen eines europäisch geprägten Bildungswesens in Afrika am Beispiel Togos (1850–1914), Diss. Hannover 1979, S. 62ff

Die eingangs erwähnte Lücke in der Erarbeitung erziehungswissen-schaftlicher Probleme in abhängigen Gesellschaften durch die Vergleichende Pädagogik erweist sich somit als ein systematisches Versäumnis, wie dies auch Adick, Große-Oetringshaus und Nestvogel in ihrer Arbeit zu Bildungsproble-men in Afrika feststellen.[20] Einen Beitrag zur Überwindung dieses systemati-schen Versäumnisses leisten auch die bereits zitierten Arbeiten von Adick[21] und Nestvogel.[22]

Diese Arbeit möchte zur Diskussion von bildungspolitischen Fragestel-lungen in Ländern der sogenannten Dritten Welt einen Beitrag leisten, indem der Bezug von bildungspolitischen Ansätzen zu kolonialpolitischen Interessen nachgewiesen wird. Dieses Verständnis und das Aufzeigen der Zusammen-hänge in der historischen Entwicklung sind vor allem deswegen notwendig, weil die nachkolonialen Strukturen wesentlich während der Kolonialzeit deter-miniert wurden. Dabei soll insbesondere der Anteil der Missionsgesellschaften als erste Träger und bestimmende Theoretiker der kolonialen Pädagogik aufge-zeigt werden. Die Betrachtung der in der Kolonialzeit errichteten Schulen für Kinder deutscher Abstammung aus dem Personal der Kolonialverwaltung bleibt vollständig unberücksichtigt, da im genannten Kontext nicht relevant.[23]

Die Arbeit untersucht in einem ersten Schritt den analytisch-theoreti-schen Gehalt der gängigen Erklärungsansätze für Entwicklung und Unterent-wicklung, um ihn aus dem Verständnis der dependenztheoretischen Diskus-sion heraus zu kritisieren. Der Untersuchung der Aussagen zum Bildungssy-stem kommt dabei ein besonderer Stellenwert zu. In der konsequenten Fort-führung dieser Diskussion wird allerdings auch ansatzhaft deutlich, daß der Erklärungsanspruch der Dependenztheorie für den kolonialen und nachkolo-nialen Zusammenhang unbestritten ist, daß er jedoch im Zuge der ökonomi-schen und politischen Veränderungen der letzten Jahre an deutliche Grenzen geraten ist.

Diese notwendigerweise ökonomische und herrschaftssoziologische Analyse mündet zunächst in die Darstellung der Interessen des Deutschen Reiches als Kolonialmacht auf der Basis der ökonomischen Verflechtungen und schließlich der Interessen der Missionsgesellschaften als Mitträger der Kolonisierung im Gebiet des ehemaligen Deutsch-Ostafrika. Im Aufeinander-

---

[20] Adick, Große-Oetringshaus, Nestvogel, Bildungsprobleme Afrikas zwischen Kolonialismus und Emanzipation, Berlin 1979
[21] Adick, Ch., Bildung und Kolonialismus, a.a.O.
[22] Nestvogel, R., Verstärkung von Unterentwicklung durch Bildung? a.a.O.
[23] Einen Überblick für das Jahr 1905 gibt das Büchlein von Amrhein, H., Die deutsche Schule im Auslande, Leipzig 1905. Amrhein gibt eine Übersicht über Ziele, Entstehung, Ausbreitung, Einrich-tung, Verwaltung und Pädagogik der deutschen Schulen im Auslande. Für Afrika weist er in Deutsch-Ostafrika drei Regierungsschulen mit Filialschulen nach. Vgl. hierzu: ebenda, S. 47

beziehen der beiden Interessenlagen wird deutlich, daß es sich dabei um eine Symbiose von beiderseitigem Nutzen gehandelt hat.

In zwei weiteren Schritten wird die koloniale Pädagogik mit den Stoßrichtungen der Massen- und Elitenbildung dargestellt. Von besonderem Interesse in diesem Kontext ist der Nachweis der Arbeitserziehung als wesentliches Mittel zur Ausbeutung der Arbeitskraft der Einheimischen. In sämtlichen für diese Arbeit ausgewerteten Untersuchungen stellt die Arbeitserziehung allenfalls einen Aspekt der Lehrplangestaltung im Schulwesen der Kolonien dar. Hier wird demgegenüber versucht, den Nachweis zu führen, daß die „Erziehung des Negers zur Arbeit" mehr bedeutete als einen bloßen Beitrag zur wirtschaftlichen Existenz der Missionsstationen und das behauptete Entgegenwirken zu einem befürchteten „Bildungsdünkel" bei den Domestizierten: Arbeitserziehung legte den Grundstock für die ökonomische Ausbeutung der Menschen und ihrer Länder in der heute sogenannten Dritten Welt und stellte gleichzeitig sicher, daß das wirtschaftliche System des Kolonialherren – unabhängig von der jeweils kolonisierenden Nation – perpetuiert wurde. Daß das Mittel der Arbeitserziehung in der Diskussion der kolonialen Pädagogik bisher so wenig beachtet wurde, ist um so unverständlicher, als die ersten Beiträge der Missionstheoretiker ab 1885 bereits auf dieses zentrale Anliegen der Kolonisation und der Erziehung der kolonisierten Völker verweisen.

Ein kurzer Exkurs bringt einen Vorläufer der Theorie der kolonialen Arbeitserziehung aus der inneren Kolonisierung der amerikanischen Südstaaten des 19. Jahrhunderts ans Licht.

Abschließend wird in dieser Arbeit aufgezeigt, über welche Ideologien und Mechanismen das koloniale System seine Existenz legitimierte, wobei auch deutlich wird, daß jede Rassismuskritik, die den ökonomischen Zusammenhang ausblendet, an der Sache selbst vorbeigeht.

Abb. 2: Werbeplakat der Reederei Woermann, Hamburg, um 1910

Der Erklärungsanspruch von Modernisierungstheorie und Dependenztheorie im Kontext von Unterentwicklung und Entwicklung

Paradigmen der Entwicklungsforschung

Die kolonisierenden Nationen entwarfen in der theoretischen Aufarbeitung der Kolonisation ein relativ simples Konstrukt der von ihnen vorgefundenen Wirklichkeit in den betroffenen Ländern Afrikas. Sie interpretierten die Verhaltensweisen der Menschen und ihren „Entwicklungsstand" als „Eingeborene" mittels eines biologisch, genetisch und klimatologisch deterministischen Paradigmas. Es wurde als ausgeschlossen betrachtet, daß ein Entwicklungsstand auf dem Niveau der Kolonialmächte erreicht werden könnte. Die – im folgenden noch näher zu betrachtende – „Inferiorität des Negers" stünde dem schlicht entgegen.

Nach dem Zweiten Weltkrieg und im Zuge der (Selbst-)Befreiung der kolonisierten Völker von ihren Unterdrückern entstanden verschiedene Theorien, die einerseits die Situation der objektiven „Unterentwicklung" erklären und andererseits einen Beitrag zur Überwindung derselben leisten wollten.

In der Auseinandersetzung der entsprechend eingerichteten Entwicklungsforschung[1] läßt sich ein an der Modernisierungstheorie orientiertes wissenschaftstheoretisches Paradigma und ein von der Marx'schen Kritik der politischen Ökonomie und der lateinamerikanischen Dependenz-Diskussion getragenes politökonomisches Paradigma unterscheiden. Die Auffassungen beider Theoriebereiche divergieren stark bezüglich der Einschätzung von Ursachen von Unterentwicklung und bisheriger weltweiter Entwicklungsprozesse. Das wirtschaftstheoretische Paradigma beschränkt sich dabei auf den ökonomischen Aspekt von „Entwicklung", während soziale, politische und kulturelle Aspekte von Entwicklung als ökonomisch nicht beeinflußbarer Datenkranz aufgefaßt werden. Diese Rahmenbedingungen wirtschaftlichen Handelns spielen nur insofern eine Rolle, als sich konkrete ökonomische Strategien daran anpassen müssen, grundsätzlich werden aber die jeweiligen kulturellen Eigenarten und geschichtlichen Hintergründe als irrational eingeordnet.

Die sogenannten Entwicklungsländer hatten zunächst dieses theoretische Konzept übernommen: „Nach fast dreihundert Jahren Kolonialgeschich-

---

[1] Vgl. hierzu: Khan, K.M., Matthies, V., (Hrsg.), „Hilfswissenschaft" für die Dritte Welt oder „Wissenschaftsimperailismus"? Kritische Diskussionsbeiträge zu Aufgaben, Möglichkeiten und Grenzen der Entwicklungsforschung, München 1976, S. 4ff
Khan und Matthies meinen, daß a) der Begriff der „Entwicklungsforschung" unklar sei, und b) die Zielsetzung von Entwicklungsforschung allenfalls über den Nenner zu bringen ist, daß fast alle Richtungen implizit den Anspruch erheben, einen Beitrag zur Überwindung von Unterentwicklung in der Dritten Welt und damit zur Entwicklung dieser Regionen im positiven Sinn zu leisten. Bereits das Begriffspaar „Entwicklung" und „Unterentwicklung" speise sich aus den unterschiedlichen Paradigmen und würde entsprechend unterschiedlich verstanden.

te, der Tragödie, die Grundstein für die ‚Entwicklung der Unterentwicklung‘ ist, begann das verwundete Kind der Unabhängigkeit, seine eigene Entwicklung als eine Art historische Verspätung zu interpretieren, insbesondere im Vergleich zu England und Amerika."[2] Im Zusammenhang mit der Entwicklung des modernisierungstheoretischen Ansatzes wurde als Strategie für eine nachholende Entwicklung die weltwirtschaftliche Integration der Entwicklungsländer gefordert, wobei sich dieses Paradigma auf die Theorie der seither ausgeprägten internationalen Arbeitsteilung stützt.

Das politökonomische Paradigma hingegen kritisiert diese Zerlegung der Entwicklungsproblematik in einzelne Aspekte, die unabhängig voneinander untersucht und für die dementsprechend auch getrennte Lösungen vorgeschlagen werden. Dieses Paradigma geht nicht von einem Rationalmodell wirtschaftlichen Handelns aus, sondern von der Herrschaftssoziologie des internationalen Systems. Die Herausbildung dieser Position wird mit dem historischen Entwicklungsprozeß der kapitalistischen Industriegesellschaften verknüpft. Die über das internationale System induzierte „strukturelle Heterogenität" der Entwicklungsländer muß abgebaut und durch koheränte Wirtschaftskreisläufe abgelöst werden, wenn Unterentwicklung als Ergebnis weltweiter Entwicklungsprozesse überwunden werden soll.

Die Theorien, die dem wirtschaftstheoretischen Paradigma folgen, werden unter dem Begriff der Modernisierungstheorien zusammengefaßt. Ursprünglich wurden sie unabhängig vom Beobachtungskontext heutiger Entwicklungsgesellschaften gebildet und deren Daten dann durch Ausdehnung des Erklärungsanspruchs von Theorien, die ursprünglich auf andere Zusammenhänge angewendet wurden, miteinbezogen.[3]
Theorien, die dem politökonomischen Paradigma folgen, entstanden über marxistische Entwicklungstheorien aus dem aktuellen Kontext der Entwicklungsgesellschaften selbst und werden unter dem Begriff der Dependenztheorien verstanden. Die Basis der Dependenzansätze liegt in der Beschäftigung mit den Auswirkungen der Entwicklung und den Prozessen in den Entwicklungsgesellschaften selbst, vor allem angesichts des Scheiterns einer Entwicklungspolitik, die sich auf dem Paradigma der Modernisierungstheorien aufbaute.[4] Der wissenschaftstheoretische Streit zwischen beiden Paradigmen wird überlagert von Vorwürfen der Entwicklungsländer, daß die Entwicklungsforschung der Industriestaaten als „Wissenschaftsimperialismus" eben nicht zur

---

[2] Arora, D., a.a.O., S. 15
[3] Vgl. hierzu: Goetze, D., Entwicklungssoziologie, München 1976, S. 67
[4] Vgl. hierzu: Goetze, D., a.a.O., S. 98ff

Überwindung von Unterentwicklung beiträgt, sondern zu einer Verschlimmerung der Situation.[5]

Jede sozialwissenschaftliche Auseinandersetzung mit Problemen von sogenannten Entwicklungsländern macht es erforderlich, die Rahmenbedingungen von Entwicklung und Unterentwicklung zu analysieren. Erst das Aufweisen von Ursachen und Merkmalen von Entwicklung und Unterentwicklung kann dazu führen, Unterentwicklung zu überwinden und kann entsprechende „Strategien" für die Entwicklung liefern.[6] Wie bereits oben dargestellt, sind die vielfältigen Rahmenbedingungen, innerhalb derselben sich die Prozesse vollzogen, die uns jetzt von Entwicklung und Unterentwicklung sprechen lassen, in verschiedener Weise theoretisch interpretiert worden. Die beiden dargestellten Paradigmen stellen theoretische Konzepte dar, aus denen einerseits die Entstehung der spezifischen Entwicklungsbedingungen erklärt wird, und andererseits Prognosen über zukünftige Abläufe und deren mögliche Beeinflussung abgeleitet werden. Die theoretischen Konzepte von Entwicklung und Unterentwicklung weisen dem Bildungswesen einen bestimmten Platz in diesem Kontext zu, es wird festgestellt, daß das Bildungsproblem ein integraler und zentraler Bestandteil des gesamten Entwicklungsprozesses in unterentwickelten Ländern sei.[7]

Es ist also zu untersuchen, welchen Stellenwert das Bildungssystem in den verschiedenen theoretischen Ansätzen einnimmt, vor allem auch deswegen, weil die theoretischen Konzepte, und hier vor allem die Mondernisierungstheorien, direkten Einfluß auf die Entwicklungspolitik der Industrienationen und der Länder der Dritten Welt haben.[8] Im folgenden seien diese theoretischen Positionen genauer skizziert und ihre Anwendung im Bereich der Bildungsforschung dargestellt. Schließlich ist das Begriffspaar „Entwicklung" und „Unterentwicklung" für den in dieser Arbeit gewählten Ansatz zu bestimmen.

---

[5] Khan und Matthies haben die wesentlichen Punkte dieser Kritik zusammengetragen, vgl. hierzu: Khan, K.M., Matthies, V. (Hrsg.), a.a.O., S. 5f
[6] Nestvogel, R., a.a.O., S. 15
[7] ebenda, S. 15f
[8] Vgl. etwa für die Bildungspolitik: Bosse, H., Verwaltete Unterentwicklung. Funktionen und Verwertung der Bildungsforschung in der staatlichen Entwicklungspolitik, a.a.O. und: Dabisch, J., Pädagogische Auslandsarbeit der Bundesrepublik Deutschland in der Dritten Welt, Saarbrücken 1979

Modernisierung und Strukturfunktionalismus

Die dem wirtschaftstheoretischen Paradigma verpflichteten Modernisierungstheorien gehen in ihren Ursprüngen auf die Evolutionstheorien des 19. Jh.s zurück, „die eine Abfolge von universalen Entwicklungsstadien konzipiert hatten, die die gesamte Menschheit durchschreiten müßte, um die höchstmögliche Entwicklung im Sinne einer optimalen Anpassung an gegebene und sich wandelnde Umweltbedingungen zu erreichen".[9] Modernisierungstheorien beruhen auf dem Systemansatz des Strukturfunktionalismus, sie sind mit Aspekten von Systemdifferenzierung und Systemintegration befaßt, wobei zumeist das Modell der industriellen Gesellschaft den Maßstab für den jeweiligen Entwicklungsstand abgibt. Die westeuropäischen Industriegesellschaften wurden dabei als am weitesten fortgeschritten eingestuft, alle anderen Gesellschaften hätten demnach die Phasen der europäischen Entwicklung zu durchlaufen, um das Ziel der fortgeschrittenen, angepaßten Industriegesellschaft zu erreichen.

Der Strukturfunktionalismus definiert das soziale System als ein auf Bestandserhaltung und Gleichgewichtslage tendierendes Handlungsgefüge komplementärer Rollen, welche ihrerseits durch normativen Konsens bestimmt und aufeinander bezogen sind.[10] In diesem Gleichgewichtsmodell ist Wandel dann gegeben, wenn eine oder mehrere Rollen bzw. Rollenaggregate (Institutionen) nicht erwartungskonform interagieren, so daß Spannungen entstehen. Das Gesamtsystem reagiert darauf mit der Mobilisierung „genuiner Interessen", mit der Überwindung der Spannungen tritt das System in einen veränderten Zustand über.

Die Situation der jeweiligen Gesellschaften wird nach verschiedenen Perspektiven betrachtet: Die ökonomische Perspektive untersucht die Expansion von Markt- und Tauschorganisation, Zunahme von Arbeitsteilung, Professionalisierung des Erwerbshandels, Intensivierung der Fiskalorganisation, Institutionalisierung rationalen Wirtschaftshandelns durch Bürokratie. Die politikwissenschaftliche Perspektive untersucht die Ausweitung von Mobilisierungs-, Integrations-, Distributionskapazitäten, die Zunahme der Autonomie institutioneller Subsysteme, die Effektivierung legitimatorischer Mechanismen. Die soziokulturelle Perspektive untersucht innersystemische Schichtungs- und Mobilitätsprozesse, den Übergang von segmentärer zu funktionaler Differenzierung, die Ausweitung zweckrationaler Subsysteme, Säkularisierung

---

[9] Goetze, D., a.a.O. S. 70
[10] Vgl. hierzu: Parsons, T., Shils, E.A., Toward A General Theorie of Action, Cambridge, Mass. 1951 und: Parsons, T., Gesellschaften. Evolutionäre und komparative Perspektiven, Frankfurt 1975

des Wert- und Glaubenssystems usw. Da die Kriterien für die jeweiligen Perspektiven wechseln, sehen die abgeleiteten Stadien der Entwicklung manchmal unterschiedlich aus und wurden auch von verschiedenen Autoren unterschiedlich benannt.[11] Jegliche Modernisierungstheorie rekurriert jedoch mehr oder weniger ausdrücklich auf den Systemansatz, der Expansion, Differenzierung und Integration industrieller Konstitutionsweisen aus dem Equilibrationsmodell notwendig ableitet.[12] Die Frage nach der Expansion des Typus der Industriegesellschaft ergibt sich aus der Konzeption einer „nachholenden Entwicklung". Demnach müssen die unterentwickelten Länder die gleichen Stadien durchlaufen, wie sie von den Industrieländern bereits hinter sich gebracht wurden. Einer inneren Mechanik gehorchend sind Entwicklungsstadien von der „traditionellen" Gesellschaft bis zum „Zeitalter des Massenkonsums" in einem Zeitraum von etwa 60 Jahren zu durchlaufen, wobei der geballte Einsatz westlicher moderner Technologie für den industriellen Take-off der Entwicklungsländer sorgen würde. Dabei werden fünf Stadien von Entwicklung unterschieden: Traditionelle Gesellschaft – Gesellschaft in der Übergangsphase – ‚take off'-Phase – Entwicklung zum Reifestadium – Zeitalter des Massenkonsums.[13]

Die Expansion ergibt sich nach den Modernisierungstheorien auch innerhalb der Entwicklungsländer selbst, und zwar in der zunehmenden Überwindung des „traditionalen" Sektors durch den „modernen". Diese zunächst behauptete Dualität von traditionalen und modernen Merkmalen einer Gesellschaft stützt sich auf die im Entwicklungsverlauf zunehmende Differenzierung der jeweiligen Gesellschaft. Modernisierung wird dann in Gang gesetzt, wenn traditionale Merkmale zugunsten von modernen zurückgedrängt werden. Für die Entwicklungsländer wird angenommen, daß beispielsweise neben einer vorkapitalistischen Ökonomie (Subsistenzwirtschaft) eine kapitalistische Ökonomie in einem gesellschaftlichen Zusammenhang steht.[14] Die Dualität der Sektoren wird nach den Modernisierungstheorien durch Entwicklungsstrategien überwunden, die dem modernen Sektor

---

[11] Vgl. hierzu: Goetze, D., a.a.O. S. 70

[12] Vgl. Zur Systemtheorie: Giesen, B., Funktionalismus und Systemtheorie, in: Reimann, H. (Hrsg.), Basale Soziologie: Theoretische Modelle, München 1975; Zur Kritik am Systemansatz vgl.: Prewo, R., Ritsert, J., Stracke, E., Systemtheoretische Ansätze in der Soziologie. Eine kritische Analyse, Reinbek 1973

[13] Rostow, W.W., Stadien wirtschaftlichen Wachstums – Eine Alternative zur marxistischen Entwicklungstheorie, Göttingen 1960
Rostows Phasenmodell wird bereits von R. König kritisiert, der es als „primitiv" und als „nicht mehr als eine deskriptive Schablone" bezeichnet. Außerdem leiden die Begriffe „an einem unerträglichen Eurozentrismus", als seien alleine Wachstum und wirtschaftliche Entwicklung maßgebend. Vgl. hierzu: König, R., Offene Fragen und ungelöste Probleme der Entwicklungsforschung in: KZfSS, Sonderheft 13, Aspekte der Entwicklungssoziologie, Köln 1969, S. 14

[14] Goetze, D., a.a.O., S. 37

beispielsweise Kapital und Technologie zuführen, wobei der traditionelle Sektor mit der Zeit verwandelt und integriert wird.[15] Entwicklungsländer werden in diesem Kontext als Übergangsgesellschaften verstanden, ihre strukturellen Merkmale bleiben jedoch weitgehend unklar, weil bei der theoretischen Erfassung „am Ausgangs- und Endpunkt verabsolutierte Gleichgewichtsmodelle stehen, die allein durch mehr oder minder explizite Kriterien definiert sind."[16] Weiterhin unterstellt die Theorie der zwingenden Entwicklungsstadien gleichartige Wachstumsbedingungen und Wachstumsmöglichkeiten für Industrie- und Entwicklungsländer.[17]

Diese Annahmen werden durch die Dependenztheorie kritisiert und sind überdies durch die Ergebnisse der ersten und zweiten Entwicklungsdekade widerlegt worden.

Bestimmung des Begriffs „Entwicklung" im Kontext der Modernisierungstheorie

Im Kontext von Systemtheorie und Theorie der Modernisierung muß natürlich die Bedeutung des Begriffs „entwicklungspolitische Dimension der Gesellschaft" geklärt werden: was heißt eigentlich „Entwicklung"? Die sozialwissenschaftliche Forschung arbeitet in diesem Bereich mit Vorstellungen, die man als „Kontrast-Konzepte" bezeichnen kann.[18]

Die Begrifflichkeit dieser Kontrast-Konzepte lautet etwa:

„Tradition" und „Modernität", „Gemeinschaft" und „Gesellschaft", „Agrargesellschaft" und „Industriegesellschaft", „traditionale Handlungsmuster" und „rationale Handlungsmuster" oder auch „pattern variables" (Parsons).

Elemente der Modernisierung sind demnach: Systemleistungsfähigkeit, Strukturdifferenzierung, Institutionalisierung, Funktionsspezialisierung, Multifunktionalität, Autonomie der Subsysteme, Leistungsmotivation u. a. oder entsprechende sozio-ökonomische Korrelate wie: hohes Pro-Kopf-Einkom-

---

[15] Zur Kritik am Dualismuskonzept vgl. Martinelli, A., Dualismus und Abhängigkeit. Zur Kritik herrschender Theorien, in: Senghaas, D., Imperialismus und strukturelle Gewalt, a.a.O., S. 356–378

[16] Goetze, D., a.a.O., S. 79f

[17] Nestvogel, R., a.a.O., S. 17ff

[18] Vgl. hierzu: Etzioni, A., The Active Society. A Theorie of Societal and Political Processes, London 1968 und Gouldner, A.W., The Coming Crisis of Western Sociology, London 1971 Marsh, R.M., Comparative Sociology, New York 1967

men, Grad der Verstädterung, Industrialisierung usw. Die wirtschaftliche und sozio-politische Struktur der westlichen Gesellschaften wird bei all diesen Ansätzen über Entwicklung und Modernisierung als ein Kulminationspunkt angesehen, die Strukturen der sich entwickelnden Gesellschaften werden im Kontrast dazu definiert, bzw. in ihrem Annäherungsgrad an diese Strukturen klassifiziert.

Aus diesen Kontrastkonzepten bestimmt sich die Wahl der Indikatoren für die Messung der wenig entwickelten Gesellschaften:[19]

1. relativ niedriges Pro-Kopf-Einkommen
2. vergleichsweise niedrige Produktivität pro Person
3. kaum Handel, fast ausschließlich Subsistenzwirtschaft
4. hohe Rate des Analphabetentums
5. beschränkte Infrastruktur
6. ungenügende Ernährungsmöglichkeiten
7. wenig Industrie, wenig Fachkräfte
8. politisch instabile Regierungen[20]
9. hohe Geburten- und Sterberaten, geringe Lebenserwartung

Wie bereits erwähnt ergibt sich für die Modernisierungstheorie nur ein einziger Modernisierungsprozeß, dem alle sich entwickelnden Gesellschaften unterworfen sind. Die historischen Entwicklungsstufen der entwickelten Länder gelten als unabdingbare logische Voraussetzung für die Entwicklung.

Bildungsforschung auf der Basis der Modernisierungstheorie

Das Subsystem Bildungswesen dient im Systemansatz der Modernisierungstheorie vorwiegend der Rekrutierung künftiger Rollenträger und deren Festlegung auf systemadäquates Rollenhandeln. Als wichtige Sozialisationsagentur vermittelt das Bildungswesen die konformitätssichernden Bedürfnisdispositionen und Wert-Orientierungen bzw. die entsprechenden Sanktionsmuster. Die über das Bildungssystem verlaufenden Rekrutierungs-, Selektions- und Allokationsprozesse werden hauptsächlich unter dem Aspekt ihres Beitrags zur

---

[19] nach Rogers, E.M., Modernization among Peasants, New York 1969, S. 9
[20] Instabilität gilt innerhalb der Modernisierungstheorie als generelles Strukturmerkmal, von der „traditionalen Stabilität" führe der Prozeß über eine (die gegenwärtige) Phase der Instabilität zur „modernen Stabilität". Indikatoren hierzu gewinnt die Theorie aus dem sektoralen Verständnis des ökonomischen und politischen Systems: „modern" versus „traditionell". Vgl. hierzu: Goetze, D., a.a.O., S. 80

Bestandserhaltung des Systems untersucht. Dies sei im folgenden anhand der Analyse des christlichen allgemeinbildenden Schulwesens in Afrika durch Dias u. a. näher erläutert.[21]

Nach dem Verständnis des sozialen Wandels und dem Begriff der Modernisierung in den Sozialwissenschaften betrachten Dias u. a. ein formelles, gut entwickeltes, „modernes" Bildungssystem als integrierenden Bestandteil der sich im Wandel befindlichen oder modernen Gesellschaft. Afrikanische Bildungssysteme weisen demnach als Besonderheit auf, daß sie ein Produkt der westlichen Industriegesellschaften seien und damit an bestimmte historische und sozio-kulturelle Bedingtheiten der Entstehung und Entfaltung gebunden sind. In den Industrienationen sei das Bildungswesen aus der Strukturdifferenzierung der eigenen Gesellschaft entstanden, in Afrika hingegen stelle es eine exogene Institution dar, es wird im Kolonialzeitalter vor allem als Subsystem der Wirtschafts-, Kirchen- und Verwaltungssysteme verstanden.[22]

Die Stärke des nach Afrika transportierten Erziehungssystems lag nach Dias u. a. darin, daß damit ein feststrukturiertes System mit einem bestimmten Aufbau eigener Organisationsformen und Rollenverteilung vermittelt wurde, das sich besonders im Industrialisierungsprozeß bewährt hatte. Gleichzeitig öffnete das System den Zugang zu bestimmten wirtschaftlichen und sozialen Positionen, die höheren sozialen Status und höhere Verdienstmöglichkeiten im kolonialen Kontext ermöglichten. „Da in den meisten Ländern die neuen Führungseliten in diesem kolonialen Bildungssystem ausgebildet worden waren und in der breiten Masse der Bevölkerung kaum klar artikulierte Erwartungen und Forderungen bezüglich des Bildungssystems vorhanden waren, wurde das bestehende Erziehungssystem als ein unentbehrliches Instrument der Sozialisation zu den in Entstehung begriffenen neuen Gesellschaftsstrukturen beibehalten und quantitativ expandiert."[23]

Für die Expansion des Bildungswesens schufen die internationalen Konferenzen in Addis Abeba, Karatschi und Santiago Ziele und Methoden zur Errechnung der „man-power-Bedürfnisse" zwecks detaillierter Bildungsplanung. Mit diesen Konferenzen sehen auch Dias u. a. Investitionen in das Erziehungssystem nicht nur als Förderung eines Menschenrechts an, sondern als ertragreiche Investition im Sinne eines Anregers des wirtschaftlichen Fortschritts und als notwendige Bedingung zum rationalen Funktionieren der sozio-ökonomischen Strukturen und nationalen Entwicklung.[24] Unter dem Erzie-

[21] Dias, P.V., Küper, W., Weiland, H., Die entwicklungspolitische Bedeutung des christlichen allgemeinbildenden Schulwesens in Afrika, Freiburg i.B. 1971, Teil I

[22] Vgl. hierzu: Hanf, Th., Erziehung und politischer Wandel in Schwarzafrika, in: KZfSS 21/1969, Sonderheft 13, S. 276–327

[23] Dias, P.V., u.a., a.a.O., S. 2

[24] ebenda, S. 3

hungssystem wird dabei das formale Bildungswesen verstanden, das als eine gesellschaftliche Institution die Aufgabe der Sozialisation und der Ausbildung wahrzunehmen hat. Sozialisation bezeichnet den Lernprozeß, dessen Ziel es ist, eine Identifikation mit bestimmten kulturellen und sozio-politischen Inhalten, Normen und Werten einer Gesellschaft herbeizuführen. Ausbildung schließlich wird als Vermittlung von Kenntnissen, Fähigkeiten und Fertigkeiten verstanden, die zur Übernahme bestimmter soziopolitischer Rollenmuster oder zur Vorbereitung und Ausübung eines Berufes erforderlich sind.

Entsprechend verstehen Dias u. a. das Bildungssystem als gesellschaftlich relativ autonomes System, mit festem Aufbau und spezifischer Organisation, innerhalb dessen es Rollen- und Statuspositionen gibt, die eine eigene strukturierte Interaktion zwischen den Teilnehmern des Systems ermöglichen.

Die Untersuchung des christlichen, allgemeinbildenden Schulwesens in Afrika[25] führt direkt zu folgenden Fragekomplexen[26]:

a) Bildungspolitik und Bildungsplanung
– Erwartungen und Forderungen bezüglich des Bildungssystems in der Gesellschaft
– Rückführung auf gesellschaftliche Gruppendurchsetzungsmöglichkeiten
– Zustandekommen der politischen Entscheidungen
– Artikulationsmöglichkeiten

b) immanente Zielsetzung des Bildungssystems
– Bildung als Wert für sich, ein Konsumgut oder ein Produktionsfaktor?
– Bildungssystem als Ausbildungsinstitution für Eliten oder für die Masse der Bevölkerung?

c) Lehrprogramme und Lehrinhalte

d) Wirksamkeit
– Was wird im Hinblick auf die Zielsetzungen geleistet?

Diese Fragestellungen münden in die weiterführende Frage: Wie wird die Funktion des Bildungssystems in Bezug zu den übergeordneten sozialen Systemen gesehen? Denn: „Wenn man das Bildungswesen als System ansieht, so muß es analysiert werden nach seiner Institutionalisierungsform, seinem Differenzierungsgrad, seinen Ausbaustufen und spezifischen Organisationsformen (Verwaltung)."[27]

---

[25] Nach Darstellung des theoretisch-methodischen Ansatzes beschränken sich Dias u.a. auf die Länder Tansania und Gabun.
[26] Dias, P.V. u.a., a.a.O., S. 5f
[27] ebenda, S. 7

Ebenso werden die Rollen und Statuspositionen untersucht und schließlich der „engmaschige Interaktionsprozeß" mit seinem formellen und infor-
mellen Charakter. Der vorgestellte Weg der Analyse wird von den Autoren
jedoch selbst als eigentlich nicht gangbar bezeichnet. Da es den Sozialwissenschaften bis heute nicht gelungen sei, „die Gültigkeit und Brauchbarkeit eines
Denkens in Kategorien politischer Entwicklung und Modernisierung als theoretischen Ansatz zur systematischen sozio-politischen Analyse verschiedener
Gesellschaften unter Beweis zu stellen, ist unser Bemühen um begriffliche
Klärung weniger darauf abgestellt, zu einer Theorie politischer Entwicklung zu
gelangen, als vielmehr darauf gerichtet, pragmatisch die entwicklungspolitischen Aspekte und Dimensionen zu definieren, die eine systematische Fragestellung und Sammlung der erforderlichen Daten ermöglichen."[28] Diese systematische Fragestellung und Sammlung der Daten stützt sich allerdings trotzdem auf die oben genannte Systemkategorie.

Wie unten noch belegt werden wird, hat die Einführung der auf industrielles Arbeitsverhalten zugeschnittenen Schule und die aufgrund der zitierten internationalen Konferenzen durchgeführten Bildungsreformen zu einer
Vernichtung der vorindustriellen Einheit von Leben und Lernen geführt, die
Integrationsmuster der vorkolonialen Gesellschaft abgelöst und durch die uni-
verselle Einführung des Konkurrenzprinzips über schulische Sozialisation einer ehemals vorindustriellen Lebensweise das kapitalistische Wirtschaftsprin-
zip übergestülpt. Die Betroffenen in dieser Situation sind dabei, wie ebenfalls
noch zu belegen sein wird, nicht nur Objekte und Opfer des Modernisierungs-
prozesses im Sozialisationsbereich, sondern auch dessen Subjekte und Akteu-
re, indem über die Ausprägung von Eliten Brückenkopffunktionen für die
Industrienationen übernommen werden. Die große Masse der Menschen in
den armen Ländern wird zu Marionetten in den Händen der Bildungsforscher:
„Die Modernisierungsforschung (. . .), die einen heißen Draht zur Entwicklungspolitik und zur Außenwirtschaftspolitik ihres jeweiligen Landes hat,
übergeht die Verlorenen des bürgerlichen Fortschritts. Anhand ausgewählter
Bauern-‚Bewegungen', die mit technischer, finanzieller und personeller Hilfe
vollgepumpt werden, weist sie nach, daß man Bauern, wie überhaupt den
‚einfachen Mann' des Entwicklungslandes, nur lange genug dem Einfluß der
‚Modernisierungsinstitutionen' – Management, Arbeitsdisziplin im modernen
Industriebetrieb, Arbeitsdisziplin im Schulbetrieb sowie Berieselung durch
Massenmedien – aussetzen muß, damit sie ihre Persönlichkeits- und Verhal-
tensstruktur dem modernen way of life anpassen. . ."[29]

---

[28] ebenda. S. 9f
[29] Bosse, H., Diebe, Lügner, Faulenzer, a.a.O., S. 13

Gleichzeitig folgt die Modernisierungstheorie der Entwicklungsgeschichte westlicher Industriegesellschaften mit normativen Ordnungsvorstellungen, von denen Abweichungen als negativ, entwicklungshemmend oder atypisch verstanden werden. Die Ursachen dieser Abweichungen weist die Modernisierungstheorie ausschließlich den internen Strukturproblemen der Entwicklungsgesellschaften zu.[30]

Bei der Zuordnung des Erziehungs- und Bildungssystems zu „entwicklungspolitischen Dimensionen" zeigt sich der fatale Fehler der Modernisierungstheorien: das tägliche Elend der verarmten Gesellschaften wird einfach vorausgesetzt, ohne es zu erklären; die Anwendung der entsprechenden Technologie soll die Überwindung der „Unterentwicklung" garantieren.

So wird Bildung als Korrelat, wenn nicht als Erfordernis der demokratischen Ordnung angesehen: über die zunehmende Alphabetisierung im Zuge der zunehmenden Urbanisierung als Folge der westlichen Entwicklungsstrategien wird eine Zunahme wirtschaftlicher Partizipation (Steigerung des Pro-Kopf-Einkommens) und politischer Partizipation (Teilnahme an Wahlen) prognostiziert.[31] Das Erziehungssystem wird dabei als Sozialisationsträger verstanden, das Beiträge leistet zur politischen Sozialisation, zur Selektion, Rekrutierung und Ausbildung der politischen Führer, zur politischen Partizipation und zur politischen Integration.[32]

Das gleiche Schema wird auf die Beziehungen zwischen Erziehungssystem und wirtschaftlichem Wachstum angewandt: „Besonders nach ihrer Unabhängigkeit wurde in den Entwicklungsländern dem Bildungssystem eine große Bedeutung zugemessen, nicht nur als einem Grund- und Menschenrecht, sondern auch als einem bedeutenden Investitionsfaktor, als einer der Voraussetzungen des wirtschaftlichen Wachstums."[33] Die ärmeren Länder sind vor allem deshalb wirtschaftlich im Nachteil, weil sie „noch nicht das Maximale aus ihren physischen und menschlichen Ressourcen herausgeholt haben und (. . .) ihr Bildungssystem qualitativ und quantitativ entsprechend ihren Bedürfnissen verändert werden muß."[34] Bildung wird deshalb nicht als Konsumgut für den einzelnen, sondern als ein Investitionsgut angesehen, für die Produktion des humanen Kapitals, als notwendige Bedingung des wirtschaftlichen Wachstums.[35]

---

[30] Vgl. hierzu: Goetze, D., a.a.O., S. 88
[31] Dias, P.V., u.a., a.a.O., S. 32ff
[32] Eine gesicherte Theorie zur Bestimmung der Beziehungen zwischen Erziehungssystem und politischem System läßt sich nach Meinung der Autoren aber nicht ableiten. Die Beziehungen bleiben „weiterhin unklar". Ebenda S. 40ff
[33] ebenda, S. 43
[34] Dias, P.V., u.a., a.a.O., S. 43
[35] Unter „Humankapital" wird der Bevölkerungsteil verstanden, der durch Fähigkeiten, die weitgehend durch formale Bildung vermittelt wurden, einen wirtschaftlich einsetzbaren Wert, bzw. eine produktive Kapazität darstellt.

Einen weiteren Einfluß des Bildungssystems vermuten Dias u. a. auf die soziale Mobilisierung. Mobilisierung ist ein für viele Modernisierungstheorien zentrales Element und wird als langfristige Tendenz von einem „traditionalen" zu einem „partizipierenden" Lebensstil verstanden.[36] Dabei schließt diese Wandlung des Lebensstils eine Veränderung sowohl der sozialen Struktur, als auch der Persönlichkeitsstruktur mit ein: Herausreißen des Menschen aus dem „traditionalen" Zusammenhang und Hineinstellen in die „moderne" Gesellschaft mit der Möglichkeit der Teilnahme an den Wirtschaftsmärkten, Bildungsinstitutionen, Medien, am allgemeinen Meinungsaustausch und politischen Prozeß. Dias u. a. kommen allerdings zu dem Schluß: „der sozialmobilisierende Effekt der Erziehung liegt vielmehr in dem Glauben und in den Erwartungen, die mit dem Faktor Erziehung verknüpft werden und weniger in den durch die Erziehung tatsächlich erreichten gesellschaftlichen Erfolgen."[37]

Die Modernisierungstheorien bilden insgesamt ein Mosaik von Entwicklungsvorschlägen ab, in dem der Bildung die Rolle eines Schrittmachers der wachstumsorientierten, wirtschaftlichen Modernisierung zugewiesen wird. Gleichzeitig soll der ideologische Anreiz der „Modernisierung" helfen, angenommene Entwicklungshindernisse wie Fatalismus und Kollektivismus zu überwinden. Und auch das System der nachkolonialen Grenzziehung, z. B. in Afrika, erfährt durch die Modernisierungstheorie eine ideologische Absicherung: „Statt des Vorrangs der eigenen Familie, Sippe, Kaste, ethnischen oder sprachlichen Region soll eine freie, rationale, individuelle Entscheidung zugunsten der ‚Nationalen Einheit', des ‚nation-buildings', des ‚Individualismus' herbeigeführt werden. Die Eigenart der [im] ‚traditionellen Sektor', auch als ‚backward sector' bezeichnet, [lebenden Menschen,] sich mit ihren langbewährten, gepflegten Sitten, Werten und Gebräuchen zu identifizieren, soll durch die Fähigkeit abgelöst werden, in immer neue Rollen schlüpfen zu können; dies einzuüben sei ein Ziel der Bildung."[38]

Entstehungszusammenhänge der Dependenztheorien

Theorien der Abhängigkeit entstanden auf dem Hintergrund des Versagens einer Entwicklungspolitik, die von der Basis der Modernisierungstheorien getragen wurde. Diese Ansätze werden gefaßt in den Theoremen der „strukturel-

---

[36] Lerner, D., The Passing of Traditional Society, New York 1958
[37] Dias, P.V., u.a., a.a.O., S. 51
[38] Arora, D., a.a.O., S. 18

len Heterogenität"[39], der „Theorie des strukturellen Imperialismus"[40], der „Theorie des peripheren Kapitalismus".[41]

Goetze faßt als gemeinsame Basis sämtlicher Abhängigkeitsansätze in Kurzform zusammen: „Die Lage von Entwicklungsgesellschaften kann nur bei adäquater Berücksichtigung exogener Faktoren verstanden werden, diese gehen mit den endogenen Faktoren eine Verbindung ein, die als Produkt die spezifische soziale Struktur dieser Gesellschaften zur Folge hat."[42] Dies heißt nichts anderes, als daß mehrere Sektoren mit unterschiedlichen Formen der Wirtschaft und der sozialen Organisation nebeneinander existieren und analytisch aufeinander bezogen werden müssen.

Im Zentrum dieses politisch-ökonomischen Ansatzes steht das „strukturell" bedingte Abhängigkeitsverhältnis, in dem die reichen industriellen „Metropolen" und die verarmten nichtindustriellen „Peripherien" miteinander verbunden sind. Damit bestimmt sich die ökonomische Kluft zwischen nördlicher und südlicher Welthälfte nicht mehr als soziale Distanz sich unterschiedlich entwickelnder Systeme, wie es die Modernisierungstheorie in stadialer Abfolge faßt, sondern durch die weltumfassende Struktur des Verhältnisses der Metropolen zu den Peripherien. In einem weiteren Schritt lassen sich dann vor Ort Situationen erklären, in denen ein kapitalistischer Enklavensektor auf der Basis privaten oder staatlichen Eigentums an Produktionsmitteln und unter Nutzung von Lohnarbeit zum Zwecke der Exportproduktion scheinbar unvermittelt neben einer ländlichen Bauerngesellschaft existiert, die auf der Basis zumeist kommunalen Landbesitzes primär für den Eigenverbrauch produziert und gegebenenfalls als Anbieter von Überschüssen oder Arbeitskraft auf dem städtischen Markt auftritt.

Die unter dem Oberbegriff der „Abhängigkeit" zusammengefaßten Ansätze entstanden in der Mitte der 60er Jahre in Lateinamerika als Reflexion auf das Versagen der Prognosen und Strategien der traditionellen Sozialwissenschaft und haben wichtige Anstöße zur Neubeurteilung der Situation der Entwicklungsgesellschaften gegeben.[43] Die Genese der Dependenztheorien verweist auf die Imperialismustheorien in den ersten Jahrzehnten dieses Jahrhun-

---

[39] Cordova, A., Strukturelle Heterogenität und wirtschaftliches Wachstum, Frankfurt 1973

[40] Galtung, J., Eine strukturelle Theorie des Imperialismus, in: Senghaas, D., Imperialismus und strukturelle Gewalt, a.a.O., S. 29–104

[41] Amin, S., a.a.O. Senghaas, D., Vorwort. Elemente einer Theorie des peripheren Kapitalismus, in: ders. (Hrsg.), Peripherer Kapitalismus. Analysen über Abhängigkeit und Unterentwicklung, Frankfurt 1974, S. 7–36

[42] Goetze, D., a.a.O., S. 100

[43] Umfassende Bibliographie der Dependenz-Literatur findet sich bei: Senghaas, D., (Hrsg.) Imperialismus und strukturelle Gewalt, Analysen über abhängige Reproduktion, Frankfurt 1972, und: ders., (Hrsg.), Peripherer Kapitalismus. Analysen über Abhängigkeit und Unterentwicklung, Frankfurt 1974

derts[44], die sich der Problematik zuwenden, wie das Phänomen des Imperialismus zu beurteilen sei. Die entscheidende Beschränkung dieser Ansätze lag jedoch darin, daß sie auf historisch-europäischen Prämissen basierten und die internen Probleme von Entwicklungsgesellschaften weitgehend vernachlässigten bzw. diese als ausschließlich externen Faktor verstanden.[45]

Senghaas stellt fest, daß jedoch seit diesen „klassischen" Beiträgen zur Imperialismustheorie zwischen der Jahrhundertwende und dem Ende der zwanziger Jahre eine Stagnation sowohl der liberalen als auch der marxistischen Diskussion einer Theorie des Imperialismus zu beobachten gewesen sei.[46] Diese Stagnation führt er auf eine „Abschirmstrategie" der konventionellen Sozialwissenschaft zurück, die bis in die Mitte der sechziger Jahre wirksam war. Ein Aufbrechen dieser Strategie erfolgte durch die Beobachtung und Feststellung der sehr eindeutigen Dominanz-Dependenzverhältnisse zwischen den westlich-kapitalistischen Staaten und der Mehrzahl der Länder der Dritten Welt.[47]

Die Betrachtung der Abhängigkeiten führt zur Konstruktion eines Weltsystems: „Superimperialismus ließe sich als *System hierarchisch abgestufter Abhängigkeit* charakterisieren, wirtschafts- und finanzstrategisch weltweit operierende *Super-Metropolen*; die westeuropäischen Metropolen als in entscheidenden ökonomischen und technologischen Bereichen zweitrangige *Submetropolen*; der größte Teil der Dritten Welt als *Peripherie* der amerikanisch-europäisch-japanischen Metropolen, wobei die nationalen Bourgeoisien der Dritten Welt die Rolle strategisch unentbehrlicher Brückenköpfe einen von den Metropolen des Nordens aus operierenden Kapitalismus übernähmen."[48]

Damit sind zwei Perspektiven angesprochen, welche innerhalb der Dependenzdiskussion wesentlich sind: die Feststellung von Abhängigkeitsstrukturen und Abhängigkeitsketten in der internationalen Gesellschaft[49] und das Vorhandensein von nationalen Eliten, denen eine Brückenkopffunktion für die Austauschbeziehungen innerhalb der Abhängigkeitsstrukturen zukommt.

---

[44] Vgl. Goetze, D., a.a.O., S. 89ff

[45] Zur Genese der Dependenztheorien vgl. Evers, T.T., Wogau, P.v., „Dependencia": Lateinamerikanische Beiträge zur Theorie der Unterentwicklung, in: Das Argument, 15. Jg., Nr. 4-6, 1973

[46] Vgl. hierzu: Senghaas, D., Editorisches Vorwort, in: ders., (Hrsg.) Imperialismus und strukturelle Gewalt, a.a.O., S. 7

[47] Senghaas weist nach, daß über die Organisation der Weltwirtschaft eine engere Verklammerung der Staaten der Dritten Welt mit den Staaten des westlichen Kapitalismus vorherrscht als mit sozialistischen Staaten. Gleichzeitig weist er auf die weitgehende politische Neutralisierung der Interessengegensätze zwischen den kapitalistischen Ländern und das zwischen kapitalistischen und sozialistischen Gesellschaften bestehende ökonomische und technologische Gefälle hin, das ebenfalls zu einer asymmetrischen Penetration der kapitalistischen Staaten in sozialistischen Staaten geführt hat. vgl.: ebenda, S. 9

[48] Senghaas, D., Editorisches Vorwort, a.a.O., S. 11

[49] Und dies vor allem vor dem Hintergrund, daß die Begrifflichkeit der internationalen Beziehungen symmetrische Strukturen suggeriert.

Dependenztheorien untersuchen demnach die asymmetrischen Beziehungen zwischen den hochentwickelten kapitalistischen Zentren und den unterentwickelten Peripherieländern. Die Auswirkungen von Kolonialismus und Imperialismus auf die internen Strukturen der unterentwickelten Länder werden als integraler Bestandteil des historischen Prozesses des internationalen Systems des Kapitalismus verstanden, Entwicklung und Unterentwicklung sind demnach die zwei Seiten eines gemeinsamen, universellen Prozesses.[50]

Dependenztheorie und die Kritik der Modernisierungstheorie

Die Dependenztheorie versucht zu erklären, wie es zum Gegensatz zwischen entwickelten und unterentwickelten Ländern gekommen ist und womit er aufrechterhalten und vergrößert wurde. Dieser Erklärungsansatz stützt sich auf die Untersuchung des historischen Prozesses der Eingliederung der Gesellschaften Lateinamerikas, Afrikas und Asiens in ein durch die kapitalistischen Metropolen dominiertes Wirtschaftssystem, das diesen vormals autonomen Gesellschaften übergestülpt wurde und sie dadurch auf einen fremdbestimmten Weg zwang, der eine eigenständige Weiterentwicklung verhinderte. Unterentwicklung ist demnach das Ergebnis des Prozesses der Eingliederung mit der Ausformung strukturell heterogener Gesellschaftsformationen, wobei durch das Ein- und Vordringen des Kapitalismus die sozio-ökonomischen Strukturen der angesprochenen Länder verändert wurden, so daß mehrere Produktionsweisen nebeneinander existieren.[51] Im Gegensatz zu den Modernisierungstheorien, die eine Abhängigkeit der Länder der sogenannten Dritten Welt von den Industrienationen als Ursache ihrer Unterentwicklung leugnen, bildet eben diese Abhängigkeit – Dependenz – für die Dependenztheorie den Schlüssel zum Verständnis der Geschichte und gesellschaftlichen Situation der Länder Afrikas, Südamerikas oder Asiens.

Der genannte Prozeß der Eingliederung in das moderne Weltsystem[52] ist in mehreren Phasen abgelaufen, welche durch die sich verändernden Bedürfnisse der Zentren charakterisiert sind.[53]

Eingeleitet durch die portugiesischen und spanischen Entdeckungsfahrten nach Afrika und Amerika, waren die Beziehungen zwischen Europa

---

[50] Cordova, A., a.a.O., S. 146ff
[51] ebenda, S. 26ff und S. 55ff
[52] Vgl. hierzu: Wallerstein, I., Das moderne Weltsystem – Die Anfänge kapitalistischer Landwirtschaft und die europäische Weltökonomie im 16. Jahrhundert, Frankfurt 1986
[53] Vgl. hierzu: Senghaas, D., Weltwirtschaftsordnung und Entwicklungspolitik, Frankfurt 1977

und den kolonisierten Kontinenten von ca. 1500 bis zur industriellen Revolution vom Überseehandel geprägt.[54] Eine qualitative Veränderung trat mit den Bedingungen der industriellen Revolution in Europa und aufgrund der Rolle, die außer-europäische Gesellschaften bei ihrem Erfolg gespielt haben, ein.[55] Dabei bedeutete die Kolonisierung Afrikas vor allem die Ausbeutung seiner Arbeitskraft, und welche Rolle eben diese Ausbeutung im Verlauf der industriellen Revolution spielte, wird im folgenden noch zu zeigen sein.[56]

Etwa 1884/85 wurde Afrika durch die sogenannte Berliner Kongo-Konferenz[57] in Herrschaftsbereiche der einzelnen europäischen Staaten aufgeteilt und nach den Bedürfnissen des jeweiligen „Mutterlandes" strukturiert. Die Dependenztheoretiker haben aufgezeigt, daß die deformierte Entwicklung der Kolonien mit ihrer erzwungenen Einordnung in das kapitalistische Weltsystem verbunden war. Diese asymmetrische Weltgesellschaft schuf ihrerseits die internen Strukturen der späteren Entwicklungsländer: „. . . sobald ein Land oder ein Volk zum Satelliten einer außenstehenden kapitalistischen Metropole umgewandelt wurde, schickt sich die ausbeuterische Metropolen-Satelliten-Struktur sofort an, die einheimische Wirtschaft, das politische und soziale Leben dieses Volkes zu organisieren und zu beherrschen."[58]

Daß die Verschlechterung der Situation Schwarzafrikas mit der Kolonisierung begann, zeigt auch Amin auf, wenn er für die Zeit vor dem 17. Jahrhundert feststellt: „In dieser Epoche erscheint Schwarzafrika nicht als zurückgeblieben, nicht als schwächer als der Rest der Alten Welt. Ungleichen Entwicklungsniveaus innerhalb Afrikas entsprechen ungleiche Entwicklungsniveaus im Norden der Sahara, südlich und nördlich des Mittelmeers."[59] Der

---

[54] Eine gute Darstellung der Geschichte der Herausbildung des kapitalistischen Weltsystems gibt Amin, Samir, Die ungleiche Entwicklung, a.a.O.
[55] Enzensberger arbeitet den Unterschied zwischen dem Kolonialismus in der frühen (spanischen) Form und dem späteren (klassischen) deutlich heraus: „Las Casas (der Verfasser des Berichts über die Ausbeutung der westindischen Länder, d.Verf.) war unser Zeitgenosse nicht. Sein Bericht handelt vom Kolonialismus in seiner frühesten Form, das heißt, vom blanken Raub, der unverhüllten Plünderung. Das verwickelte Ausbeutungssystem der internationalen Rohstoffmärkte war zu seiner Zeit noch nicht bekannt. Handelsbeziehungen spielten bei der spanischen Conquista keine Rolle, und nicht die Ausbreitung einer überlegenen materiellen Zivilisation, keine wie auch immer geartete „Entwicklungspolitik" diente ihr als Rechtfertigung, sondern ein hauchdünnes formales Christentum, das die Heiden bekehren wollte, soweit sie die Ankunft der Christenheit überlʳbten. In seinem Urzustand verzichtete der Kolonialismus auf die Fiktion der Partnerschaft, des Tauschhandels. Er bot nichts feil, er nahm, was er fand: Sklaven, Gold und Genußmittel. Seine Investitionen beschränkten sich auf den unerläßlichen Kern jeder kolonialen Ausbeutung: auf die bewaffnete Macht, die Administration und die Flotte." Enzensberger, H.M., Las Casas oder ein Rückblick in die Zukunft, in: Las Casas, B. de, Kurzgefaßter Bericht von der Verwüstung der Westindischen Länder, hrsg. von Hans Magnus Enzensberger, Frankfurt, 1966, S. 129f
[56] Und dies vor allem über den Sklavenhandel hinaus!
[57] Vgl. hierzu die „General-Akte der Berliner Konferenz" im Anhang, entnommen aus Banning, E., Die politische Theilung Afrikas, Berlin 1890, S. 194ff
[58] Cordova, A., a.a.O., S. 110
[59] Amin, S., Die ungleiche Entwicklung, a.a.O., S. 38f

Raubkolonialismus der kapitalistischen Staaten wandelte sich in den Jahren nach der politischen Unabhängigkeit der afrikanischen Staaten in eine von den Metropolen erzwungene internationale Arbeitsteilung[60], die über die willkürliche Staatenbildung am Reißbrett herrschaftsstrukturell abgesichert wurde. „Die jeweiligen *Metropolen*, als die dominanten dynamischen Pole dieser von den Metropolen aus in die Peripherien asymmetrisch erfolgenden Penetration, besaßen neben Handels- und teilweise auch Produktionsmonopolen ein Monopol der Information und Kommunikation sowie die politische Macht und ihr zugeordneter Herrschaftsinstrumente (Interventionstruppen usw.), während sie gleichzeitig – wenn auch in verschiedenen Regionen zu unterschiedlichen Zeitpunkten und mit unterschiedlichen Methoden – in ihren Kolonien verläßliche *Brückenköpfe* (‚Klientel-Eliten‘) aufzubauen sich bemühten, um an Ort und Stelle mit Hilfe politischer Arbeitsteilung Herrschaft einzupflanzen sowie politische Kontrolle und Einflußchancen zu stabilisieren.“[61]

Analytisch ist diese Penetration über das Galtung'sche Zentrum-Peripherie-Modell zu erfassen. Das Galtung'sche Konzept der Nationen im Zentrum und der Nationen an der Peripherie[62] beschäftigt sich mit den Mechanismen, die sowohl zwischen diesen Nationen wirken als auch innerhalb der Zentralnationen und der Peripherienationen selbst. Jede Zentralnation besitzt nach Galtung ein Zentrum und eine Peripherie, ebenso gilt dies für die Peripherienation, die ihrerseits ein Zentrum und eine Peripherie besitzt. Diesen Ausgangspunkt bezieht Galtung auf die ungeheuere Ungleichheit zwischen den Nationen in fast allen Aspekten der Lebensbedingungen des Menschen und faßt diese Ungleichheit als eine der Hauptformen der „strukturellen Gewalt". Das Herrschaftssystem, über das sich die strukturelle Gewalt vermittelt, ist das des Imperialismus: „Imperialismus wird hier verstanden als ein spezieller Typ von Herrschaftsverhältnis zwischen organisierten Kollektiven, insbesondere Nationen. Es ist ein hochdifferenzierter ausgeklügelter Typ von Herrschaftsverhältnissen, der in allen Nationen vorkommt und der sich auf einen ‚Brückenkopf‘ stützt, welchen das Zentrum der zentralen Nation im Zentrum der peripheren Nation zu ihrer beider gemeinsamen Nutzen errichtet."[63] Entscheidender Punkt in diesem Herrschaftsverhältnis ist die Interessenharmonie zwischen den Zentren. Zwischen Zentrum und Peripherie besteht Interessendisharmonie, wobei es in der Peripherienation mehr Disharmonie gibt als in der Zentralnation.[64]

---

[60] Senghaas, D., Elemente einer Theorie des peripheren Kapitalismus, a.a.O., S. 15ff
[61] ebenda, S. 15f
[62] Vgl. hierzu: Galtung, J., Eine strukturelle Theorie des Imperialismus, a.a.O., S. 29ff
[63] ebenda, S. 29
[64] Den Begriff der „Disharmonie" bildet Galtung über die Wertprämisse der Gleichheit. Interaktionsstrukturen, deren Ergebnis Ungleichheit ist, werden als Verbindung angesehen, die nicht im Inter-

Das Zentrum in der Peripherie dient der Zentralnation als „Transmissionsriemen" für Werte, die der Zentralnation zugeführt werden.[65] Das Aufzeigen einer Disharmonie zwischen Zentralnation und Peripherienation („Nord-Süd-Konflikt") verschleiert die Situation der Beziehungen, weil die Interessenharmonie zwischen den beiden Zentren nicht deutlich wird.

Die ökonomischen Beziehungen zwischen der Zentralnation und der Peripherie werden über das von Amin analysierte Phänomen des „ungleichen Tauschs" gestaltet.[66] Die Theorie des „ungleichen Tauschs" besagt, daß bei gleicher Arbeitsproduktivität die Arbeitseinkommen in der Peripherie niedriger bleiben als im Zentrum. Das Kapital produziert also in der Peripherie billiger als im Zentrum, gleichzeitig fließt ein Teil des in der Peripherie erwirtschafteten Überschusses nach außerhalb ab und die abhängigen Länder gehen der Kontrolle über die Produktionsmittel verlustig.[67] Die damit erreichte „Rückständigkeit" der armen Länder kann aus einer versäumten Anpassung an fortgeschrittenere Produktionsmodelle oder aus der Unfähigkeit, sich selbst zu modernisieren, nicht mehr erklärt werden. „Tatsächlich können wir das, was in den unterentwickelten Ländern geschieht, nur dann verstehen, wenn wir erkennen, daß ihre Entwicklung sich unter den Bedingungen eines abhängigen Produktions- und Reproduktionsprozesses vollzieht."[68]

Meillassoux wendet gegen Amin allerdings ein, daß er nicht erklärt, was die besonderen Bedingungen der Produktion der Elemente der Reproduktion der Arbeitskraft seien, die es ermöglichen, diese niedrigen Löhne zu zahlen, während die Produktivität im landwirtschaftlichen Sektor der Nahrungsproduktion niedriger ist als in den entwickelten Ländern – entgegen Amins Hypothese der gleichen Produktivität. „Oder mit anderen Worten: welches sind die Bedingungen der Überausbeutung der Arbeit in den kolonisierten Ländern?"[69] Von „Überausbeutung" spricht Meillassoux dann, wenn die Entlohnung für

---

esse der schwächeren Partei liegen: Interessendisharmonie. Die Deutlichmachung dieser Wertprämisse versteht er als Ziel einer nicht „objektiven", aber „redlichen" Sozialwissenschaft. Die größere Interessendisharmonie in Entwicklungsländern kann am Beispiel der immensen sozialen Unterschiede zwischen der herrschenden Elite und den verarmten Massen empirisch deutlich gemacht werden.

[65] Vgl. hierzu auch Amin, S., Die ungleiche Entwicklung, a.a.O., S. 82ff: Die internationale Wirtschaftsordnung „ist nur möglich, weil die Strukturen in der Peripherie den Erfordernissen der Akkumulation im Zentrum angepaßt sind, so daß die Entwicklung im Zentrum die Unterentwicklung der Peripherie verursacht und perpetuiert."

[66] Vgl. zur Analyse des ungleichen Tauschs: Amin, S., Die ungleiche Entwicklung, a.a.O., S. 111ff und: Senghaas, D., Editorisches Vorwort, a.a.O., S. 18

[67] dos Santos, Th., Über die Struktur der Abhängigkeit, a.a.O., S. 244

[68] ebenda, S. 255f

[69] Meillassoux, C., Die wilden Früchte der Frau. Über häusliche Produktion und kapitalistische Wirtschaft, Frankfurt 1983, S. 111
Meillassoux entwickelt eine anthropologisch-ökonomische Theorie der häuslichen Produktion, die auf die „organische Grundlage" der Produktion im Kapitalismus, nämlich die Reproduktionsarbeit der Frau in ihrer gesellschaftlichen Bedeutung abstellt.

die Arbeit unter den Kosten für die Reproduktion der Arbeitskraft liegt. Die Antwort auf die gestellte Frage ergibt sich für Meillassoux dann über die Analyse der Rolle der bäuerlichen Subsistenzwirtschaft, die den kapitalistischen Sektor finanziert. In den betroffenen Ländern fällt die Nahrungsmittel produzierende Landwirtschaft fast gänzlich aus der Produktionssphäre des Kapitalismus heraus, auch wenn sie mit der Marktwirtschaft über die Handelnden, die z. B. für den Markt produzieren aber aus der Subsistenzwirtschaft ernährt werden, direkt oder indirekt in Beziehung steht. Die „Nahrungsmittel produzierende Wirtschaft gehört also zur *Zirkulationssphäre* des Kapitalismus, insofern sie ihn mit Arbeitskraft und Lebensmitteln versorgt, während sie gleichzeitig außerhalb der kapitalistischen *Produktionssphäre* bleibt, da das Kapital nicht in sie investiert und die Produktionsverhältnisse hier häuslicher und nicht kapitalistischer Art sind. Die Beziehungen zwischen den beiden Sektoren, dem kapitalistischen und dem häuslichen, lassen sich nicht als Beziehungen zwischen zwei Zweigen des Kapitalismus ansehen, wie es zur Erklärung des ungleichen Austauschs ausreicht: die Beziehung besteht zwischen Sektoren, in denen unterschiedliche Produktionsverhältnisse herrschen. Durch die organischen Beziehungen, die der Imperialismus zwischen kapitalistischer und häuslicher Ökonomie schafft, setzt er die Mittel zur Reproduktion einer billigen Arbeitskraft zugunsten des Kapitals ein . . .'[70] „Moderner" und „traditioneller" Sektor sind also aufeinander bezogen: zwar tendiert die kapitalistische Produktion zur Zerstörung der Subsistenzwirtschaft, gleichzeitig benötigt sie diese, um kostengünstig produzieren zu können.

Historisch gesehen sind die Dependenztheorien ein Reflex auf das Versagen der Modernisierungstheorien, die an der Überwindung der immer katastrophaleren Situation in den armen Ländern scheiterten. Gelegentlich haben sie zwar die negativen Auswirkungen der Dependenz der unterenwickelten Länder von den entwickelten erkannt, die Unterentwicklung selbst daraus aber nie zu erklären vermocht. Demgegenüber ist die Ausgangslage der sogenannten Dritten Welt vor dem Hintergrund der erzwungenen Einordnung der Ökonomie der Peripherien in die Ökonomie der Metropolen durch Kolonialismus und Neokolonialismus über die Dependenztheorie analytisch zu erfassen. Für die bereits angesprochene Arbeitsteilung heißt dies, grob formuliert, daß sich die Dritte Welt in der Produktion und im Export von unverarbeiteten Rohstoffen oder landwirtschaftlichen Produkten spezialisieren mußte, während die Industrienationen sich auf die Produktion und den Export von verarbeiteten Produkten spezialisierten. Schließlich erfolgte auch die Auslagerung der Produktion von Industriegütern niedrigen Verarbeitungsgrades in Länder der Dritten Welt.

---

[70] ebenda, S. 113f

Vor diesem Hintergrund analysiert die Dependenztheorie auch die politischen und sozialen Formationen in den Ländern der Peripherie. Das Theorem der strukturellen Heterogenität umfaßt nicht nur die sozio-ökonomische Dimension als Koexistenz unterschiedlicher Produktionsverhältnisse, nämlich einer vorkapitalistischen Subsistenzwirtschaft, eines extern kapitalistischen Systems (Auslandskapital, Weltmarktfirmen usw.) und eines intern kapitalistischen Systems (nationale Industrie und Handwerk, exportorientierte Landwirtschaft), sondern durchdringt alle gesellschaftlichen Bereiche.[71] Über die Vermittlung der privilegierten nationalen Elite etablieren sich ursprünglich externe Faktoren als nun immanente, als endogene Faktoren in dem Sinne, daß neben dem Prozeß der „Fremdkolonisierung" zusätzlich ein Prozeß der „Selbstkolonisierung" tritt. Zur direkten Machtausübung durch den Kolonialherrn tritt die Form der indirekten, der „strukturellen Gewalt".[72]

Mit dieser Analyse kommt die Dependenztheorie zu dem wesentlichen Schluß, daß die Unterentwicklung der Dritten Welt nicht als ein Durchgangsstadium auf dem Wege zu autozentrierter Entwicklung aufzufassen ist, wie dies Modernisierungstheorien, Entwicklungsländerforschung und Entwicklungsplanung glauben machen wollen, sondern daß Unterentwicklung vielmehr ein ‚sich historisch entfaltendes integrales Moment des von kapitalistischen Metropolen dominierten internationalen Wirtschaftssystems und damit der internationalen Gesellschaft' ist.[73] Entwicklung der Metropolen und Unterentwicklung der Dritten Welt sind damit über das internationale System komplementär verbunden.[74]

Die Modernisierungstheorie ist mit diesen Annahmen zentral kritisiert, Senghaas faßt zusammen: „Die Reproduktion der Gesellschaften der Dritten Welt ist in analytischer Absonderung von der dominanten Reproduktionsdynamik der Metropolen nicht zureichend erfaßbar."[75] Daran ändert auch eine stärkere Beachtung endogener Faktoren in Entwicklungsgesellschaften durch die Modernisierungsforschung nichts, da die endogenen Faktoren bereits von den ersten Durchdringungsprozessen an ihren autochthonen Charakter verloren haben. Die von der Modernisierungstheorie getroffenen Annahmen über die Weiterexistenz feudaler und vorkapitalistischer Produktionsweisen (Duale Ökonomie) erweisen sich nicht als Aussagen über Relikte, die durch die zuneh-

---

[71] Vgl. hierzu Cordova, A., a.a.O., S. 26ff und S. 55ff
[72] Galtung, J., Eine strukturelle Theorie des Imperialismus, a.a.O., S. 29
[73] Senghaas, D., Elemente einer Theorie des peripheren Kapitalismus, a.a.O., S. 18
[74] Einher geht mit dieser Auffassung die Kritik am Begriff des „Nord-Süd-Konfliktes", da dieser „Konflikt" nicht Ebenbürtige entzweit, sondern vielmehr einem „Herr-Knecht-Verhältnis" gleicht, das von Abhängigkeitsketten gekennzeichnet ist und über Arbeitsteilung und Brückenköpfe aufrechterhalten wird. Vgl. hierzu: Senghaas, D., Elemente einer Theorie des peripheren Kapitalismus, a.a.O., S. 21
[75] ebenda, S. 21f

mende Modernisierung überwunden werden können, sondern als Ideologie. Vielmehr stellt die strukturelle Heterogenität ein wesentliches Strukturmerkmal der unterentwickelten Gesellschaftsformationen dar, die sich nicht autonom entwickeln, sondern in abhängiger Reproduktion befinden. Vorkapitalistische Subsistenzwirtschaften erweisen sich damit für den Fortbestand der Ausbeutungsstrukturen als funktional.[76] Somit stellt sich die Beziehung der Industrie- und Exportenklave zu ihrem Umfeld nicht als unverbundenes Nebeneinander mit allenfalls marginalen Beziehungen dar, vielmehr werden die sogenannten nichtkapitalistischen Sektoren unterworfen und je nach Bedarf dynamisiert oder in die Stagnation gedrängt. Die von Modernisierungstheorien als „vorkapitalistisch" eingestuften „rückständigen" Sektoren erweisen sich als unmittelbar nützlich und sei es nur im Sinne eines Arbeitskräftereservoirs oder als Sozialversicherungssystem. Diese Sektoren erscheinen nur als autonome und traditionelle Systeme, sie sind aber an die Bedingungen des modernen Sektors gebunden und diesem unterworfen.[77] Und: „Als wichtige Voraussetzung für dessen Funktionieren und gewinnbringende Nutzung gehört daher grundsätzlich das Weiterbestehen der ‚unterentwickelten' Sektoren . . ."[78]

Einen überzeugenden Beweis hierzu führt auch Meillassoux. Er weist vor dem Hintergrund einer näheren Betrachtung afrikanischer Stammesgesellschaften nach, daß Kapitalismus oder Feudalismus der autochthonen Stammesgesellschaft nicht gegenüberzusetzen, eben als einander ausschließend zu sehen seien, sondern daß beide in ihrer Produktion und Reproduktion von der Kategorie der Hauswirtschaft abhängen. Dies führt zu dem Schluß, daß gerade die Aufrechterhaltung eines Nahrungsmittel produzierenden häuslichen Sektors (Subsistenzökonomie) die Ausbeutungsstrukturen perpetuiert. „Die allgemeinen Bedingungen der Reproduktion des sozialen Ganzen . . . hängen nicht mehr von den der häuslichen Produktionsweise (d. h. einer auf Subsistenzwirtschaft beruhenden kleinbäuerlichen Sozialform, d.Verf.) innewohnenden Determinanten ab, sondern von im kapitalistischen Sektor getroffenen Entscheidungen. Durch diesen im Wesen widersprüchlichen Prozeß wird die häusliche Produktionsweise sowohl erhalten wie zerstört: erhalten als soziale Organisationsform, die für den Imperialismus Wert produziert; zerstört, da die Ausbeutung sie allmählich ihrer Reproduktionsmittel beraubt."[79] Die Frage nach der dualen Ökonomie stellt sich vor diesem Hintergrund erneut, schließlich ist sie phänomenologisch vorfindbar. Die zitierte Analyse führt Meillassoux hin-

[76] Zur Dualismus-Kritik vgl. auch: Martinelli, A., Dualismus und Abhängigkeit. Zur Kritik herrschender Theorien, in: Senghas, D. (Hrsg.), Imperialismus und strukturelle Gewalt, a.a.O., S. 356–378
[77] Adam, E., Der Kolonialismus und die „moderne Welt": sozio-ökonomische Transformation und Abhängigkeit in: Politische Bildung, Schwarzafrika. Entfremdung und Aufgabe Band 2, Jg. 13/1980, Stuttgart 1980, S. 22
[78] ebenda, S. 22f
[79] Vgl. hierzu: Meillassoux, C., a.a.O., S. 116

sichtlich der Thesen dieses ökonomischen Dualismus weiter: „Es reicht also nicht aus, den Dualismus schlicht zu verleugnen und zu behaupten, daß unter dem Einfluß der Kolonisation alle Produktionsverhältnisse kapitalistisch werden, sondern es muß untersucht werden, auf welche Weise der moderne Imperialismus die einen wie die anderen und die einen durch die anderen zu seinem Profit einrichtet."[80]

Historisch erfolgte diese Einrichtung der Produktionsverhältnisse in Afrika über verschiedene Ausbeutungsformen – Zwangsarbeit, konzessionierte Gesellschaften, Zwangsbewirtschaftung und andere –, deren Ertrag relativ gering, deren Anwendung allerdings umfassend brutal war. Nach dieser ersten Phase einer der die physischen Grundlagen der Produktion, nämlich die menschliche Arbeitskraft, zerstörenden Ökonomie, kam man in Afrika (und anderswo) zu einer Kolonialpolitik, welche die Produktionsmöglichkeiten der hauswirtschaftlichen Subsistenzwirtschaft nutzte und organisierte. Meillassoux beschreibt diesen Prozeß so: „Die Ausbeutung der häuslichen Gemeinschaft stützt sich auf zwei ihrer Merkmale: einerseits ist sie eine kollektive produktive Organisation, deren Ausbeutung einträglicher ist als die eines Individuums; andererseits produziert sie Mehrarbeit."[81] Das erste Argument stellt ab auf die Tatsache, daß das Individuum, solange es mit der Solidarität der originären Gemeinschaft – Familie, Sippe, Stamm – rechnen kann, der kapitalistischen Produktionsweise kostengünstig kommt. Der ursprüngliche Zusammenhang der Familie stützt die im kapitalistischen Sektor erfolgende Ausbeutung durch die subsistenzwirtschaftlichen Strukturen. „Die Ausbeutung betrifft nicht nur den einzelnen Arbeiter, sondern auch und vor allem die Zelle insgesamt, der er angehört."[82] Das zweite Argument führt an, daß die Hausgemeinschaft eine Mehrarbeit anbietet, die in aller Regel der „freien Zeit" entspricht, die jahreszeitlich durch den Rhythmus der möglichen Bestellung der Felder entsteht. In den den seßhaften afrikanischen Gesellschaften eigentümlichen Getreideanbauwirtschaften wird dabei eine Unterteilung nach produktiver oder „toter" Jahreszeit abgegrenzt. „Die relativ lange Dauer der toten Jahreszeit sowie ihre Kontinuität erleichtern die Mobilisierung der Bauern zugunsten der ausbeutenden Klasse. Doch in Anbetracht des niedrigen Niveaus der Produktivkräfte ist die Verwendung der so mobilisierten Arbeitskraft begrenzt: sie läßt sich nur auf nichtlandwirtschaftliche und saisonbedingte Tätigkeiten anwenden: Handwerk, Bauarbeiten, bald produktive (Staudämme, Bewässerungskanäle, Speicher usw.), bald unproduktive (Festungen, Pyramiden usw.)."[83] Mit dem technischen Fortschritt verbessert sich die Möglich-

---

[80] ebenda
[81] ebenda, S. 128
[82] ebenda, S. 129
[83] ebenda

keit der Anwendung dieser Arbeitskraft und findet im Kolonialismus schließlich zu wirksamen Formen, die der alten feudalistischen Ausbeutung durch die traditionellen Stammesstrukturen überlegen ist. Auf dieser Ebene kann es auch zu einer Verbündung der Interessen zwischen der aristokratischen Struktur der autochthonen Gesellschaften mit der Kolonialmacht kommen, wenn letztere lokale Häuptlinge in das Ordnungssystem der Kolonie mit einbindet.[84]

Nach diesem kurzen Exkurs zum Problem des Dualismus auf der Folie Modernisierung versus Dependenz sei abschließend angemerkt, daß die Relevanz der Dependenztheorie und Dependenzforschung am allerwenigsten darin besteht, Übertragungsversuche anzustellen. Vielmehr liegt der analytische Ertrag in dem methodischen Durchbruch der Theorie, die es ermöglicht, die Probleme der Unterentwicklung durch die Analyse der Geschichte und Gegenwart der betroffenen Länder aus ihrer eigenen Sicht zu begreifen. Einher geht mit diesem Anliegen die Aufklärung einer bisher über Konzepte des Dualismus oder der marxistischen Klassenanalyse verschleierten gesellschaftlichen Realität.

Bildung als „dependente Bildung"

Der oben beschriebene Prozeß der abhängigen Reproduktion vollzog sich in allen Dimensionen: ökonomisch, politisch, psychologisch, soziokulturell und eben auch edukativ. „Dependente Bildung" ist damit integraler Bestandteil des strukturellen Gewaltverhältnisses und entspricht den Zwängen der internationalen Wirtschaftsbeziehungen und der angesprochenen internationalen Arbeitsteilung. Dabei wird über das Bildungssystem in den Entwicklungsländern eine breite Schicht minderqualifizierter Arbeiter für Minen, Plantagen u.ä. rekrutiert, denen nur eine hauchdünne Schicht von dispositiv-koordinativ tätigen dependenten Eliten gegenüber steht. Gleichzeitig dient die Peripherie den Metropolen als äußerer Markt für den Absatz von Industriewaren, wobei die Konsumbedürfnisse (auch) über das Bildungswesen vermittelt werden.

---

[84] „Es kann zu einem vorübergehenden Bündnis zwischen Kapitalisten und Aristokraten zum Zweck der Teilung der Rente kommen, wobei jeder einen Teil der Population oder abwechselnd dieselbe Population nach seinen eigenen Modalitäten ausbeutet. Dieses Bündnis kann politische Form annehmen, wenn die aristokratische Klasse vom Kolonialherrn geschützt wird und es ihr obliegt, die koloniale Ordnung zu garantieren. . ." ebenda, S. 130

Nach Bosse ist der oben erläuterte Begriff der strukturellen Heterogenität auch auf der soziokulturellen Ebene begründet anzunehmen[85]: „Beispielsweise propagieren Entwicklungsländer-Eliten, die im ‚modernen Sektor‘ arbeiten und in ‚modernen Schulen‘ und europäisch- bzw. US-orientierten Colleges sozialisiert werden, eine nationale, an traditionalen Elementen wie Religion, Folklore, Sprache usw. orientierte Kultur, welche die gesellschaftliche Integration und politische Loyalität der Massen gewährleisten soll; gleichzeitig betreiben diese Eliten über die Forcierung kapitalistischer Ausbildungssysteme und über die inhaltliche Orientierung der Massenmedien an Ereignissen und Interessen der Metropolen eine Durchkapitalisierung des sozio-kulturellen Bereichs."[86] Dieser Annahme folgt auch die Diskussion des Kulturimperialismus, den etwa Galtung als eigenen Typ innerhalb seines Imperialismuskonzepts entwirft.[87] Dabei läßt sich analog zur ökonomischen Dimension der Produktion in der soziokulturellen Dimension der Begriff der „soziokulturellen Konstitution" verwenden: „Ähnlich wie in einer Produktionsweise die Reproduktion einer spezifischen Arbeitsform gesichert wird, sorgen Überlieferung (Tradition), Vergesellschaftung und Individuation des Subjekts (Sozialisation) und schichtspezifische Verteilungsmodi sowie entsprechende Institutionalisierungen (Bildungssystem usw.) für die Reproduktion einer historisch-spezifischen Ausprägung von (psychosozialen) Interaktionsformen. Sie legen die sozio-kulturelle ‚Konstitutionsweise‘ fest."[88]

Die Gesellschaftsformation unterentwickelter Länder ist demnach durch das Nebeneinander verschiedener sozio-kultureller Konstitutionsweisen gekennzeichnet[89], sie erscheinen auf den verschiedenen Stufen der kapitalistischen Entwicklung unterschiedlich institutionalisiert. Der Prozeß der Ausbildung der strukturellen Heterogenität läßt sich in den Entwicklungsländern und früheren Kolonien empirisch verfolgen. Die Einführung der auf industrielles Arbeitsverhalten zugeschnittenen Schule vernichtet die vorindustrielle Einheit von Leben und Lernen, von lehrender und lernender Generation und damit Integrationsmuster der vorindustriellen Lebensweise.[90]

---

[85] Bosse, H., Verwaltete Unterentwicklung. Funktionen und Verwertung der Bildungsforschung in der staatlichen Entwicklungspolitik, Frankfurt 1978

[86] Bosse, H., Verwaltete Unterentwicklung, a.a.O., S. 170

[87] Vgl. hierzu: Galtung, J., Eine strukturelle Theorie des Imperialismus, a.a.O., S. 55ff

[88] Bosse, H., Verwaltete Unterentwicklung, a.a.O., S. 171

[89] Die Modernisierungstheorie faßt dies als sozialen Dualismus, vgl. hierzu Goetze, D., a.a.O., S. 61ff

[90] Vgl. auch hierzu Bosse, H., Diebe, Lügner, Faulenzer, a.a.O., S. 10 Interessant in diesem Zusammenhang ist eine Variante der Ökonomischen Anthropologie in der Tradition B. Malinowski's ethnologischem Funktionalismus: Der substantivistische Ansatz Karl Polany's hängt einer eigentümlichen Idylle vorkapitalistischer Ökonomie an und kritisiert daraus die moderne Marktwirtschaft als „wissenschaftliche Barbarei" eines „institutionellen Mechanismus", der Menschen und Ressourcen beherrscht. Frühere Gesellschaften waren nach Polany nicht vom Profitstreben, sondern von Religion,

Für das Verständnis kolonialer und nachkolonialer Bildungsinteressen ist es wesentlich, zu erfassen, daß das politisch-ökonomische System durch ein koloniales Bildungswesen ergänzt wurde, das neben dem kolonialen Staatsapparat nur den Interessen der schmalen einheimischen Elite diente, die im kolonialen Apparat, unter Kontrolle ausländischen Personals, abhängige Funktionen innehatte. Im nachkolonialen Kontext antwortet die einheimische Elite, nunmehr in staats-repräsentativer Funktion, mit einer widersprüchlichen Bildungsplanung: Social-demand-Ansatz im Primarschulsektor, orientiert an den Aufstiegswünschen der unterprivilegierten Massen, und strenger Manpower-Bedarfsansatz im sekundären und tertiären Sektor, der sich nach der voraussichtlichen Arbeitskräftenachfrage auf dem Arbeitsmarkt richtet.[91]

Der Dependenztheorie folgend, ist das koloniale und nachkoloniale Schulwesen als ein erheblicher Faktor im geschichtlichen und aktuellen Unterentwicklungsprozeß der Dritte-Welt-Länder zu werten. Das Bildungswesen ist dabei als Mittel der ökonomischen Penetration zu sehen und wird über die Interessenidentität der Zentren mit ihren Brückenköpfen in diesem Sinne perpetuiert. Neben der Aufgabe des kolonialen Bildungswesens, eine begrenzte Anzahl von Verwaltungskräften und einer Masse ungelernter Arbeiter für den Rohstoffexport hervorzubringen, hatte die koloniale Erziehung auch die Funktion, die Mentalität der Kolonialisierten an die der Kolonialisatoren anzupassen. „Die durch Anpassung bezweckte Deformation und Perversion soll die Einheimischen domestizieren und handlungsunfähig machen. Die Kolonialisierten sollen nicht handeln, sondern behandelt werden. Der einzige Wunsch, selbst etwas zu machen, den sie haben dürfen, ist der Wunsch, ihre Herren nachzumachen. Die einzige Forderung, die sie haben dürfen, ist die Forderung nach Integration in das koloniale System.“[92]

Es wurde bereits angeführt, daß sich ungleiche Spezialisierung, die der industriellen Produktionsweise im Weltmaßstab zur Entfaltung verhalf, zweifach äußerte: die Gesellschaften in den Peripherien wurden nach den Interessen der Metropolen auf die Produktion von Exportgütern für die metropolitanen Märkte spezialisiert, gleichzeitig dient die Peripherie für die industrielle Produktion der Industrieländer als äußerer Markt.

Brauchtum und Ehre in ihrem ökonomischen Handeln geleitet. Die hier benannte strukturelle Heterogenität wird in Polany's Ansatz auf „Reste" ursprünglicher Ökonomien zurückgeführt. Vgl. hierzu: Polany, K., Ökonomie und Gesellschaft, Frankfurt 1978; zur Kritik aus dem Blickwinkel der Nationalökonomie: Cook, Scott, The Obsolete „Anti-Market" Mentaly: A Critique of the Substantive Approach to Economic Anthropology, in: Schneider, M.K. und Le Clair jr., E.E., Economic Anthropology: Readings in Theory und Analysis, New York 1968
[91] Vgl. hierzu für Tansania: Bosse, H, Diebe, Lügner, Faulenzer, a.a.O., S. 76ff
Zur Kritik wachstumstheoretischer Bildungsökonomie vgl. Huisken, F. Zur Kritik bürgerlicher Didaktik und Bildungsökonomie, München 1974, S. 140ff
[92] Arora, D., a.a.O., S. 28

Dieser ungleichen Spezialisierung in der Produktion folgt ein quantitatives Mißverhältnis zwischen Forschungsaufwendungen in Industriegesellschaften und Entwicklungsländern, was ein qualitatives Ungleichgewicht nach sich zieht.[93] Forschung in den Peripherien ist unterentwickelt und trägt dazu bei, daß eine „autozentrierte Entwicklung" der Peripherien nicht einsetzen konnte.[94] Diesen Prozeß nennt Galtung „wissenschaftlichen Imperialismus": „Die Arbeitsteilung zwischen Lehrern und Lernenden ist klar: es ist nicht die Arbeitsteilung an sich (sie ist in den meisten Situationen zu finden, wo Wissen vermittelt wird), die den Imperialismus ausmacht, sondern die lokale Verteilung der Lehrenden und Lernenden in einem umfassenderen Rahmen. Wenn das *Zentrum* grundsätzlich die Lehrer stellt und bestimmt, was lehrenswert sei (vom Evangelium des Christentums bis zum Evangelium der Technologie), und wenn die *Peripherie* immer die Lernenden stellt, dann haben wir es mit einem System zu tun, das nach Imperialismus riecht."[95] Dieses System wird noch gestützt durch das Vorgehen der Wissenschaftlerteams aus den Zentralnationen, die in den Peripherienationen nach Einstellungen und Verhaltensweisen zum Zweck der Datenverarbeitung, Analysen und Theoriebildung in den Universitäten der Zentralnation suchen. Galtung kennzeichnet diese Struktur: „Wenn zudem die Forschung sich darauf konzentriert, die Zentralnation mit Informationen zu versorgen, die wirtschaftlich, politisch oder militärisch zur Aufrechterhaltung einer imperialistischen Struktur verwendet werden können, dann wird der Kulturimperialismus vollends deutlich."[96]

Bosse untersucht beispielsweise, ob staatlich verwendete Entwicklungsländer-Forschung in der BRD einen autozentrierten Entwicklungsprozeß in Peripherienationen begünstigt oder erschwert.[97] Dabei kommt er zu dem Resultat, daß die staatliche sozialwissenschaftliche Auftragsforschung des Bundesministeriums für wirtschaftliche Zusammenarbeit (BMZ) kaum Chancen hat, mit den in ihr wirksamen expliziten oder impliziten Zielsetzungen auch politischen und gesellschaftspolitischen Entwicklungsbedürfnissen der armen Länder Rechnung zu tragen. Es zeigt sich ein Übergewicht der politik-absichernden Wissenschaft und damit eine offensichtliche Legitimationsfunktion von Wissenschaft für den Bedarf der staatlichen Verwaltung. Die Ergebnisse Bosses stützen die These, daß die mit den Peripherien befaßte Forschung in

---

[93] Vgl. hierzu: Bosse, H., Bildungsforschung als Determinante von Unterentwicklung, in Khan, K. u.a., a.a.O., S. 295–317
[94] Zum Begriff der „autozentrierten Entwicklung" vgl. Senghaas, D., Die Überwindung von Unterentwicklung: Handlungsspielräume und Aktionspotentiale, in: Deutsche Gesellschaft für Friedens- und Konfliktforschung (Hrsg.), Konflikte zwischen westeuropäischen Industriestaaten und Entwicklungsländern und deren friedliche Überwindung, Bonn-Bad Godesberg 1974, S. 33–44
[95] Galtung, J., Eine strukturelle Theorie des Imperialismus, a.a.O., S. 60
[96] ebenda, S. 61
[97] Vgl. hierzu: Bosse, H., Verwaltete Unterentwicklung, a.a.O.

den Industrieländern den Produktionsbedingungen in diesen Ländern unterliegt.[98]

In den bildungspolitischen Ansätzen der meisten afrikanischen Länder läßt sich dies ebenfalls verfolgen: ländlich produktionsorientierte Minimalausbildung („Ruralisierung der Schule") soll die wachsenden sozialen Disparitäten überwinden helfen. Auch die internationalen Hilfsorganisationen fördern diese Ansätze.[99] Dabei entlarven sich Untersuchungen dieser Art schon in der Einleitung: „Die bunte Phänomenwelt afrikanischen Lebens entzieht sich dem systematisierenden westlichen Denken."[100]

---

[98] Zur Auseinandersetzung in dieser Fragestellung vgl. auch: Dias, P.V., Erziehungwissenschaft, Bildungsförderung und Entwicklung in der Dritten Welt, in: Goldschmidt, D. (Hrsg.), Die Dritte Welt als Gegenstand erziehungswissenschaftlicher Forschung, Weinheim 1981, S. 33–47 und: Jouhy, E., Die Dialektik von Herrschaft und Bildung in der Dritten Welt, in: ebenda, S. 67–76

[99] Vgl. etwa: Mock, E., Afrikanische Pädagogik, Wuppertal 1979; Hanf, Th., Erziehung und politischer Wandel in Schwarzafrika, in: KZfSS, Sonderheft 13, Aspekte der Entwicklungssoziologie, Köln 1969, S. 276–327

[100] Mock, E., a.a.O., S. 10

Deutsch-Ostafrika.

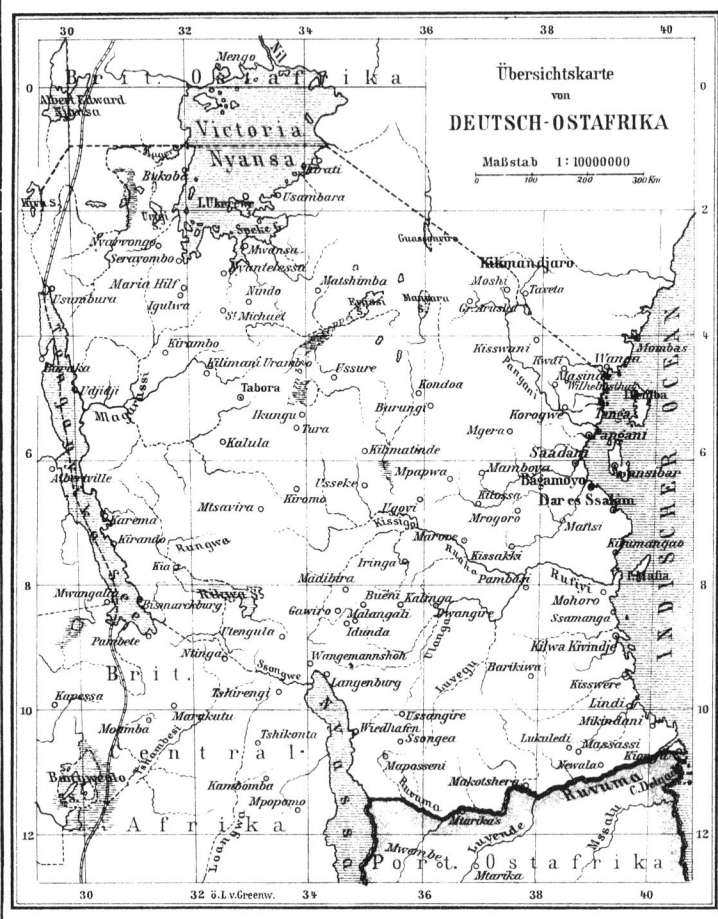

Übersichtskarte
von
DEUTSCH-OSTAFRIKA

Maßstab 1 : 10000000

Besitzergreifung: 1884.

Flächeninhalt: 995 000 ☐ km (= 2 Deutsches Reich).

Bevölkerung: 6 Millionen Einwohner, davon 1090 Europäer, 881 Deutsche.

Klima: Tropisch, kleine Regenzeit im November, grosse im März und April. Von Mai bis September Südwestpassat, von Dezember bis März Nordostpassat. Im kühlsten Monat Juli Nachttemperatur 16° C., Tagestemperatur 35° C und mehr. An der Nordgrenze der Schneeberg Kilimandjaro mit Hochgebirgsklima.

Hauptorte: Dar-es-Ssalâm (10 000 Einwohner, Regierungssitz), Bagamoyo, Pangani, Kilwa, Lindi.

Schutztruppe: 2145 Mann, davon 1694 eigentliche Truppe, 451 Landespolizei.

Ausfuhr: Elfenbein, Kautschuk, Sesam, Kopal, Baumharz, Kokosnüsse, Matten, Bauhölzer, Hörner, Kopra, Kaffee, Flusspferdzähne. (1898: Rupien 4 332 945 oder Mk. 6 019 327 zum Kurse von Mk. 1,3892 die Rupie.)

Einfuhr: Baumwollenwaren, Reis, Eisen, geistige Getränke, Butter, Fleisch, Öl, Mehl, Tabak, Gemüse und Obst u. s. w. (1898: Rupien 11 852 656 oder Mk. 16 565 829.)

N. Jsrael, Berlin C. Album 1901.

Abb. 3: Deutsch-Ostafrika

Kolonisierung in Deutsch-Ostafrika: von der Autonomie zur Abhängigkeit

Afrikanische Außenbeziehungen und europäische Kolonisation: Entwicklung in die Abhängigkeit

Spätestens seit den Berichten portugiesischer Kaufleute, die vor 500 Jahren an den Küsten Afrikas entlangzufahren begannen, hat sich auch im Abendland Kunde von den Völkern Afrikas verbreitet.[1] Im Verlauf der Geschichte wurden vielfältige Handelsbeziehungen zwischen Schwarzafrika und dem Rest der Alten Welt geknüpft. Lange vor der kolonialen Eroberung hat es einen regen Austausch gegeben, immer mehr Menschen und Waren wurden in die Austauschbeziehungen hineingezogen. Der Handel, der um 1500 noch von gleichwertigen Geschäftspartnern getragen wurde, wandelte sich mehr und mehr in ein Verhältnis von Herr und Untertan, in ein System von Ausbeutung und Ausgebeuteten. Vormals autonome afrikanische Gesellschaftsformationen gerieten in das System der strukturellen Abhängigkeit.[2] Die These, daß das traditionelle Afrika über zahllose Jahrhunderte unbewegt in primitiver Barbarei verblieben sei und jede Entwicklung und Modernisierung den Einwirkungen der Kolonialmächte verdanke, kann nicht aufrecht erhalten werden. Der von den Kolonialmächten ausgehende Transformations- und Deformationsprozeß hat dabei nicht nur die Städte oder Regionen der Plantagen und des Bergbaus erfaßt, sondern das gesamte Umland in seinem Sinne strukturiert. Afrika ist somit ein Produkt einer doppelten Geschichte: einer eigenen und der kolonialen.[3]

In Anlehnung an die Arbeiten Amins lassen sich vier charakteristische Phasen der afrikanischen Außenbeziehungen und der europäisch-kolonialen Penetration beschreiben:[4]
- die vormerkantilistische Phase bis zum 17. Jh. (autonome afrikanische Entwicklung, Trans-Sahara-Fernhandel, gegenüber Europa kein wesentlicher Rückstand)
- die merkantilistische Epoche vom 17. Jh. bis etwa 1800 (Dreieckshandel, Unterwerfung unter beginnende Kapitalisierungsprozesse)
- die Periode von 1800 bis 1880-1890 (Abkehr vom Sklavenhandel, Erschließung von Rohstoffen und agrarischen Produkten)

---

[1] Vgl. hierzu: Adick, u.a., a.a.O., S. 13ff
[2] Vgl. hierzu: Amin, S., a.a.O., S. 38ff und S. 253ff
[3] Vgl. hierzu: Adam, E., a.a.O., S. 17ff
[4] ebenda, S. 18ff

– die Periode der (formalen) Kolonisation seit Ende des 19. Jh.s (Fortführung und Komplettierung der Peripherie-Situation, Raubbau an billiger Arbeitskraft und natürlichen Ressourcen)

Ohne die historische Entwicklung dieser Abhängigkeit hier genauer aufzuzeichnen[5], sei die für die beginnende Zeit des Kolonialismus typische Form des „Dreieckshandels" als einheitliches und spezifisch asymmetrisches Wirtschaftssystem beschrieben.

Schiffe mit billigen Waren wie Glasperlen, einfachen Werkzeugen, Pulver, Waffen usw. fuhren von Europa nach Afrika, wo sie diese Waren gegen Sklaven eintauschten. Die Sklaven wurden nach Amerika zur Arbeit auf den Plantagen verfrachtet, dort belud man die Schiffe mit Produkten der Plantagenwirtschaft und Edelmetallen, die für Europa bestimmt waren. Afrika wurde zum Lieferanten von gefügig gemachter Arbeitskraft für die Plantagen Amerikas und verlor dabei seine Autonomie.

Denn in Amerika herrschte Mangel an Arbeitskraft: „Nachdem sie die Indianer zu Millionen niedergemacht und zu Tode geplagt hatten, stellten die Kolonisatoren zu ihrem Erstaunen fest, daß es ihnen an Arbeitskräften fehlte. In diesem Augenblick verwandelte sich der Wilde in eine Ware, die Deportation wurde zum Erwerbsunternehmen. . ."[6] Den Anstoß zu diesem Transfer hat womöglich Bischof de Las Casas gegeben, der die amerikanischen Indianer vor der Ausrottung schützen wollte. In einer Audienz von 1520 bei Karl dem Fünften, die eher ein Verhör war, hat er sich jedenfalls dementsprechend geäußert. Er soll auf die zarte Konstitution der Indianer hingewiesen und angemerkt haben, die Einwohner Afrikas seien den physischen Strapazen der Gruben- und Plantagenarbeit weit eher gewachsen. Offensichtlich ist dieser Hinweis aufgegriffen worden. Im Laufe der folgenden 350 Jahre wurden zwischen fünfzehn und zwanzig Millionen Menschen aus Afrika verschleppt und nach Amerika verkauft. Der Sklavenhandel, eines der größten Geschäfte der Weltgeschichte, berief sich auf die Worte, die Las Casas 1520 vorgebracht hatte. In Enzensbergers Las Casas Rezeption zitiert er ihn nach seiner 1527 bis 1566 geschriebenen und 1877 in Madrid erstmals verlegten „Historia general

---

[5] zur Geschichte der Kolonialisierung vgl. z. B.: Rodney, W., Afrika. Die Geschichte einer Unterentwicklung, Berlin 1975; Schramm, P., Deutschland und Übersee, Braunschweig 1950; Ansprenger, F., Auflösung der Kolonialreiche, München 1976

[6] Enzensberger, H.M., Las Casas oder ein Rückblick in die Zukunft, in: Las Casas, B.de, Kurzgefaßter Bericht von der Verwüstung der Westindischen Länder, hrsg. von Hans Magnus Enzensberger, Frankfurt 1966, S. 133
Bartolome de Las Casas (1474-1566) lebte seit 1502 in den spanischen Kolonien Mittelamerikas und war Bischof von Chiapas in Mexiko. Er wurde Augenzeuge der Ausrottung der Indianer durch die Conquistadoren und veröffentlichte den zitierten Bericht 1552: die Dokumentation eines Völkermordes von riesigen Ausmaßen, eine Sammlung von Greueln und Monstrositäten, über die die Diskussion nie zum Stillstand kam.

de las Indias": „Der Priester Las Casas hat als erster dazu geraten, daß man Afrikaner nach Westindien einführe. Er wußte nicht, was er tat. Als er vernahm, daß die Portugiesen wider alle Rechtlichkeit in Afrika Menschen fingen und sie zu Sklaven machten, bereute er bitter seine Worte . . . Das Recht der Schwarzen ist dem Recht der Indianer gleich."[7]

Die Wanderung der Sklaverei analog zu den ökonomischen Grundlagen beschreibt Wallerstein: „Der Anbau von Zuckerrohr begann auf den Inseln des Mittelmeers, gelangte später auf die atlantischen Inseln und überquerte dann den Atlantik nach Brasilien und den Westindischen Inseln. Die Sklaverei folgte dem Zuckerrohr. Mit ihrer Wanderung änderte sich die ethnische Zusammensetzung der Sklavenklasse. Warum aber waren Afrikaner die neuen Sklaven? Weil in den jeweiligen Plantagenregionen der Vorrat an einheimischen Arbeitern erschöpft war, weil Europa eine Quelle für Arbeitskräfte brauchte, die in einer einigermaßen dicht bevölkerten Region lag, die leicht zu erreichen und dem Verwendungsort relativ nahe war. Aber die Region mußte außerhalb seiner Weltwirtschaft liegen, so daß sich Europa von den wirtschaftlichen Konsequenzen nicht betroffen fühlen mußte, die der massenweise Abtransport von Arbeitskräften als Sklaven für die Aufzuchtregion hatte. Westafrika erfüllte diese Voraussetzungen am besten."[8]

Bei diesem Unternehmen erlitten die betroffenen Menschen als Sklaven ein zweifaches Los: als Arbeitskräfte und als Ware. Denn nach der Zusammenstellung der Sklavenkarawanen im afrikanischen Hinterland wurden sie mit Elfenbein beladen und trugen damit sowohl dieses Elfenbein als auch sich selbst als Ware zum Verkauf an die Küste.[9]

Der transatlantische Sklavenhandel war eine entscheidende Voraussetzung für die prosperierende Kolonialwirtschaft in Amerika, die von schwarzen Sklaven abhängig war. Die industrielle Revolution und die Herausbildung der Industriestaaten beruhen damit zu einem nicht geringen Anteil auf den Gewinnen aus dem Sklavenhandel in Afrika und der Sklaverei in Amerika. Mindestens 10 Millionen Afrikaner – einige Forscher sprechen von 30 Millionen – wurden aus ihrer Heimat als Sklaven nach Amerika deportiert; Hunderttausende starben auf dem Transportweg.[10] Das Ausmaß der Schädigung für den afrikanischen Kontinent verdeutlicht sich vor allem dadurch, daß nur junge, besonders kräftige und gesunde Menschen für den Sklavenhandel ausgesucht wurden. Die Raubzüge zerstörten viele afrikanische Reiche im Inneren des

---

[7] ebenda, S. 144
[8] Wallerstein, I., Das moderne Weltsystem – Die Anfänge kapitalistischer Landwirtschaft und die europäische Weltökonomie im 16. Jahrhundert, Frankfurt 1986, S. 120
[9] Vgl. hierzu: Hertlein, S., Wege christlicher Verkündigung, Bd. 1, Münsterschwarzach 1983, S. 61ff
[10] Vgl. hierzu: Michler, W., Weißbuch Afrika, Berlin 1988, S. 82

Landes oder schwächten sie soweit, daß sie wenig später zugrunde gingen: die Sozialstruktur des Kontinents, ihre politischen, ökonomischen und kulturellen Komponenten wurden nachhaltig geschädigt. Freilich beteiligten sich auch Afrikaner selbst sowie arabische Händler und Fürsten an diesem Geschäft, das jedoch ohne die durch die von europäischen Interessenten zur Verfügung gestellten Märkte und die entsprechende Logistik nicht die historischen Dimensionen hätte annehmen können.

Im Falle deutscher Kolonialbeziehung ist etwa ab Mitte des 19. Jh.s ein regelmäßiger Handel der hanseatischen Handelshäuser zunächst mit Westafrika, dann auch mit Ostafrika nachzuweisen.[11] Dieser Handel konnte sich auf die erfolgte schrittweise Verlagerung der traditionellen Handelsrouten zwischen Europa und Afrika vom Inland zu den Küsten stützen, wobei sich diese Verlagerung ihrerseits gesellschaftlichen Entwicklungen in Europa etwa ab dem 15. Jh. verdankt.[12]

Ausgehend von der Küste, beginnt dieser Handel, die Sozialstrukturen der afrikanischen Gesellschaften bis weit in das Hinterland hinein zu prägen. Mehr oder weniger regelmäßigen Besuchen der Handelsplätze an den Küsten durch Segelschiffe folgen schon bald feste Faktoreien mit einem ständigen Firmenvertreter, die sich über ortsansässige Häuptlinge die Rohstoffvorkommen im Hinterland erschließen und Absatzmärkte für europäische Produkte suchen. Dieser In- und Export wurde noch bis ins 20. Jh. hinein als Warentauschgeschäft, das ein ausgeklügeltes Verrechnungssystem, Produktionsanreize durch Vorschüsse (Trusts) und ein entsprechendes Kommissionsgeschäft beinhaltete.[13] Hücking u. a. belegen an der Geschichte des Hamburger Handelshauses C. Woermann, daß die Profite aus diesem bargeldlosen Handel enorm gewesen sein müssen und führen als Beleg die Entwicklung der Woermann'schen Handelsflotte an: 1847 begann Woermann mit einem Segelschiff und verfügt bereits 1880 über 12 Segler und ein Dampfschiff.[14]

Für unsere Analyse bedeutender ist allerdings das Entstehen einer Struktur der Ausbeutung, die die Handelsbeziehungen in Abhängigkeit von

---

[11] Vgl. hierzu: Schramm, P., a.a.O.

[12] „Der Verlagerung des Schwergewichts des Handels in Afrika von der Savanne im Landesinneren an die Küste entspricht der Verlagerung des Schwerpunkts in Europa vom Mittelmeer zum Atlantik." Amin, S., Die ungleiche Entwicklung, a.a.O., S. 40
Zur Entstehung des Fernhandels und seine Auswirkungen auf Afrika vgl. ebenda, S. 25ff

[13] Einen vorzüglichen Einblick in die Entstehung der Handelsbeziehungen und die brutale Einmischung der Europäer in das Wirtschaftsleben, das Denken, die Verhaltensweisen und den Alltag der Afrikaner am Beispiel eines deutschen Handelshauses liefern: Hücking, R., Launer, E., Aus Menschen Neger machen. Wie sich das Handelshaus Woermann an Afrika entwickelt hat. Hamburg 1986

[14] ebenda, S. 29

den europäischen Handelshäusern entwickelt. Hücking u. a. schreiben: „Ausländische Konsumgüter überschwemmen den afrikanischen Markt. Traditionelle Handwerkserzeugnisse verlieren an Wert, ganze Heimindustrien sterben aus. Bald haben die Afrikaner auch keine Zeit mehr, zu töpfern, zu weben, Holz oder Metall zu bearbeiten. Sie müssen Kautschuk kochen, Öl sieden, Holz schlagen, auf Plantagen arbeiten oder Lasten für die Weißen schleppen: Sie müssen ihre Trust-Schulden abtragen."[15]

Ein Element dieser Handelsbeziehungen sei hier noch kurz erwähnt, da es sowohl als Absatzprodukt als auch als Mittel zum Aufbau der genannten Abhängigkeiten auftritt: der Branntwein. Hücking u. a. konstatieren, daß der Schutz des Branntweinhandels z. B. der Hauptgrund für die Besitzergreifung Togos gewesen sei und schildern ausführlich Ablauf und Auswirkungen des Schnapsexportes nach Kamerun.[16] Sie zitieren Adolph Woermann: „Es ist dieser Branntweinhandel in Afrika von einer Reihe von anderen Nationen, ja von fast allen anderen Nationen mit der allergrößten Eifersucht angesehen. Es ist das der Punkt gewesen, wodurch sich die Deutschen überhaupt in den Handel in Westafrika haben hineinbohren können und sich so fest in den Handel hineinsetzen konnten, daß sie jetzt eine ganz bedeutende Macht dort haben."[17] Mit Branntwein wurden Arbeiter angeworben, es wurden Sammler, Lastenträger, Plantagenarbeiter und andere Hilfskräfte mit Branntwein entlohnt. Schließlich ersetzte der europäische Schnaps – oder eher der „gemeine Fusel" – die traditionellen Getränke, wie z. B. Palmwein oder Hirsebier, und führte durch den massenhaften Verzehr bei rituellen Handlungen und Festlichkeiten zu immenser Verschuldung. „Aus der Sicht der Profiteure hat die Ware Alkohol einen hohen Tauschwert: Sein Gebrauchswert verfliegt mit dem Rausch, und der Nachdurst wird erneut mit Branntwein gelöscht. Für ihn muß der Afrikaner Lasten schleppen, Elfenbein oder Palmöl abliefern. Die Sucht stellt sich ein: Sie garantiert einen beständigen Absatzmarkt und fördert den ‚Arbeitswillen' der Afrikaner."[18]

In dieser Phase begann für die afrikanischen Völker ein sukzessiver Prozeß des Verlustes der Möglichkeit einer eigenständigen Entwicklung. Der afrikanische Kontinent übernahm zunehmend die Funktion eines Arbeitskräftereservoirs innerhalb der entstehenden Weltwirtschaft. Entscheidend negativ wirkte sich auch der ungeheure Menschenraub durch die Sklaverei aus, von der sich Afrika bis in die postkoloniale Zeit hinein nicht erholen konnte. Dabei

[15] ebenda, S. 45; Hücking u.a. beziffern die Verschuldung des Küstenstammes Duala in Kamerun 1885, 17 Jahre nach Errichtung der Niederlassung, gegenüber den Hamburger Handelshäusern auf eine halbe Million Reichsmark. Vgl. hierzu: ebenda, S. 44
[16] Vgl. hierzu: ebenda, S. 63ff
[17] ebenda, S. 64
[18] ebenda, S. 72

fällt nicht nur Verlust an Bevölkerung ins Gewicht, sondern auch die indirekten Auswirkungen, wie die Zerstörung der gewachsenen Siedlungsstrukturen, die Flucht ganzer Bevölkerungsgruppen in wenig ertragreiche Regionen oder das Auseinanderbrechen verschiedener lokaler, regionaler und überregionaler Gemeinschaften und Gesellschaften.

Die kolonialen Interessen des Deutschen Reiches

Durch die erst späte Nationalstaatlichkeit (1871) war Deutschland zunächst durch die Kolonialmächte England, Frankreich, Spanien, Holland und Dänemark vom Erwerb überseeischer Gebiete ausgeschlossen.[19] Konnte Deutschland nicht an ältere koloniale Traditionen anknüpfen, so kommt jedoch dem Deutschen Reich für die Aufteilung Afrikas insgesamt besondere Bedeutung zu. Deutschland hat den Prozeß des so bezeichneten „Scramble for Africa" zwar nicht ausgelöst, aber doch dynamisiert und durch die Einberufung der Berliner Konferenz 1884 zur völkerrechtlichen Fixierung und Regelung des weiteren Teilungsprozesses beigetragen.[20]

Bereits 1873 wurde die „Afrikanische Gesellschaft in Deutschland" gegründet, mit dem Zweck, in das Innere Afrikas vorzustoßen, um den Handel auszubauen und eine Plantagenwirtschaft zu errichten.[21] Schon seit 1790 hatte es auch Vorschläge gegeben, die Afrikaner nicht mehr nach Amerika zu fahren, sondern an Ort und Stelle Plantagen zu errichten, in denen sie zur Arbeit gebracht werden sollten.[22] Dies ist ein früher Hinweis auf die möglichst nutzbringende und kostensparende Anwendung afrikanischer Arbeitskraft innerhalb einer globalen Arbeitsteilung. Aus den verschiedenen kolonialen Interessen heraus wurde am 6. Dezember 1882 der Deutsche Kolonialverein gegrün-

---

[19] Zur Geschichte des Erwerbs deutscher Kolonien aus zeitgenössischer Sicht vgl. Darmstaedter, P., Geschichte der Aufteilung und Kolonisation Afrikas seit dem Zeitalter der Entdeckungen, Bd. 1 und 2, Berlin und Leipzig 1913 bzw. 1920
Darmstaedter liefert ein gutes Verzeichnis zeitgenössischer Literatur, beschreibt Gründe der Kolonialbegeisterung und schildert Hintergründe der Bismarck'schen Kolonialpolitik. Zum Erwerb Deutsch-Ostafrikas vgl. S. 80ff. Im gesamten Werk kommen allerdings afrikanische Menschen nicht vor, allenfalls werden Häuptlinge erwähnt, wenn sie sich der Kolonialmacht unterwerfen.
[20] Zu dieser Thematik vgl.: Albertini, R.v., (Hrsg.) Europäische Kolonialherrschaft 1880–1940, Zürich 1976
Vgl. auch die „General-Akte der Berliner Konferenz" im Anhang, entnommen bei Banning, E., a.a.O.
[21] zur Geschichte des „Erwerbs" Deutsch-Ostafrikas durch Carl Peters vgl. Schramm, P., a.a.O., S. 344 ff
[22] ebenda, S. 366

det, am 8. März 1884 erfolgte die Gründung der Gesellschaft für deutsche Kolonisation. Leitendes Interesse dieser Organisationen war zunächst, im Deutschen Reich Interesse und Verständnis für koloniale Initiativen zu wecken und darüber hinaus „die Auswanderungsfrage in nationalem Sinne zu beeinflussen und der sich immer bedrohlicher gestaltenden Erstarkung anderer Nationalitäten auf Kosten deutschen Kapitals und deutscher Arbeit im Weltverkehr entgegenzuwirken."[23] Durch die von dem Deutschen Kolonialverein und der Gesellschaft für deutsche Kolonisation auf ihren Hauptversammlungen am 19. Dezember 1887 gefaßten Beschlüsse fand eine Fusion beider statt und es entstand die Deutsche Kolonialgesellschaft.

Als Bismarck die Kolonialpolitik in die nationale Politik mit einbezog, war dies ein verfassungsmäßiges Novum, das erst im Laufe der Jahre juristisch und institutionell bewältigt wurde.[24] Die ungeklärte Situation bot den Kolonialinteressenten, wie etwa Carl Peters in Deutsch-Ostafrika den Vorteil, sich durch die proklamierte ausschließliche Zuständigkeit des Kaisers ein Maximum an Einflußnahme zu sichern. Peters schildert diese Zusammenhänge sehr ausführlich in seiner Autobiographie, die die Aktivitäten der deutschen Kolonialbewegung, ihrer verschiedenen Organisationsformen und der daraus folgenden Expeditionen nach Übersee aufzeigt. Schon in der Einleitung zu diesem Werk werden die Zusammenhänge unmißverstlich beim Namen genannt: „„Wie sind Sie eigentlich dazu gekommen, in Ostafrika eine deutsche Kolonie zu gründen?' Wie oft ist diese Frage wohl an mich gerichtet worden! Wenn ich selbst auf meinen Lebenslauf zurückblicke, so wundert mich viel mehr, als daß ich Deutsch-Ostafrika gegründet habe, die umgekehrte Tatsache, daß ich nicht viel weitere Länderstrecken dem Deutschen Reiche zuführen konnte und daß es mir nicht gelungen ist, mir persönlich ein Reich nach meinem Geschmack zu erwerben. Von Kindheit auf war meine Phantasie mit solchen Plänen beschäftigt."[25]

Die Aktivitäten des Kolonialvereins und seiner Nachfolgeorganisation in Afrika und die dadurch ausgelöste Konfrontation mit anderen europäischen Kolonialmächten, vor allem mit England, zwangen das Deutsche Reich zu Reaktionen, die zunächst nicht beabsichtigt waren. Das erste Gesetz vom 17.4.1886 zur „Regelung der Rechtsverhältnisse in den deutschen Schutzgebieten" bestätigte dem Kaiser in § 1 das umfassende Verordnungsrecht auf dem Kolonialsektor.[26] Im Schutzgebietsgesetz vom 10.9.1900 wurde diese um-

[23] Deutsche Kolonialgesellschaft (Hrsg.) Deutscher Kolonialatlas. Mit illustriertem Jahrbuch, Ausgabe 1912, Berlin 1912, S. 5
[24] Vgl. hierzu: Hansen, K., Deutsche Kolonialherrschaft in Afrika. Wirtschaftsinteressen und Kolonialverwaltung in Kamerun vor 1914, Zürich 1970
[25] Peters, C., Wie Deutsch-Ostafrika entstand! Leipzig 1940, S. 7
[26] Hansen, K., a.a.O., S. 23

fassende Zuständigkeit ebenfalls bestätigt, der Kolonialetat allerdings mußte seit 1892 über den Reichstag verabschiedet werden.

Bismarcks Absicht war, die Kolonien ohne ein kostspieliges Engagement des Deutschen Reiches von privilegierten Kolonialgesellschaften verwalten zu lassen, was sich auch in den Begriffen „Schutzgebiet" und „Schutzgewalt" deutlich macht. Bismarcks kolonialpolitische Vorstellungen entfalteten sich gemäß seinem Ideal eines freihändlerischen Expansionismus und eines „kolonisierenden" Kaufmanns. Große Handelshäuser sollten in ihren überseeischen Besitzungen zugleich mehr oder weniger staatliche Funktionen wahrnehmen, als eine Art von Handelskolonien, allenfalls mit einem Schutzbrief des Heimatstaates ausgestattet. Die urprüngliche Absicht ging also nicht in Richtung staatlicher Verwaltungskolonien oder einer kolonialen Gebietsherrschaft.[27]

Später wurde die Schutzgewalt als Anspruch des Reiches auf Souveränität definiert, womit sich die Kolonialpolitik von der Außenpolitik löste und die Einrichtung einer zentralen Kolonialbehörde erfolgte.[28] Dies bedeutete gleichzeitig einen systematischen Ortswechsel in der kolonialen Politik. Das Bismarck'sche Prinzip konkurrierender kolonisierender Handelshäuser wurde durch eine eigenständige koloniale und imperiale Politik des Reiches abgelöst.

Die Erschließung Deutsch-Ostafrikas[29] erfolgte von 1891 an, als von der Küste her systematisch eine zivile Administration[30] aufgebaut wurde. Die Verteidigungskriege der afrikanischen Stämme gegen die Kolonialokkupation zwangen die Kolonisten zur Errichtung von „Kleinburgen", die späteren „Stationen", von denen aus die Unterwerfung als ein Eingriff einer fremden, übermächtigen Autorität in eine geschichtlich gewachsene Gesellschaftsordnung vor sich ging. Die als „Pax Germanica" verkündete Pazifizierung bestand in der Unterwerfung der rebellierenden Stämme und einem „allgemeinen Kampf- und Raubverbot", wie man dies damals ausdrückte.[31] Interessanter-

[27] Vgl. hierzu: Berger, H., Mission und Kolonialpolitik, Immensee 1978
[28] Zuständigkeiten für die Kolonialpolitik: 1886 Sachbearbeiter in der politischen Abteilung des Auswärtigen Amtes; 1890 Kolonialabteilung beim Auswärtigen Amt; 1894 Nebenordnung der Kolonialabteilung zum Auswärtigen Amt; 1907 Reichskolonialamt. Vgl. hierzu: Hansen, K., a.a.O., S. 24ff
[29] Deutsch-Ostafrika war die größte deutsche Kolonie mit einer Flächenausdehnung von 995.000 qkm; im Vergleich dazu: Deutsches Reich 540.857 qkm. Deutsch-Ostafrika erstreckte sich vom 1. bis 11. Grad südlicher Breite zwischen dem Indischen Ozean und den zentralafrikanischen Seen. An dem schmalen, flachen Küstenstreifen herrscht Tropenklima, der größte Teil des Landes besteht aus einem trockenheißen Hochplateau, an dessen Rändern sich im Norden und Süden regenreiche, fruchtbare Gebirgszüge mit temperiertem Klima befinden. Für die ganze Kolonie wurden 1913 etwa 7,645 Millionen Einwohner geschätzt, 1962 schätzte man die Bevölkerung auf 10 Millionen. Alle Angaben vgl. Tetzlaff, R., a.a.O., S. 31
[30] Zur Organisation dieser Administration vgl. Albertini, R.v., (Hrsg.), a.a.O., S. 386 ff
[31] Tetzlaff, R, a.a.O., S. 37. Tetzlaff: „Von der ‚paper colony' zur Ausbeutung"

weise wurde nämlich die militärische Intervention zu Hause nicht als Aktion zur Durchsetzung des deutschen Herrschaftsanspruchs gegen den Widerstand lokaler Völkerschaften und zur Erringung einer effektiven kolonialen Okkupation ausgegeben, sondern, beschönigend, als Beitrag im Kampf gegen den Sklavenhandel und gegen marodierende Banden.[32]

Zur wirtschaftlichen Situation in den unterworfenen Gebieten stellt das Gouvernement im Amtlichen Jahresbericht 1897/98 fest: „Überhaupt liegt die Kultur der Nahrungsmittelpflanzen . . . noch sehr im Argen: Umfangreiche Bebauung der Felder, welche die Besitzer in den Stand setzt, über den persönlichen Gebrauch hinaus gewonnene Erzeugnisse in den Handel zu bringen, ist verhältnismäßig selten, das Marktwesen aus diesen Gründen noch wenig entwickelt. Die Bevölkerung wird erst allmählich auf die Vorteile einer soliden Kultur der heimischen Landesprodukte eingewiesen."[33] Es herrschte zu diesem Zeitpunkt weitgehend Subsistenzwirtschaft vor, wenn von Plünderungen und dem Sklavenhandel abgesehen wird. Mit dieser Situation konnte die Kolonialverwaltung natürlich nicht zufrieden sein, weil die Subsistenzwirtschaft zunächst keine Arbeitskräfte für die Plantagenbewirtschaftung freisetzte. Gleichzeitig erschien den Kolonisten der traditionelle Hackbau der Eingeborenen als wirtschaftliche Unterentwicklung: „Die Kolonialverwaltung ist sich bewußt, daß ihr zur Befestigung der deutschen Herrschaft und gleichzeitig zur wirtschaftlichen Entwicklung der Kolonie kein wirksameres Mittel zur Verfügung steht als die *Hebung des Kulturstandes der Eingeborenen.* Der Schutz von Person und Eigentum, . . . die Unterweisung der Eingeborenen in den Elementen unserer geistigen und moralischen Kultur sowie ihre Erziehung zur wirtschaftlichen Arbeit und zu rationelleren wirtschaftlichen Methoden, – alle diese Ziele bilden auch im Berichtsjahr den Gegenstand der ernsten Aufmerksamkeit und Sorge . . .[34]

1911 jedoch zeichnet der Jahresbericht der Deutschen Kolonialgesellschaft ein sehr optimistisches Bild der Entwicklung, was vor allem mit der Erschließung des Landes durch den Eisenbahnbau und die wirksame Verwaltung durch die Kolonialbehörden begründet wird. So wird der Gesamthandel für 1910 mit 60 Millionen RM beziffert, während dieser 1891 noch mit 16,5 Millionen RM angegeben wurde. Als wichtigste koloniale Frage wird aber auch 1911 die Beschaffung und Erhaltung der notwendigen Arbeitskräfte bezeichnet.[35]

---

[32] Vgl. hierzu: Albertini, R.v., (Hrsg.), a.a.O., S. 305
[33] Amtlicher Jahresbericht 1897/98, S. 73, zitiert nach Tetzlaff, R., a.a.O., S. 53
[34] Amtlicher Jahresbericht über die Entwicklung der deutschen Schutzgebiete in Afrika und der Südsee 1902/03, S. 8, zitiert nach Tetzlaff, R., a.a.O., S. 55
[35] Deutsche Kolonialgesellschaft (Hrsg.), Deutscher Kolonialatlas, a.a.O., S. 30ff

Als klassische Elemente kolonialer Wirtschaft gelten der Export landwirtschaftlicher und mineralischer Rohstoffe aus den Kolonien in das Mutterland, das wiederum industrielle Fertigwaren niedriger Qualität in seine Besitzungen verkauft. Dabei ist bereits zur Kolonialzeit darüber hinwegzusehen, daß nationale Grenzen eine Einschränkung bedeuten: der Kolonialhandel war ein vornehmlich kollektives Geschäft der Industrienationen, was auch für die Kapitalinvestitionen gilt: „Es zeigte sich, daß das exportfreudige französische und deutsche Privatkapital gar nicht daran dachte, unter den Schutz der Trikolore beziehungsweise des Reichsadlers zu drängen."[36] Deutschland hatte 1914 etwa 24 Milliarden Mark im Ausland investiert, davon nur eine halbe Milliarde in seinen Schutzgebieten.[37] Gleichzeitig stiegen die Staatsausgaben für die Kolonien rapide an: Die Reichszuschüsse für Deutsch-Ostafrika beliefen sich im Jahr 1901 auf 5,3 Millionen Goldmark; im Jahr 1908 betrugen sie bereits 41,8 Millionen Goldmark.[38]

1936 hat Grover Clark darauf hingewiesen: „colonies do not pay".[39] Anhand von umfangreichem statistischen Material belegt er, daß die Ausgaben der Kolonialmächte für den Erhalt der Kolonien um ein Wesentliches höher sind als der mögliche Gewinn im Gesamthandel mit ihnen. So weist er u. a. nach, daß Italien und Deutschland für ihre Kolonien unmittelbar mehr ausgaben als der Gesamtwert des Handels mit ihnen betrug.[40]

Auch Hücking u. a. folgern: „Bis die überseeischen ‚Schutzgebiete' verlorengehen, bleiben sie ein Verlustgeschäft für den Staat – und damit für den Steuerzahler. Alles zusammengenommen hat der ‚Platz an der Sonne' ihn mehr als eine, wenn nicht zwei Milliarden Mark gekostet. Für die Rohstoffversorgung bleiben die Kolonien unbedeutend, auch wenn sich der Export ins Reich zwischen 1905 und 1913 verdreifacht: Ihr Anteil am gesamten deutschen Außenhandel macht nicht einmal ein Prozent aus."[41]

Clark's Rechnung des „do not pay" stimmt aber nur, weil der Begriff der kolonialen Tauschwirtschaft, der analysiert, wie landwirtschaftliche Produkte einer peripheren Gesellschaft gegen Industrieprodukte aus dem Zentrum transferiert werden, auf die Beschreibung der unmittelbaren Phänomene des Tauschs verkürzt wird. Der Tausch von landwirtschaftlichen Produkten gegen gewerbliche Importprodukte ist nur vor dem Hintergrund der Theorie des „ungleichen Tauschs" zu verstehen, wie sie bereits oben dargestellt wurde.

---

[36] Ansprenger, F., a.a.O., S. 24
[37] ebenda, S. 24ff
[38] ebenda, S. 22
[39] Clark, G., The Balance Sheet of Imperialism. Facts and Figures on Colonies, New York 1936
[40] ebenda, S. 3ff
[41] Hücking u.a., a.a.O., S. 177

Auch aus afrikanischer Sicht stellt sich diese Phase als Teil einer Geschichte der Ausbeutung dar, „denn nachdem anfänglich eine Selbstorganisation der Handelsbeziehungen möglich war, wurde bald der Monopolanspruch europäischer Händler und Gesellschaften durchgesetzt, der für die afrikanische Seite in mehrfacher Hinsicht eine Ausplünderung darstellte: Über extrem hohe Handelsspannen, den ‚ungleichen Austausch' von Rohstoffen und Industriegütern, Zwischenhandels- und Kreditorganisation ergibt sich ein Profitabfluß, dessen Gesamtumfang nicht mehr abzuschätzen ist."[42]

Darüber hinaus führt die Analyse der Beziehungen zwischen den Kolonien und den „Mutterländern" allein auf der Grundlage der Handelsbilanzen in eine weitere Sackgasse: Meillassoux stellt z. B. treffend fest, daß auch die der Imperialismuskritik zugrunde liegenden Theorien den Imperialismus mehr durch die Suche nach Absatzmärkten als durch die Suche nach Mehrwert erklären wollen: „Die unterentwickelten Länder ... erscheinen hier eher als die Ventile für die Produktion einer kapitalistischen Wirtschaft, die in den Widersprüchen eines ungleichen Wachstums befangen ist, denn als eine Quelle für Arbeitskräfte."[43] Die Antwort auf die negative Kolonial-Bilanz des Deutschen Reiches geben Hücking u. a. selbst: „Die ‚Inwertsetzung' der Übersee-Gebiete bleibt den Siegern des Ersten Weltkriegs überlassen. Auf deutschen Wegen setzen sie die Einbindung Afrikas in den Weltmarkt fort."[44]

Die traditionale Gesellschaft verliert durch die koloniale Wirtschaftsform ihre Autonomie, es wird zu ihrer Hauptaufgabe, für den Weltmarkt unter Bedingungen zu produzieren, die sie völlig verarmen lassen. Gleichzeitig weist aber Clarks Rechnung über den Kolonialismus hinaus: die Herausbildung des kapitalistischen Weltsystems auf der Basis des Zentrum-Peripherie-Modells.[45] Hatte der Kolonialismus nicht nur einzelne produktive Bevölkerungsteile abgezogen, sondern die gesamte wirtschaftliche Grundlage der afrikanischen Gesellschaften nach den Bedürfnissen der Wirtschaft der Mutterländer ausgerichtet, so setzt sich diese Kolonialpolitik anschließend fort mit der Herrschaft über institutionalisierte Brückenköpfe.

Auch die Wirtschaftsentwicklung in Deutsch-Ostafrika erbrachte in den ersten 15 Jahren negative Resultate, die nur durch den Einsatz moderner Verkehrsmittel zum Besseren gebracht werden konnten, wobei sich diese Kosten vor allem für die Kolonialverwaltung niederschlugen. Insgesamt gesehen verursachte die Kolonie jährlich erhebliche Kosten, erbrachte allerdings den

[42] Adam, E., a.a.O., S. 21
[43] Meillassoux, C., a.a.O., S. 123
[44] Hücking u.a., a.a.O., S. 177
[45] Zu den allgemeinen Grundzügen peripherer Gesellschaftsformationen vgl. Amin, S., a.a.O., S. 265ff

Handelsgesellschaften zum Teil erhebliche Profite.[46] Kolonialdirektor Dernburg sah 1908 die Kolonien nicht als „Werkzeuge der Weltmachtstellung Deutschlands", sondern als wirtschaftliche und kulturelle Aufgabe der Regierung und der Nation. Deshalb sei der Ausbau der Kolonie über reichsfiskalische Kapitalanlagen voranzutreiben.[47] Dernburg hatte erkannt, daß die grausame und ungerechte Behandlung der Afrikaner eine wesentliche Ursache für mangelnden wirtschaftlichen Ertrag in den Kolonien darstellte, weshalb er für eine, wie er es nannte, „negererhaltende" Politik eintrat.

Die Abschaffung des Sklavenhandels als historische Schnittstelle zu einem neuartigen System der Ausbeutung

Die Einführung der kapitalistischen Produktionsweise in Afrika erforderte zunächst die Abschaffung des Sklavenhandels. Zum einen brachte es die Industrialisierung mit sich, daß durch die Mechanisierung der Landwirtschaft in Nord- und Südamerika der Bedarf an Sklaven in den Plantagen gesunken war und Sklavenjagden deshalb immer weniger gewinnbringend wurden. Als die wirtschaftliche Notwendigkeit für den Sklavenhandel zurückging, konnten sich auch moralische und ethische Argumentationen durchsetzen.[48] „Ohne das Engagement der Philanthropen, etwa der ‚Anti-Slavery-Society', schmälern zu wollen, wurde das Ende des Sklavenhandels (britisches Verbot 1807) und der Sklavenhaltung (1833) ermöglicht durch eine im Gefolge der industriellen Revolution und der Entwicklung des Kapitalismus im Zentrum veränderte Interessenlage, die nun nicht mehr auf die ‚ursprüngliche Akkumulation' von Reichtum, sondern die Durchsetzung des ‚legitimate trade' an Rohstoffen und Industrieprodukten gerichtet war."[49]

---

[46] Vgl. hierzu Tetzlaff, R., a.a.O., vor allem die Zusammenfassung der landwirtschaftlichen Produktionsergebnisse der Jahre 1902–1914, S. 117–155, sowie über Handel, Bergbau und kleinindustrielle Unternehmungen, S. 156ff

[47] ebenda, S. 84
Bereits 1904 wurde der Bau der Eisenbahn unter anderem im Reichstag damit begründet, daß mit ihr das Christentum der Bevölkerung gebracht werden könne. (Tetzlaff S. 83) Diese auf den ersten Blick naive Einschätzung erweist allerdings ihren konkreten Inhalt dann, wenn das Verständnis der Missionare und ihrer Arbeit näher untersucht wird.

[48] Vor allem John Locke und Adam Smith, die führenden Theoretiker des Wirtschaftsliberalismus, lehnten die Sklaverei ab. Verwiesen wurde auf die Möglichkeit der Baumwollplantagenwirtschaft. Vgl. hierzu: Williams, E., Capitalism and Slavery, London 1964 und: Hochstetter, F., Die wirtschaftlichen und politischen Motive für die Abschaffung des britischen Sklavenhandels im Jahr 1806/ 1807, Leipzig 1905

[49] Adam, E., a.a.O., S. 20

Es wurde erkannt, daß die Ausbeutung der Arbeitskraft der Afrikaner an Ort und Stelle rentabel war: „Kapitalanlage in Menschen warf in Ostafrika die größten Profite ab, in der Regel nicht unter 100 %."[50] Und vor allem: „Sklaven sind in einem großen Unternehmen nicht mehr brauchbar, sobald Fertigkeiten verlangt werden. Von Sklaven kann nicht erwartet werden, daß sie mehr tun als das, wozu sie gezwungen werden. Wenn Fertigkeiten mit im Spiel sind, ist es wirtschaftlicher alternative Methoden der Arbeitsorganisation zu finden, da die niedrigen Kosten sonst durch geringe Produktivität erkauft sind."[51]

Der Sklavenhandel hatte in Afrika ganze Küstenbereiche entvölkert, so daß beispielsweise der Amtliche Jahresbericht für Deutsch-Ostafrika 1912/13 im Bezirk Tabora 4,1 Einwohner pro qkm und im Bezirk Mahengee 3,5 Einwohner pro qkm ausweist. Dagegen lebten zum gleichen Zeitpunkt im Bezirk Rwanda 72 und im Bezirk Urundi 51 Einwohner pro qkm. Diese Länder hatten aufgrund der geographischen Situation nicht unter dem Sklavenhandel gelitten.[52] In Kilwa z. B. betrug nach zeitgenössischen Berichten der „Umsatz" an Sklaven in den Jahren 1865 – 1870 exakt 97 203 Personen und in Sansibar sollen es um diese Zeit jährlich gegen 70 000 gewesen sein, wobei davon auszugehen ist, daß nur jeweils ein Fünftel der Gefangenen die Küstennähe erreichte.[53]

Es waren die Missionsgesellschaften, die sofort nach Ankunft und erster Einrichtung im Missionsgebiet damit begannen, den Sklavenhandel zu bekämpfen. In den Konstitutionen der Missionare vom Heiligen Geist findet sich die Weisung, die Missionare „sollen sich nach besten Kräften bemühen, die Sklaverei zu bekämpfen, diese traurige Wunde der afrikanischen Rasse, vor allem aber den schändlichen,von der Kirche verurteilten Sklavenhandel, und sie sollen möglichst viele dieser armen Sklaven loskaufen, besonders Kinder, um sie zu erziehen oder christlich erziehen zu lassen."[54] In den Missionszeitschriften sind Aufkaufszahlen und Preise nachzulesen. So waren es beispielsweise in Bagamoyo und Sansibar im Laufe der Jahre mehrere Tausend; in Kibanga wurden bis 1889, das heißt in fünf Jahren, 623, in Karema einmal in einem halben Jahr 351 losgekauft. Die Chronik von Mpala meldet für das Jahr

[50] Müller, F.F., Deutschland – Zanzibar – Ostafrika. Geschichte einer deutschen Kolonialeroberung 1884–1890, Ost-Berlin 1959, S. 90
[51] Wallerstein, I., a.a.O., S. 120
[52] Vgl. hierzu: Tetzlaff, R., Koloniale Entwicklung und Ausbeutung. Wirtschafts- und Sozialgeschichte Deutsch-Ostafrikas 1885–1914, Göttingen 1970, S. 14ff
[53] Vgl. hierzu: Hertlein, S., Wege christlicher Verkündigung, Bd. 1, a.a.O., S. 64
[54] zitiert nach Engel, A., Die Missionsmethode der Missionare vom Heiligen Geist auf dem afrikanischen Festland, Knechtsteden 1932, S. 156

1890 126, für das Jahr 1891 192 Loskäufe.[55] Der Preis für ein Kind betrug an der Küste etwa 50,– Mark. Um die Loskäufe in der Heimat wirkungsvoll darstellen zu können, nannten z. B. die Missionsbenediktiner als Grundbetrag ein englisches Pfund, was damals 21,– Mark entsprach. Der jeweilige Spender eines Loskaufes übernahm damit eine Art Patenschaft und durfte den Taufnamen des Kindes bestimmen.[56]

1890 wurde auf der Antisklavenkonferenz, die auf Betreiben vor allem der britischen Regierung und auf Einladung König Leopolds II. von Belgien[57] in Brüssel unter Teilnahme von 17 europäischen Staaten stattfand, der förmliche Aufhebungsbeschluß der Sklaverei gefaßt: Sklaverei sei in den Herrschaftsgebieten der beteiligten Staaten ungesetzlich, jeglicher Handel mit Sklaven wurde verboten und über das Rote Meer eine Blockade verhängt.[58] In der die Konferenz abschließenden Generalakte vom 2. Juli 1890 erklärten die Konferenzteilnehmer, sie seien „einmütig von dem festen Willen beseelt, den Verbrechen und Verwüstungen, welche der afrikanische Sklavenhandel hervorruft, ein Ziel zu setzen, die eingeborenen Völkerschaften Afrikas wirksam zu schützen und diesem ausgedehnten Kontinent die Wohltaten des Friedens und der Zivilisation zu sichern."[59] Das Deutsche Reich hat diese Generalakte vermittels Reichsgesetz vom 28. Juli 1895 ratifiziert.

Zu berücksichtigen ist allerdings, daß mit dieser formellen Erklärung, die Sklaverei sei in den kolonialen Herrschaftsgebieten der Erklärungsstaaten ungesetzlich, zunächst lediglich der bisherige freie Handel mit Sklaven gewissen Einschränkungen unterworfen wurde. Die sogenannte Haussklaverei, also die Anwendung schwarzer Arbeitskraft für weiße Bedürfnisse und Unternehmen, wurde nicht „gänzlich" verboten, „da das zu großen Umwälzungen und politischen Unruhen geführt hätte."[60] Dies wird auch von zeitgenössischen Missionstheoretikern betont, die darauf verweisen, daß mit der Ratifizierung der Generalakte der Brüsseler Anti-Sklaverei-Konferenz durch das Deutsche Reich allenfalls der Sklavenraub und der Sklavenhandel „beseitigt" wurden.

---

[55] Vgl. hierzu: Allgemeine Missionszeitschrift (AMZ), Monatshefte für geschichtliche und theoretische Missionskunde, Gütersloh, 20. Band 1894, S. 345

[56] Vgl. hierzu: Hertlein, S., Wege christlicher Verkündigung, Bd. 1, a.a.O., S. 63. Aus den Loskäufen vom Sklavenmarkt ergaben sich auch die sogenannten Christendörfer, d. h. von den Missionsstationen initiierte Ansiedlungen christianisierter Afrikaner, auf die weiter unten noch speziell eingegangen werden wird.

[57] Daß besagter König Leopold II. aufgrund der von ihm beauftragten Expeditionen des H.M.Stanley in das Kongogebiet dieses schließlich als Privatbesitz übernahm und gehörig und unmenschlich ausbeutete, sei hier nur am Rande erwähnt. 1908 übernahm der belgische Staat den Besitz als Kolonie.

[58] Vgl. hierzu: Loth, H., Sklaverei. Die Geschichte des Sklavenhandels zwischen Afrika und Amerika, Wuppertal 1981, S. 277ff

[59] Zitiert nach ebenda, S. 278

[60] Hertlein, S., Wege christlicher Verkündigung, Bd. 1, a.a.O., S. 65

„Dagegen erwies sich die Aufhebung der Institution der Sklaverei aus wirtschaftlichen wie aus politischen Gründen als unangebracht."[61]

Der Antisklavereibeschluß diente einerseits der Besänftigung der Kritik aus breiten Bevölkerungsschichten, die Kolonialstaaten würden in der Erschließung der neuen Länder „inhuman" vorgehen. Die Behauptung der Bekämpfung des afrikanischen Sklavenhandels durch die Signatarstaaten diente andererseits zur Bemäntelung der nächsten Stufe der kolonialen Ausbeutung durch zunächst Zwangsarbeit und dann systematische Erziehung zur Arbeit. Mit dem Beschluß wurden weiterhin die Sklavenhändler als Vermittler von schwarzer Arbeitskraft ausgeschaltet, die Kolonialmacht nahm dies nunmehr selbst in die Hand. Gleichzeitig ergab sich für die beteiligten Regierungen die Möglichkeit, über den Beschluß zur Bekämpfung der Sklaverei, der in den europäischen Ländern gut „verkaufbar" war, eine Finanzierung der Erschließung weiterer Gebiete im Inland Afrikas zu kolonialen Zwecken zu erhalten.

Aus der Sicht der Missionare brachte die mit dem Beschluß der Konferenz in Brüssel von 1890 herbeigeführte formelle Beendigung der Sklaverei, des Verbots des Handels mit Sklaven in den Unterzeichnerstaaten und ihrer Kolonien, der Blockade des Roten Meeres und der Unterbrechung der „Nachschubrouten" in Kenia und Deutsch-Ostafrika durch die koloniale Besetzung eine wesentliche Verbesserung. Sie führte auch dazu, „daß sich aus der Zusammenarbeit zwischen Mission und den Schutzmächten in der Sklavenfrage zwischen beiden eine gewisse Interessengemeinschaft bildete, die manchen Missionaren trotz ihrer nationalen Gegensätze die spätere koloniale Besetzung als wünschenswert erscheinen ließ", wie Hertlein aus seiner Sicht kritisch feststellt.[62]

Das analytische Kriterium für die Bewertung der Sklaverei liefert Sartre: „Das ist der Ärger mit der Versklavung: wenn man ein Mitglied unserer Art zähmt, vermindert man seinen Ertrag, und so wenig man ihm auch gibt, ein Mensch als Arbeitstier wird immer mehr kosten, als er einbringt. Aus diesem Grund sind die Kolonialherren gezwungen, die Abrichtung auf halbem Wege abzubrechen. Das Ergebnis: weder Mensch noch Tier, sondern Eingeborner ... Armer Kolonialherr: da liegt sein ganzer Widerspruch. Er müßte jene, die er ausplündern will, töten. Aber gerade das ist nicht möglich, denn er muß sie ja auch ausbeuten. Er kann das Massaker nicht zum Völkermord und die Versklavung nicht bis zur Vertierung treiben, und deshalb muß er die Zügel verlieren."[63] Und Enzensberger fügt hinzu: „Ein solches Dilemma tritt erst

---

[61] vgl. hierzu: Mirbt, C., Mission und Kolonialpolitik in den deutschen Schutzgebieten, Tübingen 1910, S. 243f
[62] Hertlein, S., Wege christlicher Verkündigung, Bd. 1, a.a.O., S. 65
[63] Sartre, J.P., zitiert nach Enzensberger, H.M., a.a.O., S. 130

dann auf, wenn die Kolonisation sich langfristige Ziele steckt, wenn sie sich auf ein Rentabilitätskalkül einläßt."[64]

Die Abschaffung des Sklavenhandels erbrachte die Freisetzung von Arbeitskräften für die Plantagenwirtschaft und sollte dazu führen, „daß die Neger Handel betreiben."[65] Um dies zu erreichen, mußte „der Neger zur Arbeit erzogen werden", es waren ihm nicht nur Handgriffe beizubringen, sondern „die Arbeit selbst".[66] Bei der Verbreitung dieses Wirtschaftssystems erwarben sich die Missionare Verdienste: sie hielten die Plantagenarbeit für ein gutes Mittel, um „die Neger zu einem fleißigen und geordneten Leben zu erziehen, und legten daher selbst Pflanzungen an."[67]

Die sogenannte Abschaffung der Sklaverei ist eine historische Schnittstelle zu einem neuen System der Anwendung der Arbeitskraft afrikanischer Menschen im Interesse der kolonialen Mächte. Theorie und Praxis der kolonialen Pädagogik haben ein neues Ziel gefunden: die Erziehung des Negers zur Arbeit steht nunmehr im Mittelpunkt. Ging es vorher weitgehend um eine Hinführung der Afrikaner zum christlichen Glauben und zu einem Verständnis abendländischer Kultur, um dem christlichen Sendungsauftrag der beiden Kirchen zu entsprechen und um den Missionaren und Kolonialisten das Leben zu erleichtern, so tritt nun ein neues Element auf, nämlich die planmäßige Erziehung großer Bevölkerungsteile zum Funktionieren im kolonialen System. Hatte der Sklavenhandel den produktiven Menschen sowohl in der Selektion selbst als auch durch die Verbringung und den Einsatz an Arbeitsplätzen in Afrika oder Übersee physisch und psychisch relativ unplanmäßig verschlissen, so setzte nunmehr eine Entwicklung ein, die diese Arbeitskraft systematisch entwickelte und einsetzte.

Schwarze Arbeitskraft und ihre Anwendung

Bei der wirtschaftlichen Ausbeutung wurden in Deutsch-Ostafrika zwei Wege beschritten: Einerseits gab es Plantagen mit eurpoäischem Management und afrikanischer Arbeiterschaft, andererseits wurden sogenannte „Eingeborenen- oder Volkskulturen" eingeführt, die von Familien oder Stämmen als Produzenten betrieben wurden und bei denen Europäer nur die Vermarktung der Produkte übernahmen.

---

[64] Enzensberger, H.M., a.a.O., S. 130
[65] Schramm, P., a.a.O., S. 363
Amin faßt diese Wirtschaftsform unter den Begriff des Agrarkapitalismus. Vgl. Amin, S., a.a.O., S. 266ff
[66] Schramm, P., a.a.O., S. 363
[67] ebenda, S. 367

74

1907 stellt Gouverneur v. Rechenberg fest: „Rohstofflieferung an Deutschland . . ., auf dieses Ziel kommt es an . . ., und erst in zweiter Linie, ob es durch Plantagenbau oder Eingeborenenkultur erreicht wird . . ., denn in Deutsch-Ostafrika gibt es . . . für die Europäer wohl soziale und politische, aber keine wirtschaftlichen Privilegien."[68] Die Auffassung der Regierung, beide Formen, Plantagenwirtschaft und „Eingeborenenkultur", gleichzubehandeln, stieß auf den Widerstand der Siedler. Für sie stellte sich die Frage, wie kann der Kolonialherr die Arbeitskraft des „Eingeborenen" bei einem Minimum an Aufwand zu maximaler Leistung nutzen?

Die Siedler argumentierten, der Afrikaner kenne den Wert der Arbeit nicht, verbringe sein Leben in Müßiggang und beim Hirsebiertrinken, folglich müsse er zur Arbeit erst „erzogen" werden. Auch wurde der Reichtum der Subsistenzwirtschaft dafür verantwortlich gemacht, daß eine Arbeitsleistung über die Befriedigung der „gewöhnlichen" materiellen Bedürfnisse hinaus nicht erfolge. „*Mehr als reichliche Nahrung, mehr als einen quantitativen Überfluß an den gewöhnlichen materiellen Genußmitteln, begehrt die Masse und Mehrzahl der Schwarzen Afrikas einstweilen nicht*", führt P. Rohrbach aus, Autor und Mitarbeiter der Siedlerzeitung „Deutsch-Ostafrikanische Zeitung" und einer der Hauptredner beim Deutschen-Kolonial-Kongreß 1910. Und er folgert, daß die Frage nicht laute: „Wie bringen wir den Neger dazu, daß er arbeitet?, sondern so: *Wie bringen wir den Neger dazu, daß er mehr produziert, als seinen gegenwärtigen primitiven Bedürfnissen entspricht?* Erst mit dem zu schaffenden Quantum solchen Mehrwerts können wir mit einer wirklichen kolonialen Eingeborenen-Produktion rechnen. Um diese aber in Gang zu bringen, wird es nicht ohne Zwangsmittel abgehen."[69]

Die Plantagen waren auf Lohnarbeiter angewiesen, die allerdings nicht im klassischen Sinne als Bevölkerungsschicht ohne Produktionsmittel freigesetzt werden konnten. De facto gab es nämlich im traditionellen Schwarzafrika kein Eigentumsrecht an Land, sondern nur Kollektivrechte des Stammes und Nutzungsrechte eines jeden Arbeitswilligen.[70] Da sich „der Eingeborene" der Plantagenarbeit widersetzte, war eine Umorientierung seiner traditionsgeleiteten Wertordnungen und Verhaltensweisen notwendig, sowie die Weckung von Konsumbedürfnissen, die nur durch Erwerb von Bargeld befriedigt werden konnten.

Wie im folgenden noch nachzuweisen sein wird, haben sich die Missionstheoretiker bereits frühzeitig mit den Fragen der Arbeitserziehung der in

---

[68] Deutsches Zentralarchiv Potsdam (DZA), Akten des Reichs-Kolonialamtes (RKA), Nr. 120 Bl. 107, zitiert nach Tetzlaff, R., a.a.O., S. 117
[69] Rohrbach, P., Deutsche Kolonialwirtschaft: Kulturpolitische Grundsätze für die Rassen- und Missionsfragen, Berlin 1909, S. 46f
[70] Tetzlaff, R., a.a.O., S. 195

Afrika vorgefundenen Menschen befaßt. Einen besonderen und historischen Beitrag lieferte allerdings der evangelische Missionar Merensky, der eine von der Deutsch-ostafrikanischen Gesellschaft Berlin 1885 ausgeschriebene Preisaufgabe mit dem Thema „Wie erzieht man am besten den Neger zur Plantagen-Arbeit?" gewann.[71] Merensky schlägt vor, daß die Bewohner von Gegenden, die den Kolonialregierungen gehören, Abgaben zu entrichten haben. Die Kolonialregierung übe in diesen Gegenden die Oberhoheit aus, die geforderten Abgaben sollen als Hüttensteuer erhoben werden, dies werde die „Eingeborenen" indirekt dazu zwingen, bei den Pflanzern Arbeit zu suchen. Neben der Hüttentaxe werde auch eine Heiratsabgabe günstig wirken zur Einschränkung der Vielweiberei, die ein Hauptgrund dafür wäre, daß die Männer nicht geneigt sind, zu arbeiten: „Je gemächlicher die Weiber dem Afrikaner das Leben machen, desto weniger ist er geneigt auf Arbeit auszugehn. Auch diese Abgabe wird eine Nöthigung für Manchen sein Geld zu verdienen, und wird der Regierung eine Quelle neuer Einnahmen werden."[72] Als weitere „Reserven" für Lohnarbeiter nennt Merensky den Ankauf von Arbeitskräften aus Untertanen von freien Häuptlingen und die Ansiedlung von „Hörigen" auf den Plantagen, worunter freigelassene Sklaven, Flüchtlinge, Reste versprengter Stämme und elternlose Kinder zu verstehen sind.

Am 1.11.1897 wurde die Erhebung der Häuser- und Hüttensteuer in Deutsch-Ostafrika vom Reichstag beschlossen, fünf Monate später trat sie in Kraft.[73] Die Häusersteuer betraf Europäer, Inder und Araber; die Hüttensteuer belastete die „Eingeborenen" in städtischen Ortschaften mit 6–12 Rupien pro Jahr, in ländlichen Gebieten wurde sie mit 3 Rupien pro Jahr festgesetzt. Die Steuer konnte in Bargeld, Naturalien oder Arbeitsleistungen (etwa zum Wegebau) abgeleistet werden, bei Steuerverweigerung gab es die „zwangsweise Beitreibung", meist über Zwangsarbeit.

Nach Auffassung der Kolonialbehörden hatte die Hüttensteuer einerseits einen „pädagogischen Wert": durch die regelmäßigen Zahlungen sollte die deutsche Herrschaft überhaupt gewährleistet – und von den Kolonisierten wenigstens teilweise selbst bezahlt – werden. Zum anderen sollte dem Anbau von Ölfrüchten (Erdnüsse, Kokospalme, Sesam) mehr „Sorgfalt und Arbeitskraft" zugewandt werden, um dem Fiskus höhere Einnahmen zu garantieren. Die Steuer äußerte sich in einer harten Dienstpflicht gegenüber der Kolonialherrschaft. Gab es bisher schon ein gewisses Abgabensystem der traditionellen

---

[71] Merensky, A., Wie erzieht man am besten den Neger zur Plantagen-Arbeit?, Berlin 1886
Rezension hierzu: AMZ, a.a.O., 12. Band 1886, Literaturbericht, S. 525–528
Auf Merensky's Preisschrift und deren kolonialpädagogischen und -politischen Implikationen wird unten detailliert eingegangen.
[72] Merensky, A., a.a.O., S. 21f
[73] Deutsches Kolonialblatt (D.K.Bl.) 1. Febr. 1898, S. 50f

Struktur, so trat die Hüttensteuer nun daneben mit einer Gleichbesteuerung aller „Eingeborenen". Die Steuer führte sofort zu einer Verminderung des Hüttenbaus, zur Flucht in nichtkolonisierte Gebiete, zu Mehrbelastung der Frauen und zu Aufständen gegen die Häuptlinge, die loyal zur Kolonialmacht standen.[74]

Bei der Erhebung der Häuser- und Hüttensteuer in Deutsch-Ostafrika waren übrigens die Gebäude, die „ausschließlich dem Gottesdienst und Religionsübungen dienen" steuerfrei, die übrigen Gebäude der Missionen wurden nur mit einem stark ermäßigtem Satz zur Steuer herangezogen. Auch das von den Missionen ausgeübte Geschäft des Verkaufs von Früchten, Milch u.ä. wurde nicht als Handelsgeschäft angesehen und daher der Gewerbesteuer nicht unterworfen.[75]

Viele „Eingeborene" waren nicht in der Lage, Bargeld, Feldprodukte oder Vieh aufzubringen, so daß sie zur Zwangsarbeit auf den Plantagen verpflichtet wurden. Kolonialpolitiker hingegen sahen in der Steuerpflicht das geeignetste Mittel zur Lösung der kolonialen Arbeiterfrage überhaupt. Die Hüttensteuer führte allerdings umgehend zu einer massiven Verarmung der Bevölkerung, da sich die Nahrungsmittelproduktion rückläufig entwickelte. Erstmals wurden Getreideeinführungen notwendig.[76] Einen Beweis dafür, daß die in Kamerun eingeführte Kopfsteuer keine Einkommensteuer, sondern ein indirekter Arbeitszwang sei, führen auch Hücking u. a., denn von der Steuer befreit blieben Polizisten, Soldaten, Zöllner, Schüler, Eisenbahnarbeiter und später alle staatlich angeworbenen Männer.[77] Der Missionsorden der Pallotiner drückte es in seinem Missionsblatt direkt aus: „Der Hauptbeweggrund bei der Besteuerung der Eingeborenen ist die erzieherische Wirkung dieser Maßnahme. Um es gerade heraus zu sagen: die Trägheit des Negers, die in seinem Naturell begründet und durch das Klima begünstigt ist, soll in ihren stärksten Stützen, dem Mangel an Notwendigkeit zur Arbeit und der Bedürfnislosigkeit, getroffen werden."[78]

---

[74] Tetzlaff, R., a.a.O., S. 49ff
[75] Vgl. hierzu: Mirbt, C., a.a.O., S. 249
[76] Die französische Kolonialmacht in Westafrika zwang die Bauern im 18. Jh. zur Arbeit auf den Erdnußplantagen, indem sie Strafsteuern für den Anbau „falscher" Feldfrüchte erhob. Während die Bauern früher auf eigenem Land Hirse für den Eigenbedarf angebaut hatten, mußten sie sich nun auf den Plantagen der Franzosen als Erdnußarbeiter verdingen. Diese Maßnahme zerstörte ebenso wie in Ostafrika viele der traditionellen Familienstrukturen, veränderte die ökonomischen und sozialen Zusammenhänge und ließ die herkömmliche Struktur eines „sozialen Netzes" brüchig werden. Vgl. hierzu Hörler, E., Touba: Das schwarze Mekka, in: Neue Zürcher Zeitung, Nr. 250 vom 28.10.1989, S. 44f, Zürich 1989
[77] Vgl. hierzu: Hücking u.a., a.a.O., S.160
[78] Zitiert nach: Hücking u.a., a.a.O., S. 160

Die Kolonialpolitik des Deutschen Reichs versuchte die sogenannte Arbeiterfrage zunächst vor dem Hintergrund der expandierenden Plantagen in den Griff zu bekommen. Am 22.3.1905 erfolgte eine weitere Steuerverordnung, die als indirekter Zwang gedacht war, die steuerpflichtigen Eingeborenen zur Annahme von Lohnarbeit zu nötigen: war bisher jede Hütte mit 3 Rupien besteuert (etwa 4 steuerpflichtige Personen), so sollte nun jeder erwachsene, arbeitsfähige Mann 3 Rupien bezahlen. Die Pflanzer forderten ein „starkes Pflanzertum", welches für den kolonialen Fortschritt die „conditia sine qua non" sei: der Pflanzer als Kulturelement. Der Neger könne dies nie werden, eigene Exportkulturanlagen müssen ihm deshalb untersagt werden. Eingeborenendasein und Plantagenkultur schließen sich aus. Die Arbeiterfrage könne nur durch die Einführung der allgemeinen Arbeitspflicht gelöst werden, also durch die Errichtung eines gesetzlich verankerten Zwangsarbeitssystems durch den kolonialen Staat.[79] Einen Ausweg aus dem Interessengegensatz sah die Kolonialverwaltung im § 15 der Verordnung von 1905: Plantagenarbeiter sollten auf nur 12½ Heller Kopfsteuer pro Monat veranlagt werden, wer länger als 6 Monate im selben Betrieb arbeitete, sollte steuerfrei sein. Ab 1905 wurde auch die Arbeitsleistung zur Begleichung der Steuerschuld nicht mehr anerkannt, jedoch wurden Reinigung, Unterhalt und Bau von öffentlichen Wegen zur unentgeltlichen Pflicht. Zusätzlich konnten Personen, die Kopf- oder Hüttensteuer nicht zahlen konnten, von den Bezirksbeamten auf die Plantagen abkommandiert werden. Sechs Wochen nach der Ansetzung der Steuerreform war eine Erhöhung auf 5 – 7 Rupien pro Mann geplant, was im August 1905 zum bekannten Maji-Maji-Aufstand führte.[80] Unmittelbaren Anlaß zu dieser Rebellion hatte die rücksichtslose Eintreibung der Steuern durch die lokalen Hilfskräfte der Kolonialverwaltung gegeben. Wer die verlangte Steuer nicht aufbringen konnte, wurde zu Arbeiten im Dienste der Kolonialverwaltung wie auch privater Pflanzer gezwungen. Anlaß waren aber auch die Zwangsmethoden, mit deren Hilfe die Kolonialverwaltung die Baumwollproduktion für den Export steigern wollte. Dabei bedrohten die von der Verwaltung erzwungenen Frondienste mit nur geringer Bezahlung die Subsistenzwirtschaft der einheimischen Bevölkerung. Hinzu kamen weitere Nachteile wie die schwere Arbeit, oft fernab der Familie und unter Bedingungen, die an die der früheren arabischen Arbeitssklaven erinnerte. Nach offiziellen Schätzungen sind in den Kämpfen,

[79] Deutsch-Ostafrikanische Zeitung vom 16.4.1908
[80] Vgl. die ausführliche Darstellung des Aufstands und seiner religiösen Versatzstücke bei Tetzlaff, R., a.a.O., S. 212–220
Eine gute Darstellung des Aufstands findet sich auch in dem Beitrag von Nuhn, W., „Plündern, brennen, Felder verwüsten!" in: DIE ZEIT, Hamburg 1990, Nr. 14, S. 41–42. Die Aufständischen waren der Meinung, daß sie durch Behandlung mit „heiligem Wasser" (maji-dawa) unverletzlich würden. Daher der Name: Maji-Maji-Aufstand.

in der nachfolgenden Hungersnot und in damit zusammenhängenden Seuchen mindestens 75 000 Menschen umgekommen.[81]

Die für die Siedler aus ihrer Sicht verheerenden Auswirkungen des Aufstandes führten im Anschluß zu einer Umorientierung der Kolonialpolitik: der im September 1906 neu ernannte Kolonialdirektor Dernburg forderte, „friedliche Kolonialmethoden mit einer optimalen Landerschließung zwecks intensiver wirtschaftlicher Nutzung zu verbinden."[82] Die Regierung beschloß eine Abkehr von der Siedlungs- und Plantagenkolonie und eine Hinwendung zu einem Land der Kaufleute, indischen Händlern und Eingeborenenkulturen. Das wichtigste Aktivum der Kolonie, so wurde erkannt, ihr „Hauptwertgegenstand", sei der Eingeborene und zwar als eigenständiger Produzent bargeldbringender und damit besteuerbarer, landwirtschaftlicher Agrarprodukte für Verkauf und Export.

Dies hatten unter anderem auch die Handelsunternehmer längst festgestellt: so z. B. Adolph Woermann, Chef des Handelshauses C. Woermann in Hamburg, 1883: „Es liegt auf der Hand, dass in Afrika zwei grosse ungehobene Schätze sind: Die Fruchtbarkeit des Bodens und die Arbeitskraft vieler Millionen Neger. Wer diese Schätze zu heben versteht, und es kommt nur auf die richtigen Leute dabei an, der wird nicht nur viel Geld verdienen, sondern auch gleichzeitig eine grosse Kulturmission erfüllen."[83] Militärische Zusammenstöße bedeuteten, abgesehen von den hohen Kosten, eine Verminderung des wertvollsten Produktionsmittels. Es sei deshalb eine Aussöhnung des Negers mit der fremden Herrschaft mittels Kompensation des Freiheitsverlustes durch materielle Vorteile notwendig. Dies solle über die „wissenschaftliche Kolonisation" erreicht werden, Träger der Erschließung seien Missionar, Arzt, Eisenbahner und Maschine, schlechthin: der Europäer als Kulturmissionar. So jedenfalls sah es Dernburg am 18.3.1908 im Reichstag und er resümierte: „Wenn Sie den Leuten (den Eingeborenen) nicht zeigen, daß sie selbst ein Interesse daran haben, Geld zu verdienen, ... in den Plantagen zu arbeiten, wenn sie den Leuten nicht beibringen, daß die deutsche Verwaltung ihnen einen Vorteil bringt, eine bessere Lebenshaltung, eine gesundere Wohnung, gesundere Kinder, bessere Straßen usw., dann können Sie dieses Land nur

---

[81] Vgl. hierzu: Albertini, R.v., (Hrsg.), a.a.O., S. 312
[82] Diese Zahl ergibt sich auch aus den Amtlichen Jahresberichten für Deutsch-Ostafrika 1906/1907. Nach Nuhn ist diese Zahl vermutlich zu niedrig angesetzt. Er verweist auf andere Quellen, die von 100 000 bis 120 000 Toten sprechen. Der tansanische Historiker Gwassa spricht sogar von 250 000 bis 300 000, was einem Drittel der gesamten Bevölkerung des Aufstandsgebietes entspräche. Vgl. hierzu: Nuhn, W., a.a.O., S. 42
Zitiert nach: Tetzlaff, R., a.a.O., S. 223
[83] Zitiert nach: Hücking, R., Launer, E., a.a.O., S. 30

unter der Fuchtel erhalten; aber ich versichere Sie, das wird Ihnen auf die Dauer zu teuer. Das ist ein rein wirtschaftlicher Standpunkt."[84]

Dernburg konzipierte damit Kolonisation als planmäßige Nutzbarmachung der kolonialen Ressourcen zugunsten der kolonisierenden Nation. Er entwarf ein Programm wirtschaftspolitischer Förderungsmaßnahmen durch den Staat, das primär die Verbesserung der Infrastruktur durch den Bau von Eisenbahnen im Auge hatte, aber auch die wissenschaftliche Erforschung und Förderung des Anbaus kolonialwirtschaftlich wertvoller Rohprodukte durch den Auf- und Ausbau staatlicher Landwirtschaftsdienste. Gleichzeitig betonte er die Schutzfunktion des Staates den Kolonisierten gegenüber, denn auch Dernburg sah in den „Eingeborenen" das „wichtigste Aktivum", das es im Sinne optimaler Nutzung zu schützen und zu fördern gelte.

Dies war seit langem die Ansicht der Mission, die anführte, die Geltendmachung der „Verträge" durch Waffengewalt bedeute den dauernden Kriegszustand in Deutsch-Ostafrika, was nicht nur eine blutige, sondern auch „teuere" Kolonialpolitik darstellen würde. „Mit Waffengewalt läßt sich *auf die Dauer* kaum die Küste halten, an der man doch mit den Kriegsschiffen operieren kann; das Innere Afrikas kann nur auf *langsamem* Wege und durch *Gewinnung des Vertrauens* der Eingeborenen dauernd gewonnen werden."[85]

Ohnehin stellte das Scheitern des Maji-Maji-Aufstandes eine gesellschaftliche Zäsur dar: die traditionellen Feudalherren, gleichzeitig die Hohepriester und Mittler zwischen Diesseits und dem Jenseits, waren gefallen, hingerichtet oder entmachtet. Dies führte zu einer Auflösung der alten Stammesgemeinschaft, der Stammesaristokratie und der vom Ahnenkult getragenen Großfamilie: ein Zurück zu den alten Lebens- und Gesellschaftsformen gab es nicht mehr. In dieser Phase der Umorientierung bot sich das christliche Missionswesen geradezu von selbst an, die Menschen wandten sich in den verheerten Gebieten dem christlichen Glauben zu.[86] „Die ‚afrikanische Götterdämmerung' wurde groteskerweise von den Trägern der alten Ordnung selber eingeläutet: die in den Kerkern der deutschen Boma in Songea auf ihre Hinrichtung wartenden Ngoni-Herrscher ließen sich von einem weißen Missionar zum katholischen Glauben bekehren und taufen und vollzogen so in einer quasi symbolhaften Geste selber den endgültigen Bruch mit der Vergangenheit."[87]

---

[84] Kolonialdirektor Dernburg im Reichstag, zitiert nach Deutsches Kolonialblatt, Amtsblatt für die Schutzgebiete in Afrika und der Südsee, 1908, S. 108
[85] Warneck, D. G., Zur Lage in Ostafrika, in: AMZ, 16. Band, Gütersloh 1889, S. 7
[86] Vgl. hierzu: Nuhn, W., a.a.O., S. 42
[87] ebenda

Die Mission hatte schon früh erkannt und immer wieder daran erinnert, daß sich die physische Vernichtung einheimischer Bevölkerungen (ganz abgesehen von der moralischen Seite dieses Vorgehens) als eine große Kurzsichtigkeit erweisen würde, indem dadurch der Kolonisator der ihm unentbehrlichen Arbeitskräfte beraubt würde, die das Land selbst ihm darbot. So schreibt der evangelische Missionstheoretiker Mirbt: „Das Hinsterben der Eingeborenen war daher unter allen Umständen ein *volkswirtschaftlicher Verlust.* Denn in den meisten überseeischen Kolonien kann und darf die zu leistende physische Arbeit nicht durch Europäer geschehen; Kosten, Klima, Rassenunterschiede richten unübersteigbare Hindernisse auf, darüber herrscht allgemeines Einverständnis. Nun haben sich allerdings seinerzeit die Plantagenbesitzer Amerikas durch den Import der afrikanischen Neger einen Ersatz an Arbeitskräften geschaffen, die ihnen Generationen hindurch große Werte erzeugt haben. Dieses Auskunftsmittel kommt heutzutage (in den Kolonien Afrikas, d.Verf.) nicht mehr in Frage."[88] Eine Umverteilung der Arbeitskräfte innerhalb Afrikas selbst kam für die Mission eher nicht in Frage, vielmehr empfahl sie, die Arbeitskraft an dem Ort einzusetzen, an dem sie vorzufinden war: „Der normale Zustand ist es jedenfalls, daß die angesessene, mit dem Lande verwachsene und an das Klima gewöhnte Bevölkerung in erster Linie zur wirtschaftlichen Nutzbarmachung dieses Landes herangezogen wird, denn sie wird im allgemeinen die dazu befähigtste sein. Der Eingeborene ist daher ein wirtschaftliches Wertobjekt, vom kolonialpolitischen Standpunkt aus in vielen Fällen das größte Wertobjekt einer Kolonie. Schon Columbus hat dies klar erkannt, denn er ist es gewesen, der erklärt hat: der größte Reichtum der neuentdeckten Länder sind ihre Menschen."[89]

Die Verwaltung der Kolonien wurde durch die Reichsregierung unter der wirtschaftlichen Zweckmäßigkeit angewiesen, das Vertrauen der Kolonisierten durch Verständnis zu gewinnen. Zweck blieb jedoch weiterhin die Herrschaft, die langsame Anpassung des Afrikaners an die deutsche Lebensart über den Weg der „wirtschaftlichen Hebung": man entwickelte den „selbständigen Kolonialbauern", der bei Aufrechterhaltung der Subsistenzwirtschaft für die Kolonialregierung Rohstoffe für den Weltmarkt produziert. Seine Arbeitskraft hatte dieser selbständige Arbeiter, analog zu den Erfordernissen der Wirtschaftsstruktur, zur Verfügung zu stellen. Die Sozialstruktur paßt sich diesen Erfordernissen an. Bischof Spreiter beschreibt in einem Rundschreiben von 1907 die sozialen Umwälzungen in der Kolonie: „Die wirtschaftliche Erschließung und Entwicklung der Kolonie und gerade unseres Vikariates

[88] Mirbt, C., a.a.O., S. 222
   Mirbts Arbeit ist ein exzellentes Werk zeitgenössischer Missionsarbeit und Missionspolitik.
[89] ebenda, S. 222f

(sind) einen großen Schritt vorwärts gegangen. Bahnen und Straßen sind im Bau, neue werden projektiert, Plantagen sind entstanden, viele neue Europäer sind ins Land gekommen . . . Es ist keine kleine Umwälzung, in der die Neger unserer Kolonie sich gegenwärtig befinden . . . Agenten kommen ins Land, um Arbeiter für da und dort zu werben. Der Neger wird zum Teil noch mehr zum Wandern veranlaßt als bisher, zum Teil wird er gezwungen seßhafter zu sein. Neue Bedürfnisse werden dem Neger aufgedrungen oder kommen von selbst, neue Ideen und Anschauungen werden in den nur schwer und langsam arbeitenden Negerköpfen sich entwickeln. . .[90]

Zwar waren zu den unterschiedlichen kolonialen Projekten unterschiedliche Meinungen und Positionen vorzufinden, auch wurden Zweck und Ziele der deutschen Kolonialpolitik von den verschiedenen Interessengruppen wie Farmer, Händler oder Missionar unterschiedlich definiert, doch herrschte in einem Punkt volles Einverständnis, daß nämlich „. . . alle koloniale Arbeit in erster Linie unter dem Gesichtspunkt geleistet wird, daß daraus dem deutschen Volk Vorteile erwachsen. Diese Feststellung ist nach keiner Richtung hin belastend, denn diese egoistischen Beweggründe bestimmen jedes Kolonialvolk und in der Betätigung rationaler Kraft wie in der Erweiterung des Wirkungskreises eines Volkes kann eine Fülle von idealen Mächten und Faktoren zur Entfaltung kommen."[91]

Mit dieser Entwicklung, konzipiert in der Dernberg'schen Kolonialpolitik, hatten die Siedler ihren bisher bestimmenden Einfluß weitgehend verloren und wurden auf die Stufe nicht mehr ausschlaggebender sonstiger Unternehmer herabgedrückt.

Erhalt und Zerstörung der Subsistenzwirtschaft

Zusammenfassend ist festzustellen, daß durch die Kolonisierung Millionen afrikanischer Bauern ihr angestammtes Land entrissen wurde, was angebliche Verträge nur notdürftig kaschierten. Dieser Eingriff in das soziale, wirtschaftliche und moralische Fundament der traditionalen Gesellschaft Afrikas bedeutete eine tiefgreifende Entwurzelung, einen Identitätsverlust für die Betroffenen gerade in der Durchdringung der traditionellen Ökonomie durch die Kolo-

---

[90] Rundschreiben Bischof Spreiter vom 12.9.1907, zit. nach Hertlein, S., Wege christlicher Verkündigung, Bd. 1, S. 202
[91] Mirbt, C., a.a.O., S. 230

nialwirtschaft, da die Identität des Afrikaners mit dem Boden unauflösbar verbunden war.

Über verschiedene Zwangsmittel wurden die Arbeitskräfte aus den Dörfern getrieben: Kopf-, Hütten- und andere Steuern, die dazu zwangen sich Geld zu verschaffen, das nur im kolonialen Sektor zu erhalten war, Zwangsarbeit, Anwerbung, Verschuldung usw.[92] Es kann sogar nachgewiesen werden, daß viele der sogenannten Strafexpeditionen zu „kriegerischen" Stämmen anstatt der proklamierten „Befriedung" in erster Linie die Versorgung der Kolonialwirtschaft und Kolonialverwaltung mit billigen Arbeitskräften zum Ziele hatten.[93] Die traditionellen handwerklichen Tätigkeiten (Herstellung von Kleidung und Gerät) sowie verschiedene Nebentätigkeiten (Jagd, Bauarbeiten) mußten zugunsten geldbringender Tätigkeiten aufgegeben werden, was die Ökonomie im traditionellen Sektor vom kolonialen abhängig machte.

Ein Beispiel einer Strafexpedition in Togo zugunsten des Aufbaus einer Baumwollplantage schildert ein Geo A. Schmidt unter dem bezeichnenden Titel: „Die Geschichte von Notschä und der ersten landwirtschaftlichen Schule für Eingeborene in den afrikanischen Kolonien".[94] Demnach hatte der Autor im Jahre 1900 den Auftrag erhalten, das Hinterland Togos von Lome aus zu erschließen. Nach ersten Wegebaumaßnahmen und dem Bau von Rasthäusern kam der Kolonialoffizier in Konflikt mit Einheimischen. Schmidt zog mit seinen Soldaten los: „In Eilmärschen von etwa 21 Stunden erschien ich plötzlich in Notschä mit 24 Soldaten und verlangte als Genugtuung die Gestellung von 500 Arbeitern, die bis zum Sonnenaufgang zu meiner Verfügung stehen mußten."[95] Mit diesen 500 Personen wurde ein 25 Hektar großes Feld gerodet, und schließlich mußte jedes Dorf zwei junge Leute abstellen, die im Baumwollanbau ausgebildet wurden und später als Wanderlehrer zu dienen hatten. „Täglich mußten 500 Eingeborene arbeiten, die sich mit anderen nach Belieben der Häuptlinge abwechseln durften. Es wurde ein zusammenhängendes Baumwollfeld von rund 25 Hektar gerodet und bestellt."[96]

Die Kolonisierung bedeutete für den Afrikaner damit einen Kräfteaufwand zur Behauptung der eigenen Existenz einerseits und zur Begleichung der Ansprüche der Kolonialregierung andererseits. Dieser zweite Kräfteaufwand mußte über Lohnarbeit erbracht werden. Darüber hinaus „wurden die An-

---

[92] Einen detailreichen Einblick in die verschiedenen Methoden zur Gewinnung von Arbeitskräften durch Anwerbung und Zwangsarbeit bieten Hücking u.a., a.a.O., S. 115ff
[93] Vgl. hierzu: Albertini, R.v., (Hrsg.), a.a.O., S. 316
[94] Vgl. hierzu: Schmidt, G.A., Die Geschichte von Notschä und der ersten landwirtschaftlichen Schule für Eingeborene in den afrikanischen Kolonien in: Zache, H. (Hrsg.), Das deutsche Kolonialbuch, Berlin 1925, S. 252–256
[95] ebenda, S. 253
[96] ebenda

strengungen, die man den Bauern für die Produktion abverlangte, von keinerlei Maßnahmen zur Erhöhung der Produktivität der Arbeit oder des Ertrags der Felder unterstützt. Unter diesen Umständen geht der Bauer nicht mehr unter dem administrativen Zwang ins Exil des kolonialen Sektors, sondern aufgrund der ökonomischen Bedingungen, die in seinem Milieu herrschen und insbesondere aufgrund der Unmöglichkeit, die Produktion anders als durch eine Verlängerung der Arbeitszeit zu erhöhen. Das heißt, *aufgrund der Unmöglichkeit, hier den Fortschritt einzuführen.* "[97]

Auch machte die Cash-crop-Produktion der marktfähigen Produkte die Subsistenzwirtschaft nicht etwa überflüssig, im Gegenteil. Da die Erlöse aus den Cash-crops von der Kolonialverwaltung abgezogen wurden, trug die Subsistenzwirtschaft vielmehr dazu bei, die Cash-crop-Produktion auf Kosten der einheimischen Arbeitskräfte billig zu halten.[98] Um dieses System zu sichern, war es das Interesse der Kolonialherren, eine Landwirtschaft der Selbstversorgung in bestimmten Gebieten vollständig oder zumindest partiell aufrecht zu erhalten. Das heißt, ein Teil des kolonisierten Gebietes, vor allem in Ost- und Südafrika, wurde der privaten Aneignung durch die Siedler entzogen und „Reserven schwarzer Arbeitskraft" gebildet.[99] Prinzip dieses Vorgehens war, mit legalen und repressiven Mitteln einen Ort zu erhalten, in dem die Arbeitskraft sich selbst zu reproduzieren vermag, jedoch alleinig auf der Ebene der Subsistenz.[100]

Unter diesem Gesichtspunkt erscheint es nur als logisch, daß, als die Reproduktion der Arbeitskraft aufgrund der verheerenden Lebensbedingungen nicht mehr gelingen wollte (Albertini spricht von einer Mortalität bis 75 % auf den Plantagen)[101] und auch die Subsistenzwirtschaft an ihre Grenzen ge-

---

[97] Meillassoux, C., a.a.O., S. 145f
[98] Daß sich dieses Prinzip kolonialen Herr- und Wirtschaftens noch lange wiederholte, dafür legt das Beispiel Südafrika lebhaft Zeugnis ab: in den 70er Jahren bürgerte die weiße Regierung etwa 8 Millionen Schwarze formell in einige „Homelands" aus, entbürgerte sie also in Gebiete, in denen die meisten von ihnen nie gelebt hatten. Dennoch verloren sie die südafrikanische Staatsbürgerschaft und galten von nun an als Ausländer in der eigenen Heimat. Analog verfährt die Politik des „Group Areas Act", der die Ansiedlung der nach Rassen getrennten Gruppen der Südafrikanischen Gesellschaft in Südafrika selbst regelt. Eine Aufschlüsselung der dabei wirksamen Prinzipien mit Verweisen auf die historischen Analogien findet sich bei Michler, W., Weißbuch Afrika, a.a.O., S. 81–88 und S. 215–270
[99] Vgl. hierzu: Meillassoux, C., a.a.O., S. 135f
[100] Die Philosphie dieser Politik wurde von Lord Hailey in seinem kolonialpolitischen Standardwerk An African Survey, London 1938, formuliert: „Die Reservate werden als ‚Puffer' verwendet, insofern sie die Bedürfnisse der Arbeitslosen, Kranken, Alten befriedigen, *ohne dem Staat zur Last zu fallen . . .* Die Einzige Alternative wäre ein ständiges Arbeiterpotential in den Städten, in der Nähe der Minen und Fabriken, völlig von der Erde getrennt; doch ein solches Arbeiterpotential erforderte höhere Löhne, angemessene Wohnungen, Schulen, Zerstreuungen und soziale Sicherungen." zit. nach Meillassoux, C., a.a.O., S. 135f. Unschwer fällt auf, daß der Staat Südafrika beide Modelle angewandt hat.
[101] Albertini, R.v., (Hrsg.), a.a.O., S. 316

langte, es wieder die Kaufleute waren, die für Abhilfe sorgen wollten: „Ich halte es für unsere Kolonien für das allerwichtigste, zunächst für die Vermehrung der eingeborenen Bevölkerung zu sorgen; der Schwarze ist, wie schon von berufener Seite gesagt, das größte Aktivum unserer Kolonien" begründete E. Woermann 1913 seinen Beitritt zur „Deutschen Gesellschaft für Eingeborenenschutz".[102] Im „Deutschen Kolonialblatt" von 1913 veröffentlicht er eine „koloniale Preisaufgabe", für die er dem Professorenrat des Kolonialinstituts in Hamburg 6 000 Mark zur Verfügung stellte: *Durch welche praktischen Maßnahmen ist in unseren Kolonien eine Steigerung der Geburtenhäufigkeit und Herabsetzung der Kindersterblichkeit bei der eingeborenen farbigen Bevölkerung – des wirtschaftlich wertvollsten Aktivums unserer Kolonien – zu erreichen?*"[103] In dieser Arbeit sollten außer den medizinischen auch die religiösen, ethnographischen und wirtschaftlichen Verhältnisse untersucht und dargelegt werden, „die von Einfluß auf die Geburtenzahl und Säuglingssterblichkeit bei den Eingeborenen unserer Kolonien sind; ferner sollen praktische Vorschläge zur Steigerung der Geburtenhäufigkeit und Herabsetzung der Kindersterblichkeit bei der eingeborenen farbigen Bevölkerung gemacht werden."[104]

Mirbt faßt die Sache folgendermaßen: „Zunächst ist es die Erhaltung der Eingeborenen, die sie (die Kolonialregierung, d. Verf.) als ihre Aufgabe anerkennt. Zu diesem Zweck erstrebt sie die Herstellung von Verhältnissen, die ihrer Vermehrung günstig sind."[105] Als wesentliche Faktoren hierfür nennt Mirbt die Abschaffung des Sklavenhandels, die Aufrichtung und Durchsetzung der deutschen Herrschaft zur Unterdrückung der Stammesfehden, die Gesundheitspflege, Schutzmaßnahmen zu gunsten der eingeborenen Arbeiter, die Einführung eines entsprechenden Rechtssystems und schließlich „. . . die Pflicht, die *Bevölkerung* der deutschen Schutzgebiete *in ihrer sittlichen und materiellen Lebenslage,* wie die Kongo-Akte sich ausdrückt, *zu heben* und damit dem Beruf gerecht zu werden, den jedes höher stehende Volk gegenüber einem auf niedrigerer Stufe befindlichen zu erfüllen hat, das ihm unterworfen und daher in seiner äußeren und inneren Entwicklung von ihm abhängig ist."[106] Die Frage, ob innerhalb dieser Entwicklung die afrikanischen Menschen trotz der Aufhebung der Sklaverei auf einer Stufe der Hörigen zu halten seien oder ob sie nicht vielmehr die Möglichkeit erhalten sollten, sich durch Fleiß und Tüchtigkeit „emporzuarbeiten" beantwortet Mirbt eindeutig in die letztere Richtung, da er die wirtschaftliche Erschließung der Kolonien mit der Kulti-

---

[102] Zitiert nach Hücking u.a., a.a.O., S. 165
[103] Deutsches Kolonialblatt, Amtsblatt für die Schutzgebiete in Afrika und der Südsee. Herausgegeben im Reichs-Kolonialamt Berlin 1913, 24. Jhg., S. 642 f
[104] ebenda
[105] Mirbt, C., a.a.O., S. 230
[106] ebenda,S. 231ff

vierung der Bevölkerung als gegenseitige Bedingungen versteht: „Beiden Zwecken dient die *Erziehung der Eingeborenen.* Die gesamte Kolonialverwaltung zielt darauf ab. Neben der Anleitung zum Erlernen von Handfertigkeiten und zum Anbau volkswirtschaftlicher Produkte steht die Gewährung von Arbeitsgelegenheit und die Beaufsichtigung der Arbeitsverhältnisse sowie die Nötigung zur Arbeit durch die Erhebung von Steuern."[107]

Dies wurde wohl übereinstimmend in allen kolonial interessierten Kreisen so gesehen. Noch 1925 stellt Zache fest: „Das eigentliche Problem kolonialer Eingeborenenpolitik ist das *der Erziehung zur Arbeit.* Der Eingeborene ist nach unseren Begriffen faul, weil er nicht wie wir alle in ihm steckenden Energien ausnützt zur Produktion über den Eigenbedarf hinaus, sondern weil er sich mit der Arbeit begnügt, die genügt, ihm sein Existenzminimum zu garantieren."[108] Die Änderung dieser Haltung und damit die vollständige Veränderung der ökonomischen Struktur der kolonisierten Gebiete wurde auch in der Einschätzung Zaches über die Arbeitserziehung und ihre fiskalischen Aspekte geleistet: „Es ist ein nicht hoch genug anzuerkennendes Verdienst unserer kolonialen Verwaltungen, daß sie bei der *Einführung der Eingeborenen-Steuer* den Erziehungszweck von Anfang an nicht weniger im Auge hatten als den Finanzzweck, indem sie wahlweise Arbeitsleistung neben die Zahlung stellten. Die Höhe der Steuer war so gehalten, daß ein Arbeitsmonat ihr entsprach: der alte historische Zehnte. Die Folgen waren bedeutend. Die ganze Erschließung des Landes datiert von der Einführung der Hüttensteuer."[109] Durch die Steuer wurde schließlich nicht nur der Zwang zur Lohnarbeit eingeführt, vielmehr wurde die Geldwirtschaft grundsätzlich begründet und der Tausch in den Bereich des Rückständigen verwiesen.

Die Verpflichtung zur Lohnarbeit ergab sich somit für die Menschen als notwendig, um ihren Bedarf an Bargeld zur Bezahlung der Steuern, zum Kauf der einst getauschten einheimischen Produkte oder zur Ersetzung der handwerklichen Produkte durch Industriewaren zu decken. Es handelt sich bei diesem System also nicht um „die Weckung von Konsumbedürfnissen", die eine bloße Umstellung der Lebensabläufe dieser Menschen nach sich ziehen, sondern vielmehr um Erfordernisse, das eigene Leben und das des Familienverbandes zu erhalten.

Hücking u. a.[110] schildern diese Entwicklung an einem Beispiel in Kamerun, wo nach der allgemeinen Enteignung und der Einrichtung der Plantagen

---

[107] ebenda, S. 237
[108] Zache, H., Deutschlands koloniale Eingeborenenpolitik, in: ders. (Hrsg.), Das deutsche Kolonialbuch, a.a.O., S. 60
[109] ebenda, S. 61
[110] Vgl. hierzu: Hücking u.a., a.a.O., S. 119ff

den früheren Bodenbesitzern neue Reservate auf dem Plantagengelände zugewiesen wurden. Jede Familie erhielt im Prinzip zu ihrem Lebensunterhalt ein relativ gleich großes Stück Land, unabhängig davon, was der Boden hergab, jedoch solle es ausreichend sein, eine Familie zu ernähren. Das Interesse der Plantagenleiter zitieren Hücking u. a. mit der Erklärung, „daß die Eingeborenen auf möglichst kleinen Landflächen zusammengedrängt werden müßten, um dann durch Hunger zur Arbeit gezwungen zu werden."[111] Ein schönes Beispiel dafür, wie der Kolonialismus sowohl auf die Erhaltung als auch auf die Vernichtung der Subsistenzwirtschaft drängt.

Ein Wirtschaften unter Ertragsgesichtspunkten war den Reservaten verboten, dies ergab sich schon aus der vorherigen Enteignung fruchtbarer Böden: Gouverneur von Puttkamer schreibt in seinen Memoiren, seine Aufgabe habe nicht sein können, „die Eingeborenen darin zu bestärken, gerade da, wo europäisches Kapital in grösseren Plantagen rationell arbeitet, nun ihrerseits mit den gleichen Erzeugnissen herum zu pfuschen."[112] Die Afrikaner waren also darauf angewiesen, sich zur Lohnarbeit zu verdingen.

Die Verpflichtung zur Lohnarbeit stellt den Kolonialismus aber vor einen unüberwindlichen Antagonismus. Die materielle Existenzverbesserung, die durch die Kolonialverwaltung in Aussicht gestellt wurde, konnte nicht garantiert werden, weil die Siedler und die Abnehmer von Cash-crops kostengünstige Arbeitskräfte benötigten und deshalb den Wert der Ware Arbeitskraft über die Subsistenzwirtschaft zu drücken wußten. Gleichzeitig wurde die Lohnarbeit von den Eingeborenen abgelehnt, was eben doch die Anwendung von Zwang erforderte. Zwangsarbeit aber ist teuer und produziert wegen Arbeitsverweigerung und Sabotage minderwertige Resultate, gleichzeitig vergrößert sich die Abneigung gegen die Arbeit. Dieser Antagonismus konnte erst durch die nachkoloniale Entwicklung überwunden werden.

Die gesellschaftliche Entwicklung in Afrika verlief somit gänzlich anders, als dies in dem klassischen modernisierungstheoretischen Gegensatz von „traditionell" und „modern" dargestellt wurde: „Trotz der Tatsache, daß ein Großteil der afrikanischen Bevölkerung sich in wenig spezialisierten Formen der agrikulturellen Produktion reproduziert, kann ihre soziale Organisation nicht mehr als im Kern präkolonial und vorkapitalistisch begriffen werden, und trotz der Tatsache, daß in den abhängigen Gesellschaften Afrikas sich der kapitalistische und auf den Weltmarkt hin orientierte Sektor als dominant erweist, vollzieht sich dessen Entwicklung nicht in Analogie und im Rahmen der Modernitätsvorstellungen der westlichen Industriegesellschaften."[113]

---

[111] ebenda, S. 122
[112] zitiert nach Hücking u.a., a.a.O., S. 120
[113] Adam, E., a.a.O., S. 22

Abb. 4: Originalzeichnung von Kaiser Wilhelm II.

Mission und Kolonialpolitik: eine Symbiose

Die Missionierung Ostafrikas

Hertlein[1] vermutet, daß bereits um das Jahr 1000 indische Thomas-Christen[2] als Händler nach Ostafrika kamen. Auch gebe es Hinweise dafür, daß abessinische Mönche als Wanderprediger das Land durchzogen. Die portugiesischen Seefahrer hatten Priester auf ihren Reisen dabei, auch wird davon berichtet, daß es in Sansibar zu einem Kirchenbau kam. Eine planmäßige Missionierung war dies jedenfalls nicht. Diese begann in Ostafrika erst am 22.12.1860, als drei französische Weltpriester, sechs Krankenschwestern, ein Arzt und mehrere Handwerker unter Leitung des Bischofs Maupoint von Réunion nach Sansibar kamen. Aufgrund des guten Beginns rief der Bischof weitere Missionare nach Ostafrika und am 16.6.1863 begannen ebenfalls in Sansibar Missionare vom Heiligen Geist mit ihrer Arbeit. Sie verlegten 1868 ihre Zentrale nach Bagamoyo auf dem Festland. Im Juni 1878 kamen die Weißen Väter und ließen sich im Gebiet der großen ostafrikanischen Seen nieder. 1887 schließlich kamen die Missionsbenediktiner von St. Ottilien.[3]

Die Mission wirkt in ihrem Verständnis in zweierlei Hinsicht. Zum einen ist ihr Anliegen als religiöser Aspekt die Ausbreitung des Christentums, zum anderen geht es ihr um die Ausbreitung der Kirche als sozialen Aspekt. Beide Aspekte verknüpft die Mission zu einem Ganzen, der Christianisierung in weitestem Umfang.

Die Tätigkeit der Mission bewirkte in Afrika etwas völlig Neues, nämlich die Entwicklung einer Individualität, die den Einzelnen, bisher fest in seinen Stammesverband eingebettet, aus diesem herauslöste, um nun für sich allein „den Heilsweg zu beschreiten". So jedenfalls forderte es vor allem Bischof Hirth, und dieses Programm wurde von den Missionen bis ins tiefste Hinterland eingeführt.[4] „Tatsächlich ist der Missionar in den Stammesgebieten

---

[1] Zum folgenden kurzen geschichtlichen Abriß vgl. hierzu: Hertlein, S., Wege christlicher Verkündigung, Bd. 1, S. 9f
[2] Mit dem Begriff „Thomas-Christen" werden die angeblich vom Apostel Thomas missionierten, syrisch-nestorianischen Christen bezeichnet, deren Kirche nach dem Ausschluß aus der römischen Reichskirche im Jahr 431 aufblühte und über eine bis nach China ausgreifende Mission verfügten.
[3] Einen gerafften Überblick zur historischen Entwicklung der christlichen Mission im 19. Jh. gibt auch: Rivinius, K.J., Das Interesse der Missionen an den deutschen Kolonien, in: Krems, G., (Hrsg.), Die Verschränkung von Innen-, Konfessions- und Kolonialpolitik im Deutschen Reich vor 1914, Schwerte 1987, S. 39–65
[4] Vgl. hierzu: Niesel, H.-J., Kolonialverwaltung und Missionen in Deutsch-Ostafrika 1890–1914, Diss. FU Berlin 1971, S. 33ff
Umfangreiches Material zum Wirken Bischof Hirths findet sich auch in: Ackermann, L., Erziehung und Bildung in Rwanda. Probleme und Möglichkeiten eines eigenständigen Weges, Frankfurt 1978, S. 31ff

oft der erste, der die Geschlossenheit der Sitte zerbricht, der die Jahrhunderte alte, schützende Schale der Lebensordnung zerstört. Dem noch in der Bindung seiner Stammesgemeinschaft stehenden Menschen ist das durchaus bewußt", erkennt noch 1960 von Haller, nachdem schon einige Jahrzehnte dieser Missionierung ins Land gezogen waren.[5] Ihren neuen Anhängern mußte die Mission zunächst auch eine wirtschaftliche Existenz schaffen, da den Bekehrten mit dem Ausscheiden aus dem Stammesverband die Existenzgrundlage entzogen wurde. Damit verband sich das zur ökonomischen Existenzsicherung der Missionare notwendige wirtschaftliche Handeln der Missionsstationen mit dem missionarischen Erziehungszweck. Der Missionstheoretiker Warneck[6] nannte das wirtschaftliche Tätigwerden der Missionsgesellschaften „kulturelle Nebenleistungen" bei der Verfolgung der Hauptaufgabe der Bekehrung zum Christentum. Siedler und Kolonialverwaltung maßen den Erfolg der Missionsgesellschaften natürlich eher an diesen „Nebenleistungen".[7]

Das Ergebnis der missionarischen Tätigkeit war eine innere Umwertung der afrikanischen Menschen, so daß diese als Arbeitskräfte für die Interessen der Kolonialherren, bzw. dem kolonialen Interesse überhaupt, zur Verfügung standen. Die Tätigkeit der Missionare kann in dieser Analyse aber nicht von vornherein als plumper Handlangerdienst für die kolonialen Behörden und die wirtschaftlichen Interessen der Kolonisten gewertet werden, das Problem ihrer Tätigkeit stellt sich vielmehr vielschichtig dar. Dabei ist zunächst festzustellen, daß Einsatz und Botschaft der christlichen Missionare natürlich auch davon geprägt waren, daß sie Bürger einer Kolonialmacht waren und zusammen mit den Kolonialherren in einer abhängigen Kolonie arbeiteten und von der Überlegenheit ihrer Kultur überzeugt waren.

---

[5] von Haller, A., Die Welt des Afrikaners, Düsseldorf, 1960, S. 187
von Haller versucht in seinem Buch einen humanitären Brückenschlag zwischen hektisch zivilisierter Welt in Europa und Amerika und vermeintlich liebenswert romantischer Welt in Afrika.
[6] Gustav Warneck, 1834–1910, Theologe und 1871-1874 Missionsinspektor, Begründer der evangelischen Missionswissenschaft. 1884 Gründer der Allgemeinen Missionszeitschrift (AMZ)
[7] Die Tätigkeit der Missionsgesellschaften läßt sich aus den Missionsarchiven relativ gut erschließen. „Es gibt kaum irgendwo Quellen, die die Zeiten so gut überstanden haben, wie die in den Missionsarchiven" (Niesel). Allerdings ist die Bereitschaft auf katholischer Seite, diese Archive einer wissenschaftlichen Auswertung zugänglich zu machen, nur eingeschränkt vorhanden. Für diese Arbeit wurden hauptsächlich Zeitschriften ausgewertet, die sich mit der Kolonialpolitik des Deutschen Reiches und der Missionsarbeit beider Konfessionen befassen, daneben stand umfangreiches Material aus Dissertationen zur Verfügung. So ist z. B. die Arbeit von Niesel eine detaillierte Beschreibung der Aktivitäten der christlichen Missionsgemeinschaften im Zuge der Kolonialisierung Ostafrikas durch das deutsche Kaiserreich. Aus dem Material lassen sich erhebliche Informationen hinsichtlich der Oktroyierung europäischer Normen und Wertvorstellungen auf die Stammesgesellschaften in Afrika gewinnen, wenn auch der Arbeit selbst eine wenig kritische Distanz zur Praxis der Missionierung zugeschrieben werden muß und der analytisch-theoretische Gehalt gering ist. Zu verweisen ist auch auf die umfangreiche Habilitationsschrift von Hertlein, S., Wege christlicher Verkündigung, Band 1 und 2, Münsterschwarzach 1983. Hierbei handelt es sich um eine pastoralgeschichtliche Untersuchung aus dem Bereich der katholischen Kirche Tansanias seit 1860, wobei umfangreiches Quellenmaterial ausgewertet wurde. (vgl. hierzu: ebenda, Bd. 1, S. 4ff)

Wie aber oben kurz dargestellt, hatte die Missionierung Ostafrikas schon begonnen, ehe die europäischen Kolonialmächte diese Gebiete unter ihre Herrschaft brachten.[8] Die Mission begann also in einer freien afrikanischen Stammesgemeinschaft zu arbeiten, was sich nicht unwesentlich auf das Wirken der Missionsgesellschaften und der Missionare auswirkte. Schließlich bestanden keine Vorschriften über das Anlegen von Niederlassungen, auch Schulgründungen und Lehrplan konnten ganz nach den Vorstellungen der Missionsgesellschaften vorgenommen und gestaltet werden.[9] Hertlein bescheinigt der Missionierung Ostafrikas einen „Zug ins Große und Weite", denn: „So zählten die Missionare vom Heiligen Geist anfangs kaum ein Dutzend Leute. Das ihnen anvertraute Gebiet aber erstreckte sich von Kap Guardafui in Somalia bis nach Mozambique im Süden, etwa 3000 km; die Grenze im Inland war unbestimmt, da das Innere des Kontinents noch kaum erforscht war. Und doch waren sie überzeugt, dieses weite Gebiet mit einer fortlaufenden Kette von Missionsstationen zu besetzen, um schließlich irgendwo im unbekannten Innern mit ihren Mitbrüdern aus Westafrika zusammenzutreffen."[10]

Hinzu kamen Ansehen und Einfluß aufgrund eigenständiger Gerichtsbarkeit in den Missionsdörfern und Schiedsfunktionen bei Streitigkeiten zwischen Gruppen und Stämmen. Hertlein schreibt: „So sahen die meisten Missionare der Ankunft weißer staatlicher Macht mit gemischten Gefühlen entgegen, zumal auch starke nationale und religiöse Motive die Gegensätze verstärkten. Die ersten katholischen Missionare waren Franzosen, die den protestantischen Engländern nicht recht trauten und von den preußischen Deutschen schon gar nichts wissen wollten. ... Überdies war das schroffe, herrische Auftreten der ersten deutschen Offiziere und Kolonialbeamten nicht gerade geeignet, Brücken zu schlagen und Verständnis zu wecken."[11] Es kam zu Reibereien und Spannungen, zu Beschwerden und offenen Widerstand auf Seiten der Missionare, zu Repressionsversuchen und Landesverweisen auf Seiten der Kolonialbehörden. Doch dies war nur der Anfang. In der Folge nahm die Kolonialmacht einen bedeutsamen Einfluß auf die Missionsarbeit, vor allem nachdem erkannt worden war, welchen Dienst die Mission im Rahmen der Kolonisierung leisten konnte.

Die Deutsch-Ostafrikanische Gesellschaft (DOAG) setzte von Beginn an ganz bewußt auf die Mithilfe der Missionen bei der Unterwerfung der

---

[8] „Bagamoyo war eine blühende Station, als *Stanley* dort seine Karawane zusammenstellte für den Zug ins Innere des Landes; die Weißen Väter siedelten schon zehn Jahre an den großen Seen, ehe *Dr. Peters* auf der Jagd nach billigen Schutzverträgen das Land durchstreifte." ebenda, S. 32

[9] Die Darstellung des Aufbaus der Mission der Missionare vom Heiligen Geist z. B. liest sich wie eine Distributionsplanung. Diese Missionsstrategie hinsichtlich Stationsgründung, erste Stützpunkte, Hauptstation, Nebenstationen usw. schildert Engel, A., a.a.O., S. 9–84

[10] Hertlein, S., Wege christlicher Verkündigung, Bd. 1, a.a.O., S. 15

[11] ebenda, S. 33

neuen Gebiete: 1887 wurde zwischen der DOAG und den Benediktinern von St. Ottilien ein Vertrag geschlossen, wobei Carl Peters bei der Unterzeichnung anwesend war (Peters: „Die Landschaften erinnern an Gmunden oder Heidelberg."[12]). Es wurde festgelegt, daß sofort Benediktiner nach Deutsch-Ostafrika reisen sollten, womit gleichzeitig der katholischen Mission eine gewisse Monopolstellung für die Missionierung in der Kolonie zugesichert wurde. Zusätzlich sollte der Orden 3 000 bis 4 000 qkm „des gesündesten Landes der DOAG kostenlos" erhalten.[13] Der Protest der evangelischen Seite erfolgte sofort, wonach eine Abschwächung der Monopolzusage erfolgte. Am 11.11.1887 reisten ein Benediktinerpater, neun Brüder und vier Schwestern in die Kolonie aus.[14]

Die DOAG wandte sich allerdings auch über Peters an die evangelische Mission, wobei hier zunächst der Widerstand der alten evangelischen Missionsgesellschaften zu überwinden war, die aus Personalmangel die Missionierung zunächst ablehnten.

Die evangelische Mission: Mission assimiliert

1886 wurde in Berlin die Deutsch-Ostafrikanische Missionsgesellschaft gegründet, in deren Vorstand Carl Peters gewählt. Wohin sich die Mission in den Kolonien entwickeln sollte, wurde auf der sächsischen Missionskonferenz in Halle diskutiert.

Die Allgemeine Missionszeitschrift (AMZ) veröffentlichte 1885 den aufschlußreichen Vortrag des Missionstheoretikers C.G. Büttner vor der sächsischen Missionskonferenz.[15] Zunächst bedauert Büttner, daß es keinen unbewohnten Teil der Erde gäbe, „auf dem der Überschuß unserer Bevölkerung sich niederlassen könnte. . . . Somit ergiebt die Praxis, daß wir uns überall, wo wir Kolonien gründen wollen, auch mit der eingeborenen Bevölkerung abzufinden haben, welche uns die Produkte unserer höher entwickelten Intelligenz abnehmen soll, die mit dem Einwanderer, sei es als sein Nachbar, sei es als sein

[12] Zitiert nach Darmstaedter, P., a.a.O., S. 83
[13] Vgl. hierzu: Niesel, H.-J., a.a.O., S. 41ff
[14] Die Erstgründung Pugu der Missionsbenediktiner wurde bereits elf Monate später durch aufständische Araber vollständig zerstört, drei Missionare getötet, vier weitere verschleppt. Der Rest zog sich, zusammen mit dem an schwerer Malaria erkrankten Propräfekten zunächst nach Daressalaam und dann desillusioniert in das Mutterkloster Sankt Ottilien zurück. Vgl. hierzu: Hertlein, Wege christlicher Verkündigung, a.a.O., Bd. 1, S. 84
[15] Büttner, C.G., Mission und Kolonien, Vortrag auf der sächsischen Missionskonferenz in Halle 1885, in: AMZ, 12. Bd., Gütersloh 1885, S. 97–104

Arbeiter, irgendwie verkehren muß."[16] Büttner führt weiter aus, daß die evangelische Mission die Übernahme der Kolonien durch das Deutsche Reich begrüße. Es gehe hierbei nicht um „romantische Robinsonaden", sondern um die Verwendung der einheimischen Bevölkerung als Arbeitskräfte, wobei der bisherige Zwischenhandel für Kolonialwaren wie Tee, Kaffee, Gummi, Elfenbein, Straußenfedern und Palmöl über England und Holland ausgeschaltet werden soll. Der Mission wird diese Kolonialpolitik nun neue Aufgabe zur weiteren Beteiligung an der Missionsarbeit: Aufgabe der Mission ist die „Zivilisierung der Wilden", denn schließlich „liegt es im Interesse des Kaufherren selbst, daß die wilden Völker, mit denen er in den Kolonien Verbindungen angeknüpft hat, auf eine immer höhere Kulturstufe gehoben werden, denn nur dann kann der Verkehr mit ihnen ein wirklich friedlicher und gesitteter werden, nur dann steigern sich auch wirklich die Bedürfnisse, und nur dann wird das Geschäft ein wirklich lohnendes".[17]

Logisch ergäbe sich aus dieser Argumentation die Verpflichtung für den Kaufmann, die Mission um seiner selbst willen zu unterstützen, „auch wenn er für seine Person nicht dem Evangelium voll und ganz Glauben schenken wollte."[18] Da die Befriedung der „wilden Völker" nur über das Evangelium erfolgen könne, komme der Schulerziehung durch die Mission ein zentraler Stellenwert zu. Da der Unternehmer Eingeborene für Arbeiten und Dienstleistungen benötige, müßten diese mit „einiger Schulbildung" ausgestattet werden. Die tue nun der Missionar, und zwar „um Christi willen". „Wie schwer es ist, mit *völlig* ungebildeten Leuten zu arbeiten, mit denen man sich möglicherweise nur durch die primitivste Gebärdensprache verständigen kann, das muß man nur selbst einmal erfahren haben, um die Arbeit des Lehrers schätzen zu lernen. Wer aber wird sich der Mühe unterziehen, dem Kaufherrn seine wilden Arbeiter zu erziehen als alleine der Missionar, der es um Christi Willen thut, und der muß ihn dann auch da gewähren lassen, wo es ihm selbst am Christentume nicht liegen sollte."[19]

Die Einrichtung einer „dauernden" Ordnung in den Kolonien sieht Büttner dabei in einer Analogie der Eroberungszüge des preußischen Staates und dessen Bildungspolitik im Aufbau eines kolonialen Schulwesens.[20] Die

---

[16] ebenda, S. 98
[17] ebenda, S. 101
[18] ebenda, S. 102
[19] ebenda
[20] „Und über das, was geschehen muß, um die Möglichkeit einer dauernden Ordnung herbeizuführen, kann ich ja wohl hier füglich auf ein Beispiel altpreußischer Praxis hinweisen. Als der alte Fritz Posen annektierte und zu einer deutschen Kolonie machen wollte, da sandte er nicht bloß die Kompanien seiner Grenadiere, sondern, wie bekannt, auch eine *Kompanie Schulmeister*, und wenn man jetzt, nach hundert Jahren, den Verlauf übersieht, den die Geschichte unserer ehemals polni-

Gründung eines abgestuften Schulwesens durch die Kolonialverwaltung wertet Büttner deshalb als logische Konsequenz der kolonialen Aktivitäten überhaupt. Für dieses in den Kolonien einzurichtende Schulwesen sind zur Finanzierung Steuern zu erheben, deren Notwendigkeit ist nach Meinung Büttners und nach „Erfahrungen der Missionen in allen Erdteilen . . . am allerersten den ‚Wilden' plausibel zu machen."[21] Büttner stellt fest, daß die neuen Kolonien dem Deutschen Reiche nur dann wirklich nutzbar und bleibendes Eigentum werden, „wenn wir sie und ihre Bewohner nicht *ausbeuten*, sondern *civilisieren.*"[22]

Kann aus diesem Vortrag auch das Programm der evangelischen Mission in Deutsch-Ostafrika schon in groben Umrissen gezeichnet werden, so ist doch festzustellen, daß die evangelische Mission ohne „Kolonialbegeisterung'[23] in das Schutzgebiet kam. Die Beziehungen zwischen den Missionaren und der Kolonialverwaltung, die ja überwiegend preußisch und protestantisch war, werden als „kühl" beschrieben und bei evangelischen Missionsleuten herrschte der Eindruck vor, die 1886 in Berlin gegründete Deutsch-Ostafrikanische Missionsgesellschaft solle eine Art von kolonialem Hilfsverein sein.[24] In der Satzung von 1887 ist dementsprechend auch festgehalten, die Missionsgesellschaft habe die Aufgabe, „den in jenen Gegenden wohnenden deutschen Brüdern die Wohltaten deutscher Seelsorge zu gewähren und Krankenpflege zu üben."[25] Bei der Auseinandersetzung um die Zielsetzung der Mission gewann erst ganz allmählich die Missionierung vor der Betreuung der Deutschen den Vorrang, wobei allerdings der Weg der Missionierung bereits in der Satzung vorgegeben war: daß nämlich „bei der Heranbildung der getauften Heiden zu Kultur und Sitte hauptsächlich auf die Erziehung zur Arbeit zu achten sei."[26]

Die formalen Grundlagen der Missionsarbeit in den Kolonien ergaben sich aus folgenden Rechtstiteln:

a) Artikel 6 der Kongo-Akte von 1885
„Alle Mächte, welche in den gedachten Gebieten Souveränitätsrechte oder einen Einfluß ausüben, verpflichten sich, die Erhaltung der eingeborenen Be-

---

schen Landesteile genommen, so könnte man behaupten, es wäre noch besser für den preußischen Staat gewesen, er hätte gleich ein ganzes Bataillon geschickt." ebenda, S. 103f

[21] ebenda, S. 104

[22] ebenda, S. 106

[23] Eggert, J., a.a.O., S. 55

[24] Die Deutsch-Ostafrikanische Missionsgesellschaft wurde 1887 in „Evangelische Missionsgesellschaft für Deutsch-Ostafrika" und erneut 1920 nach Verlust der Kolonien in „Bethel Mission" umbenannt.

[25] Satzung der Deutsch-Ostafrikanischen Missionsgesellschaft, 1887, zitiert nach Eggert, J., a.a.O., S. 55

[26] Jasper, G., Das Werden der Bethel-Mission, Bethel 1936, zitiert nach Niesel, H.-J., a.a.O., S. 44

völkerung und die Verbesserung ihrer sittlichen und materiellen Lebenslage zu überwachen und an der Unterdrückung der Sklaverei und insbesondere des Negerhandels mitzuwirken; sie werden ohne Unterschied der Nationalität und des Kultus alle religiösen, wissenschaftlichen und wohlthätigen Einrichtungen und Unternehmungen schützen und begünstigen, welche zu jenem Zwecke geschaffen und organisirt sind, oder dahin zielen, die Eingeborenen zu unterrichten und ihnen die Vorteile der Civilisation verständlich und werth zu machen."[28]

b) § 14 des Schutzgebietsgesetzes von 1900

„Den Angehörigen der im Deutschen Reiche anerkannten Religionsgemeinschaften werden in den Schutzgebieten Gewissensfreiheit und religiöse Duldung gewährleistet. Die freie und öffentliche Ausübung dieser Kulte, das Recht der Erbauung gottesdienstlicher Gebäude und der Einrichtung von Missionen der bezeichneten Religionsgemeinschaften unterliegt keinerlei gesetzlicher Beschränkung noch Hinderung."[29]

In der Allgemeinen Missionszeitschrift kritisierte deren Herausgeber D.G. Warneck die Verquickung von Mission und Kolonialpolitik: „Sofort auffallend ist die Unterstellung der christlichen Mission unter den Begriff der deutschen Arbeit, wie überhaupt die sich immer wiederholende überstarke Betonung des Nationalen."[27] Auch wendet er sich schärfstens gegen die Besetzung von Vorstandssitzen in DOAG und der Missionsgesellschaft in Personalunion.

In verschiedenen Missionskonferenzen versuchte die evangelische Mission ihre Beziehungen zur Kolonialpolitik zu klären[30], da ein Auseinanderklaffen von Zielen und Aufgaben von Kolonialpolitik und Mission konstatiert wurde. Gleichzeitig stellte man fest, daß die Kolonialverwaltung zunehmend Wert auf Missionsschulen legte, da für Regierungsschulen die Lehrer fehlten.

Die Auseinandersetzung der evangelischen Mission mit der Kolonialpolitik des Deutschen Reiches betraf die Frage, welchem Zweck die Erziehung der Afrikaner diene. Die Kolonialpolitik forderte eine Steigerung der Missionsleistungen als zivilisatorische Tätigkeit, und Reichel stellte in der AMZ 1886 für die Mission fest: „Was will man wohl von uns? Ich finde die Antwort in Nr. 2 der ‚Kolonialpolitischen Korrespondenz'. Nachdem da zuerst nachgewiesen worden, wie die Aufgabe nicht leicht sei, die eingeborenen Bevölkerun-

[27] Warneck, D.G., Mitteilung über die Gründung der deutsch-ostafrikanischen Missionsgesellschaft im Beitrag „Nachschrift", in: AMZ 1886, Bd. 13, S.228

[28] Generalakte der Berliner Konferenz, zitiert nach Banning, E., a.a.O., S. 194ff

[29] Reichsgesetzblatt 1900, S. 813, zitiert nach Eggert, J., a.a.O., S. 60

[30] Vgl. hierzu: Warneck, D.G., Eine bedeutsame Missionskonferenz, in: AMZ 1885, S. 555–563 Probleme der Missionsarbeit wurden neben den Veröffentlichungen in der AMZ auch in den Kolonialen Monatsblättern diskutiert: Koloniale Monatsblätter. Zeitschrift für Kolonialpolitik, Kolonialrecht und Kolonialwirtschaft, Hrsg. Deutsche Kolonialgesellschaft

gen der neuen Kolonien sich willig, geneigt und dienstbar zu machen, und wie das oft herrische Wesen des weißen Kolonisten am wenigsten geeignet sei, dieses Ziel zu erreichen, heißt es weiter: ‚In erster Reihe zur Erfüllung dieser Aufgabe bestimmt, geeignet und berufen ist der *Missionar*... Er ist der richtige Mann, um sich *die Sympathien der eingebornen Bevölkerung zu gewinnen, diese Sympathien auf die Kolonisten als seine weißen Brüder hinüber zu leiten und dadurch die Eingebornen soweit vorzubereiten, um willig thätig zu sein im Dienst der fortschreitenden Kultur.*"[31] Zwar sei die Mission nicht dazu da, dem Kolonisten „die Kastanien aus dem Feuer zu holen", aber als Kinder und Bürger des deutschen Vaterlandes seien die Missionare aufgerufen, ihre Hilfe anzubieten, „um deutsche Kolonien zu einer Segensbasis für die Mission, das heißt für das Gottesreich in der Heidenwelt zu machen" und damit dem Vaterlande zu dienen.[32]

Schließlich faßt Reichel die Aufgabe der Mission zusammen: „Mission *assimiliert*", denn ohne Missionierung, die die kolonisierten Völker fähig macht, sich die neue Kultur Europas „innerlich" anzueignen, wird die Kolonisierung den Zusammenbruch dieser Völker herbeiführen und damit ins Gegenteil des Gewünschten umschlagen; gewünscht aber wurde: „nationaler Reichtum, arbeitsame, intelligente, loyale und zuverlässige Unterthanen."[33]

Diese Haltung von den Kolonisierten fordert auch F.M. Zahn, wenn er den deutschen Missionar darauf hinweist, seine Bekehrten anzuhalten, gute deutsche Untertanen zu werden, die ihre Pflichten erfüllen, also Steuern zahlen und Kriegsdienste leisten. Sie müssen in „enger Verbindung mit dem Mutterland sein, um von dort ihre Bedürfnisse zu beziehen und somit zu dessen Wohlfahrt beitragen."[34]

Eine Zuspitzung der Frage, welchen Zwecken die Erziehung des Afrikaners dienen solle, erfolgte auf dem Kongreß für überseeische Interessen im Jahr 1886 in Berlin. Von Seiten der Siedler wurde gefordert, die Lehrtätigkeit der Mission auf das zu beschränken, was den unmittelbaren Erfordernissen der Pflanzungsbetriebe entsprach, und das waren willige Arbeitskräfte in ausreichender Zahl. Graf Pfeil brachte diese Forderung ein: „Noch ein mächtigerer Faktor in der Erziehung der Neger... könnte die Mission werden, wenn sie es über sich gewinnen könnte, etwas weniger zu predigen... Nicht so und so viele Gebets-, Lese- und Schreibstunden sollten die Missionare wöchentlich ihren

---

[31] Reichel, E., Was haben wir zu thun, damit die deutsche Kolonialpolitik nicht zur Schädigung, sondern zur Förderung der Mission ausschlage? in: AMZ 1886, 13. Band, S. 41
[32] ebenda, S. 41f
[33] ebenda, S. 53
[34] Zahn, F.M., Die Mission auf dem allgemeinen deutschen Kongreß zur Förderung überseeischer Interessen, in: AMZ 1887, Band 14, S. 35

Zöglingen erteilen, sondern ausschließlich ihren Leuten Handwerk lehren, wobei immer noch so viel Religionsunterricht mit unterlaufen könnte, als für Neger verdaulich ist."[35] Die Eingeborenen sollten einen Sinn für die pünktliche und regelmäßige Arbeit auf den Plantagen bekommen, weil sie für die Pflanzer einen Faktor für schnelle Profite darstellten.

Die hier geschilderte Auseinandersetzung flaute gegen 1905 ab, als nach dem Maji-Maji-Aufstand eine Neuorientierung der Kolonialpolitik erfolgt und der Einfluß der Pflanzer und Siedler zurückgedrängt wurde. Im Zuge der reformierten Kolonialpolitik gewann nun auch das Konzept der „inneren Umwertung" der Missionare erhöhten Stellenwert, so daß nach 1905 eine enge Zusammenarbeit zwischen der Kolonialverwaltung und der Mission über Prinzipien der Missions- und Kolonialschule begann. Die Annäherung der Standpunkte hatte sich bereits abgezeichnet, als der Kolonialverwaltung in der Auseinandersetzung um die Subventionierung der Missionsschulen nach anfänglicher Weigerung gar nichts anderes mehr übrig blieb, als großzügige Finanzierung. In den Kolonialgebieten konnten nämlich kaum Regierungsschulen gegründet werden, und die bestehenden konnten in keiner Kolonie den Bedarf an Arbeitskräften mit Schulbildung decken.[36]

Insgesamt gesehen handelte es sich bei der Auseinandersetzung über den Stellenwert der Erziehung der Eingeborenen ohnehin um einen methodischen Streit: die Ausbeutung der Arbeitskraft des Afrikaners wurde nie in Frage gestellt. Auf lange Sicht gesehen, erwies sich die Methode der Missionsgesellschaften freilich als die wirkungsvollere.

Der Aspekt, daß „Mission und Kolonialunternehmen am gleichen Strang ziehen und den Neger zur Arbeit bekehren wollen", wie Hücking u. a. es ausdrücken[37], findet sich auch in einem anderen kolonialpolitischen Streitpunkt, nämlich in der Auseinandersetzung zwischen den protestantischen Missionsgesellschaften und den Vertretern des Branntweinhandels. Trotz aller Klagen der Missionare über den sittlichen und moralischen Verfall der Afrikaner warnen Missionstheoretiker wie z. B. Missionsinspektor Zahn die Unternehmer vor allem vor den mittel- und langfristigen ökonomischen Folgen. Die „Branntweinpest" werde Arbeiter und Kunden wegraffen, das Huhn töten, „welches die goldenen Eier legt. Unsere Kaufleute ... wünschen doch etwas mehr, als für ein paar Jahre das Fett von der Suppe zu schöpfen", vermutet Zahn und gibt zu bedenken, „in keinem der deutschen Schutzgebiete kann ein deutscher Handwerker leben. Die Einheimischen müssen die körperliche Arbeit thun." Und weiter: „Dass diese Arbeit zunimmt, ist ein fundamentales

---

[35] Zitiert nach Eggert, J., a.a.O., S. 31
[36] Vgl. hierzu: Eggert, J., a.a.O., S. 62f
[37] Hücking u.a., a.a.O., S. 72

Interesse für den Kaufmann, und er sägt den Ast ab, auf dem er sitzt, wenn er den Arbeiter lehrt, den Trunk für das Hauptstück des täglichen Brots zu halten, wenn er ihn betrunken macht, so daß er auch die Arbeit unterläßt, welche er bisher gethan hat."[38] Auch in dieser Frage suchten die Missionsgesellschaften der Überausbeutung Grenzen zu setzen, ohne die Ausbeutung selbst in Frage zu stellen.

Die katholische Mission: mittelalterliche Mönchstradition

Nach Auffassung der katholischen Missionstheoretiker der Kolonialzeit ist die Missionsarbeit eine Aufgabe der ganzen Kirche an sich. Die Mission nimmt einen festen Platz im Organismus der Kirche ein, und ihr Ziel ist die Eingliederung der gesamten nichtkatholischen Welt in diese Organisation.[39] Hertlein beschreibt, daß Kardinal Lavigerie von den Weißen Vätern von Algier aus Pläne zur missionarischen „Eroberung" des Kontinents entwarf.[40] In einem geheimen Memorandum habe er vom Vatikan die Schutzherrschaft über ganz Zentralafrika erbeten, um diese Pläne mit seinen Missionaren umzusetzen.

Eine zentrale Vorstellung der ersten katholischen Missionsverantwortlichen war offensichtlich, die mittelalterliche Mönchstradition Europas in Afrika wiederzubeleben. Die als Manuskript gedruckte Schrift „Das Missionsinstitut und die Missionsgesellschaft von Reichenbach" (Missionsbenediktiner) beschreibt dies so: „Was strebt das Missionshaus von Reichenbach im Besonderen an? – Pius IX schrieb in einem Breve: ‚Die fortlaufende Geschichte der Jahrhunderte lehrt mit einer Stimme, die lauter spricht als alle andern Beweise, wie durch die Mönche des hl. Benedikt die christliche Religion ausgebreitet worden ist und wie durch dieselben die wilden Völker zur Civilisation gebracht, ihre Sitten veredelt, ihnen Gesetze gegeben, Kenntnisse und Wissenschaft verbreitet, Künste und Gewerbe gefördert, der Ackerbau gehoben, die Völker durch Handel und freundschaftlichen Verkehr einander näher gebracht und überhaupt der Menschheit unzählbare Wohlthaten erwiesen worden sind.' (Breve an Msgr. Freppel.) Diese Überzeugung war es, welche schon vor vielen Jahren dem jetzigen Vorstand des Missionshauses den Plan eingab – ... – in heidnischen Landen eine Mission nach dem Vorbilde der

---

[38] Zitiert nach Hücking u.a., a.a.O., S. 72
[39] Vgl. hierzu Niesel, H.-J., a.a.O., S. 53ff
[40] Hertlein, S., Wege christlicher Verkündigung, a.a.O., Bd. 1, S. 15

alten englischen, deutschen und nordischen Missionsklöster St. Benedikts mit einem Mutterhaus und Noviziat in Europa zu gründen. Denn die nämlichen Verhältnisse, welche jener Orden vor mehr als tausend Jahren in einem großen Teil Europas angetroffen, findet der Missionär auch heutzutage noch in den kulturlosen Ländern heidnischer Völkerschaften Asiens, Afrikas, Australiens und Amerikas vor."[41] Diesen Gedanken hat Pater Amrhein, der Begründer der Missionsbenediktiner, auch in seiner Beschreibung der „VII Grundgedanken der Eingabe zur Gründung der Congregation OSB pro missionibus exteris" ausgeführt, wenn er sich von der Missionstätigkeit eine Wiederbelebung der mittelalterlichen Mönchsmission in Afrika erhofft, um „vielen Ländern und Völkern" das „Heil und die Zivilisation des Christentums" bringen zu können.[42]

Auch die Weißen Väter wollten in ihren Missionsstationen die mittelalterliche Mönchstradition auflebenlassen, ja hatten von ihrem Gründer, Kardinal Lavigerie, die strikte Anweisung, auf keinen Fall länger als einen Tag von der Station abwesend zu sein. Das Kloster mit seinen Mönchen und Brüdern verstand sich nämlich als geistig-religiöses und politisch-ökonomisches Zentrum in einer zunehmend zu erschließenden heidnischen Welt. Doch das Mönchsideal wirkte offenbar nicht: „Die Heiden kamen eben nicht zur Station, und die im Umkreis von einigen Stunden wohnenden Bauern genügten nicht als Basis für eine Christianisierung des Landes. Wollte man das Land wirklich gewinnen, dann mußte man hin zu den Leuten, ganz gleich, wie weit sie von der Missionszentrale entfernt waren."[43] So entwickelte sich bei den einzelnen katholischen Missionsgesellschaften folgendes Schema der Missionierung: Um ein ausgebautes Zentrum wurden verschiedene Außenposten angelegt, die wiederum für eine Reihe von Buschschulen und katechetische Posten zuständig waren.

Für den katholischen Missionstheoretiker Schmidlin verbindet sich im Missionsgegenstand der deutschen Kolonien das nationale Interesse mit dem religiösen im Sinne einer harmonischen Synthese. Die Mission erfahre dadurch eine erhebliche Steigerung und verdanke dem „mächtig aufkeimenden Kolonialtrieb" manche Förderung, umgekehrt sei sie imstande, das koloniale Streben durch dessen religiöse Orientierung zu heben und zu vertiefen.[44] „Tatsächlich lehrt uns die Geschichte wie die Gegenwart, daß *Mission und Koloni-*

---

[41] St. Josefs-Missionsdruckerei Reichenbach, Das Missionsinstitut und die Missionsgesellschaft von Reichenbach – als Manuskript gedruckt, ohne Datum, Archiv St. Ottilien

[42] Amrhein, A., Die VII Grundgedanken der Eingabe zur Gründung der Congregation OSB pro missionibus exteris, Stuttgart 1921, S. 5

[43] Hertlein, S., Wege christlicher Verkündigung, Bd. 1, a.a.O., S. 54f

[44] Schmidlin, J., Die katholischen Missionen in den deutschen Schutzgebieten, Münster 1913, S. 1ff

sation in normalen Fällen zu allen Zeiten von einem innigen Band umschlungen und aufeinander angewiesen waren. Von jeher hat das Christentum mit den Gütern der Religion zugleich die wahre Kultur und damit auch eine echte, solide, dauernde Kolonisation gebracht (...); und auf der anderen Seite hat jede einsichtige Kolonisationsmethode mit der niedern Kultur zugleich die höhere und höchste – und dazu gehört vor allem die religiöse – einwurzeln gesucht."[45] Hertlein spricht allerdings dem handlungsleitenden Interesse der Missionare den bloßen Zivilisationsglauben ab: Amrheins Wunsch, vielen Ländern und Völkern das Heil und die Zivilisation des Christentums bringen zu können, wertet er so: Wie diese Aussage nahelege, „... mag dieses Sendungsbewußtsein und dieser Drang zur Verkündigung gelegentlich auch gepaart gewesen sein mit einem Gefühl europäischer Überlegenheit und dem Glauben an eine zivilisatorische Sendung. Aber eine Gesamtschau der Dokumente erweckt nicht den Eindruck, daß dieser Zivilisationsglaube ein beherrschendes Motiv gewesen ist."[46] Hertlein kommt zu dieser Anschauung natürlich vor dem Hintergrund seines Forschungsinteresses,[47] welches das Sendungsbewußtsein der Missionare als „besonders günstiges Moment für die missionarische Verkündigung, speziell für die Katechese" ausmacht, denn: „Das Bewußtsein, von Gott gesandt zu sein, war für die Missionare ein gesundes Fundament ihrer Glaubensverkündigung."[48]

Dieser Sendungsideologie entsprach allerdings auch die kirchliche Erfolgskontrolle: „Sie durften einfach nicht müde werden."[49] Hertlein zitiert ein Schreiben Kardinals Lavigerie's vom April 1881 an die Weißen Väter am Tanganyikasee, die über Jahre hinweg keine Bekehrungserfolge melden konnten: „Erinnert Ihr Euch nicht an die Verwünschung, die der hl. Paulus gegen sich selbst aussprach: Wehe mir, wenn ich das Evangelium nicht verkündete? Ich flehe Euch an im Namen der Liebe und der Barmherzigkeit unseres Herrn, bedenkt was Ihr seid! Ihr seid Missionare, Ihr seid Apostel. Ihr habt die strenge Verpflichtung, durch Euer Wort und Beispiel Jesus Christus zu predigen."[50] Dabei war der Blutzoll enorm. Hertlein beziffert das Durchschnittsalter der Missionare auf „kaum 30" und nennt als durchschnittliche „Einsatzdauer" in der Mission drei Jahre.[51]

---

[45] ebenda, S. 1f
[46] Hertlein, S., Wege christlicher Verkündigung, Bd. 1, a.a.O., S. 15
[47] Hertleins Arbeit widmet sich der Untersuchung einer möglichen Umgestaltung vorkolonialer und kolonialer Verhältnisse in christlichem Sinne. Es geht ihm um den Aufbau eines christlichen Gemeinwesens auf einem nicht kulturlosen aber doch vorzivilisatorischen Stammeserbe. Die kolonisatorischen Einwirkungen sind dabei für ihn eher Hemmnisse in der Entwicklung auf dieses christliche Gemeinwesen hin.
[48] Hertlein, S., Wege christlicher Verkündigung, Bd. 1., a.a.O., S. 15
[49] ebenda, S. 14
[50] ebenda
[51] ebenda, S. 58 Hertlein zitiert als Beispiele: „So starben in Bagamayo in den ersten 35 Jahren genau

Mission und Kolonialpolitik: eine Symbiose

Die katholische Mission strebte im organisatorischen Bereich (im Gegensatz zur evangelischen Mission) eine strenge Hierarchie an, die „durch Tradition und Rechtsordnung sanktioniert" sei.[52] Die Missionsgebiete wurden deshalb in apostolische Vikariate unterteilt, die der „Propaganda Fide" als römischer Zentrale unterstanden. Wünsche der Kolonialverwaltung, die nicht von vornherein als gesichert erschienen, wurden in enger Zusammenarbeit von weltlichen Behörden und apostolischem Vikar und durch Diplomatie über Kolonialamt und Zentrumspartei[53] direkt dem Hl. Stuhl unterbreitet. „Gerade die Möglichkeit, über eine ausgesprochen missionsfreundliche katholische Partei die Politik der Regierung zu beeinflussen, bot sich der protestantischen Mission nicht."[54] Zur Finanzierung der Missionsaufgaben in den Entsendeländern, aber auch der „heimischen Missionsgrundlage", d. h. der Existenz der Entsendeklöster wurden Missionsvereine gegründet.[55]

Die evangelischen Missionsgesellschaften hingegen unterstanden in keiner Weise der Kirchenobrigkeit. Finanzierungsmittel wurden über lokale Missionsvereine und Missionsfeste erhoben bzw. erwirtschaftet. Diese Organisationsstruktur brachte einen Mangel an einheitlicher Repräsentation, Organisation und Führung mit sich, was sich vor allem bei Verhandlungen mit der Regierung als nachteilig erwies. Zwar schlossen sich die evangelischen Missionsgesellschaften seit 1885 im Bremer „Ausschuß der deutschen Missionsgesellschaften" lose zusammen, eine Abstimmung der Missionstätigkeit erfolgte jedoch über dieses Gremium nicht. Dazu kam, daß die evangelischen Missionen im Missionsgebiet selbst höchst unterschiedliche Methoden anwandten.[56]

---

35 Missionare . . . Im Vikariat Tanganyika weist die Totenliste zwischen 1888 und 1912 37 Namen auf. Die Benediktiner verloren in den ersten zehn Jahren ihres Einsatzes (1888-1898) 28 Missionare und Missionsschwestern; ungefähr die gleiche Anzahl mußte aus gesundheitlichen Gründen in die Heimat zurückkehren." ebenda

52 Sterblichkeitsziffern der Missionare vom Heiligen Geist finden sich auch bei Engel, A., a.a.O., S. 32 Als Beispiele: 1880–1890: 182 Miss., Durchschn. Alt. 39 J. 11 M. 1890–1900: 292 Miss., Durchschn. Alt. 40 J. 6 M. 1900–1910: 350 Miss., Durchschn. Alt. 44 J. 3 M.; Engel, A., a.a.O., S. 34ff

53 Zur unterstützenden Rolle der Zentrumspartei für die Kolonialpolitik des Deutschen Reiches vgl.: Loth, W., Zentrum und Kolonialpolitik in: Horstmann, J., (Hrsg.), Die Verschränkung von Innen-, Konfessions- und Kolonialpolitik im Deutschen Reich vor 1914, Schwerte 1987, S. 67–83

54 Vgl. hierzu: Niesel, H.-J., a.a.O., S. 54

55 Vgl. hierzu: Arens, B., Die katholischen Missionsvereine: Darstellung ihres Werdens und Wirkens, ihrer Satzungen und Vorrechte, Freiburg 1922
Arens gibt Einblick in den Gesamtbetrieb der katholischen Missionsvereine in Europa und namentlich in die Einnahmen der einzelnen Organisationen.

56 Vgl. hierzu: Niesel, H.-J., a.a.O., S. 54f

Die Missionspolitik der DOAG forderte die Zivilisierung der Eingeborenen durch Christianisierung, was eine „Garantie für ein pflichtgetreues Arbeitsmaterial" darstelle und die Förderung der Missionstätigkeit als im ureigensten Interesse der DOAG liegend definierte.[57] Das Handelsgeschäft der Missionen im Schutzgebiet sollte belebt werden, durch Weckung neuer Bedürfnisse bei den Eingeborenen als direkte Folge der „Zivilisierung"; durch Erziehung der Eingeborenen zu billigen Tagelöhnern; durch Gewöhnung der Eingeborenen an die ständige und rationelle Produktion von Rohstoffen für Europa und den Verkauf der Landesprodukte an die DOAG. Der Mission sollte die Aufgabe zukommen, die Eingeborenen zu Achtung und Gehorsam gegenüber den Europäern zu erziehen, damit die DOAG entsprechend sicheren Handel mit ihnen treiben konnte. Ebenso wollte die DOAG die Mitwirkung der Missionen bei der „Germanisierung" und Ansiedlung der Eingeborenen in Stationsnähe, dem mittelalterlichen Klosterwesen entsprechend, unterstützen.

Rohrbach als Sprachrohr der Siedler warnt allerdings vor dem von ihm konstruierten Hintergrund einer behaupteten Inferiorität der „Negerrasse" die Mission davor, die Unterschiedlichkeit der Rassen aus dem Auge zu verlieren: *„Dieser Grundsatz von der im Verhältnis zu uns Weißen tatsächlich vorhandenen Unterwertigkeit der schwarzen Rasse muß allerdings bei der Missionsarbeit wie bei aller kolonialen Arbeit feststehen,* sonst ist eine gegenseitige Verständigung nicht möglich."[58] Dabei ist Rohrbach vor allem die Vermittlung der kolonialen Sprache in Wort und Schrift ein Dorn im Auge: „Es geht nicht an, einer Rasse, deren Wesen nur nach der Seite des äußerlich intellektuellen Auffassungsvermögens und eines ungezügelten instinktiven Trieblebens, bei gleichzeitig angeborener Schwäche der moralischen Hemmungsfaktoren, entwickelt ist, ein solches Instrument wie die literarische Bekanntschaft mit einer europäischen Kultursprache in die Hand zu geben."[59] Man habe wohl nicht an die Größe der Gefahr gedacht, die man damit heraufbeschwöre: „Welches Unheil aber entsteht, wenn Eingeborene, namentlich die begabteren Mischlinge, es wirklich in einer europäischen Kultursprache soweit bringen, daß sie einem etwas gehobeneren Unterricht halbwegs folgen, europäische Bücher und Zeitungen lesen können, das sehen wir jetzt an der unheimlichen Gärung unter den Eingeborenen in Britisch-Südafrika, vor allem im Kapland und in Natal."[60] Grundsätzlich sollte alles vermieden werden, was einer Emanzipation der Schwarzen von ihren weißen Unterdrückern förderlich sei. Diese Extremposition der Siedler konnte sich in der Praxis der Missions- und der Kolonialpolitik nicht durchsetzen.

---

[57] ebenda, S. 83ff
[58] Rohrbach, P., a.a.O., S. 79
[59] ebenda, S. 88
[60] ebenda, S. 82f

Es kann festgehalten werden, daß die Missionsgesellschaften trotz Kontroversen über einzelne Regelungen eine wesentliche Unterstützungsfunktion für die kolonialherrschaftlichen Expansionen gehabt haben. Das Verhältnis zwischen Kolonialverwaltung und Mission entsprach eher einer Symbiose, als daß gegensätzliche Interessen dominiert hätten.[61] Hatte die Mission ihr jeweiliges Arbeitsfeld zunächst sicherlich nicht in Erwartung staatlicher Unterstützung gewählt, so wurde doch bald deutlich, daß der Mission durch das deutsche Regime in den kolonisierten Gebieten große Vorteile und Unterstützungen erwuchsen – und umgekehrt. Dies umso mehr als auch in der Heimat das Werk der Glaubensverbreitung im Zuge der im Zeitalter des Imperialismus erworbenen Kolonien als eine zugleich nationale und kulturelle Tat verstanden wurde, der man sich nicht länger entziehen durfte. Auf der anderen Seite waren es auch koloniale Kreise im Deutschen Reich, die durch ihre Propagandatätigkeit zur missionarischen Sensibilisierung beitrugen und das Interesse auf die Missionen lenkten. So ergänzten sich Mission und Kolonialbewegung in Deutschland weitgehend. „Ja man gab als Devise aus, Kolonialsinn und Missionsgeist sollten sich für immer verschwistern, Deutschtum und Christentum, von Gott in der Geschichte zusammengefügt, sollten auch in den überseeischen Gebieten nicht getrennt werden."[62]

Die Missionare vor Ort begrüßten aus ihrer Sicht die im Gefolge der kolonialen Besetzung eintretende Unterwerfung des Landes und vermeldeten in ihren Berichten, daß die Verkehrswege sicherer würden, Stammesfehden nachließen, die Sklavenjagd unterbunden würde, Raubüberfälle abnähmen und rituelle Kindermorde eingestellt werden würden. Sie resümierten: „Erst die Herrschaft der Deutschen brachte allmählich Abhilfe."[63] Oder: „Deutschland garantiert zunächst dem Land *Frieden* und *Sicherheit*. Was für ein hohes Gut der Friede ist, auch für die Mission, kommt erst voll zum Bewußtsein, wenn er gestört ist. Was hat die Rheinische Mission früher unter den endlosen Kämpfen zwischen Nama und Herero gelitten!"[64] Einher mit dieser kolonialpolitischen „Befriedung" ging eine zunehmende koloniale Verwaltung und Rechtspflege, wobei die einheimische Bevölkerung nicht der deutschen Ge-

---

[61] Dies wird vor allem durch die Arbeit Niesels belegt, auch wenn der Autor selbst eher das Gegenteil glauben machen möchte!
[62] Rivinius, K.J., a.a.O., S. 55
    Anhand der sog. Nationalspende zum 25jährigen Regierungsjubiläum Kaiser Wilhelms II. 1913 zugunsten der christlichen Missionen führt Rivinius ein interessantes Beispiel zur Interdependenz von Mission und Kolonisation, von christlicher Verkündigung und weltlicher Macht bei der Ausbreitung des Christentums vor Augen. Vgl. hierzu: ebenda, S. 55ff
[63] Hertlein, S., Wege christlicher Verkündigung, a.a.O., Bd. 1, S. 28
[64] Mirbt, C., a.a.O., S. 243

richtsbarkeit unterstand, sondern einheimischen Gerichten, die in den verschiedenen Kolonien verschieden zusammengesetzt waren.[65]

Der Eingriff der Kolonialmacht zwang damit die ostafrikanischen Gesellschaften in eine Pax Germania, die ein der Kolonisierung und Ausbeutung dienliches Gesellschaftsmodell errichtete, vor dessen Hintergrund die benannten Probleme als einer barbarischen Kultur entsprungen dargestellt werden konnten. Das Bewußtsein, daß die Kolonisierung selbst ein Auslöser für diese Probleme gewesen sein könnte, war bei den damaligen Zeitgenossen nicht vorhanden und ist auch in neuerer missionstheoretischer Literatur (wie z. B. bei Hertlein) zur Frage Mission und Kolonialismus nicht auszumachen.

Die Tätigkeit der Mission bedeutete eine Verstärkung des europäischen Kultureinflusses bis hin zur vollständigen Überlagerung der autochthonen Kultur der Einheimischen, die als primitiv verstanden und allenfalls volkstümelnd erhalten wurde, während im Gegenzug dazu die deutsche Kolonialverwaltung eine wichtige Schutzfunktion für den Bekehrungsfeldzug der Missionen übernahm. Auf der Ebene der sukzessiven Erschließung des Landes und der Ausweitung der Infrastruktur war eine Kooperation geradezu erforderlich.

So ist auch die von den Missionaren geleistete ethnologische Forschung für das zweckdienliche Verständnis der afrikanischen Kultur und den Fortgang der ökonomischen Erschließung und Unterwerfung des Kontinents durch die Kolonialherren nicht zu unterschätzen. Kardinal Lavigerie gibt genaue Anweisungen darüber, wie das „Tagebuch" der Missionare auszusehen habe: Zunächst sei das tägliche Geschehen und die Geschichte der Missionsansiedlung genau festzuhalten. Besondere Sorgfalt verwende man weiterhin darauf, mündliche Traditionen der afrikanischen Stämme aufzuzeichnen. „Darum soll man die Alten genau erzählen lassen, alle die alten Legenden, die ganze Stammesgeschichte, seine Anfänge, den Ursprung der Menschen, der Welt, die Uroffenbarung, und allgemein alles, was die Berichte unserer Heiligen Schrift oder der christlichen Lehre von der Einheit der menschlichen Rasse, ihrem Fall usw. bestätigen könnte."[66] Der Benediktiner P. Ambros Mayer, selbst ein offensichtlich unermüdlicher Forscher, schreibt, ethnologische Arbeiten seien „die Conditio sine qua non für ein pastoral richtiges, psychologisches Verfahren" im Umgang mit der einheimischen Bevölkerung.[67] Das Anliegen der Missionare zur ethnologischen Forschung ergab sich zunächst aus ihrem Sendungsauftrag, der die „sittliche Hebung" der Afrikaner einschloß. Bischof Spreiter umreißt dies so: „Alles, was auffällt, muß sofort erforscht werden, um alle *desturi* (Sitten) zu erkennen, und es muß, wie gesagt, auch für Nachfolger aufgeschrieben werden mit Gewährsmann, Datum ... Erst muß man die Ge-

---

[65] ebenda
[66] Hertlein, S., Wege christlicher Verkündigung, a.a.O., S. 22

bräuche wenigstens im allgemeinen kennen, dann erst kann man sie bekämpfen. Ausgerottet muß nur das Schlechte werden, das Belanglose, Indifferente kann – unter Umständen – bestehen bleiben oder kann benützt werden, um das Schlechte zu verdrängen."[68] Das Material für diese Forschung gewannen die Missionare bereits sehr früh auf ausgedehnten, monatelangen Erkundungsfahrten, die dem Zweck dienten, günstige Ausgangspositionen für Missionsstationen zu finden.[69] Diese ethnologische Sammelleidenschaft darf natürlich nicht darüber hinwegtäuschen, daß es in dieser Phase der Missionierung und Kolonisierung nicht darum ging, vorgefundenes Kulturgut zu erhalten, vielmehr wurde es im Zuge der kulturellen Umwertung planmäßig zerstört, die Aufzeichnungen selbst dienten den kolonialen Zwecken. Die Forschungen der Missionare lieferten Kolonialbehörden, Handelsreisenden und Pflanzern eine wichtige Grundlage für deren Aktivitäten und das aus ihrer Sicht „richtige psychologische Verfahren" bei der Erschließung neuer Einflußzonen, Märkte und Stammesgruppen.

Aber auch in humanitären Fragen, z. B. bei Krankheiten und Pflegefällen ergänzten sich die jeweiligen Spezialisten von Kolonialbehörden und Missionsstationen. „So blieb es nicht aus, daß man auch dem Missionar mit neuer Achtung begegnete. Er war nicht mehr nur Träger einer geistlichen Botschaft, er war auch Repräsentant einer neuen Zeit, neuer Machtverhältnisse. Kluge Häuptlinge paßten sich dem an, baten die Missionare zu Besuch, boten ihnen Gelände für neue Gründungen an, schickten ihre Kinder und Untertanen zum Unterricht" schreibt Hertlein.[70] Dies kam natürlich wieder dem Kolonialsystem zugute, was dessen Vertreter sehr wohl erkannten und die nun ihrerseits die Mission aufforderten, sich der Häuptlinge und deren Söhne besonders anzunehmen: „Freiherr *Albrecht von Rechenberg* wurde bei Bischof *Spreiter* vorstellig mit der Bitte, die Mission möge sich in besonderer Weise der Häuptlinge annehmen und dabei, ähnlich wie im Mittelalter gegenüber den Fürsten Clodwig und Karl dem Großen, das christliche Sittengesetz etwas großzügiger auslegen. Der Bischof konnte sich nicht entschließen, auf diesen Vorschlag einzugehen, versprach aber, in Zukunft in den Missionsschulen sich der Häuptlingskinder besonders anzunehmen und auf diese Weise wenigstens eine zweite christliche Führungsgeneration heranzubilden. Als Gegenleistung erbat

---

[67] Zitiert nach Hertlein, S., ebenda, S. 24
  Hertlein umreißt kurz, welche Themen P. Ambros in den Jahren 1910/1912 in einem von ihm herausgegebenen „Blättle" aufgriff: Staatliche Schule und Religionsunterricht, Namensgebung in Afrika und christliche Taufnamen, das Amt der Paten in Anlehnung an afrikanische Tradition, Reifefeier und Mission, ein angepaßter Eheritus für afrikanische Christen usw.
[68] Aus einem Rundschreiben Bischofs Spreiters von 1908 an seine Missionare. Zitiert nach Hertlein, S., ebenda, S. 23
[69] Vgl. hierzu Hertlein, S., ebenda, S. 53f, wo auch auf entsprechende Literatur verwiesen wird.
[70] ebenda, S. 35

er eine indirekte moralische Unterstützung der Missionsarbeit durch die Regierung, nämlich durch Empfehlung des Besuches der Missionsschulen seitens der staatlichen Beamten und durch Rücksichtnahme auf christliche Kandidaten bei der Vergabe von Beamtenstellen."[71] Gouverneur von Rechenberg unterstützte diese Bitte offensichtlich wohlwollend, denn er schrieb im August 1908 an alle Bezirksämter, daß zwar von Seiten der Regierung keine direkte Propaganda für die Mission gemacht werden könne, um nicht den Religionsfrieden zu stören. Aber, „wenn eine derartige Unterstützung ausgeschlossen erscheint, so ist sie doch in der Weise möglich, daß das freundschaftliche Verhältnis zwischen Mission und Regierung in einer allen erkennbaren Weise gewahrt und daß insbesondere auch der Schein vermieden wird, Bekehrungen zum Christentum würden von der Regierung ungern gesehen. Ein Wort der Billigung, besonders an Häuptlinge, welche sich dem Christentum angeschlossen haben, wird hier viel tun... Von Einfluß halte ich ferner die Missionsschulen. Ein Schulzwang ist selbstverständlich nicht beabsichtigt, aber es wird schon von Nutzen sein für den Schulbesuch, wenn bei Missionsschulen . . . die Eingeborenen wiederholt auf die Vorteile hingewiesen werden, welche aus dem Schulbesuch für ihr wirtschaftliches Fortkommen und Erwerbsleben entstehen."[72]

Mirbt faßt es prägnant zusammen: „Die gesamte deutsche Kolonialverwaltung leistet daher der Mission sehr erhebliche Dienste, indem sie ihren Pflichten gegenüber den Eingeborenen eine so weite Ausdehnung gibt, wie es ihr Kolonialprogramm anzeigt, und zivilisatorisch auf sie einwirkt. Auch ein großer Teil der im wirtschaftlichen Interesse getroffenen Maßregeln und Unternehmungen kommen ihr zugute, der Bau der Straßen und der Eisenbahnen wie die Ausgestaltung des Postwesens. Sie eröffnen den Zugang zu neuen Arbeitsgebieten, ermöglichen große Ersparnisse an Geld und Zeit, erleichtern die Beschaffung von Hilfe in Zeiten der Not, und mit dem wirtschaftlichen Aufblühen der Kolonien steigt das Verlangen nach Arbeitskräften wie die Aussicht, in der Schule erworbenes Wissen vorteilhaft zu verwenden. So enthalten die durch die deutsche Besitzergreifung geschaffenen Verhältnisse mancherlei Faktoren, die geeignet sind, dem christlichen Prediger die Wege zu ebnen."[73]

Im Zuge dieser Entkrampfung der ursprünglich gespannten Verhältnisse zwischen Mission und Kolonialverwaltung in beiderseitigem Interesse gelang es schließlich der Mission auch, die Unterstützung des Islams durch die

---

[71] ebenda, S. 36f
[72] National Archives Daressalaam, G 9/22, zitiert nach Hertlein, S., Wege christlicher Verkündigung, a.a.O., S. 37
[73] Mirbt, C., a.a.O., S. 245

Kolonialverwaltung einzudämmen. In der stammesgebundenen Welt Afrikas fand der Islam zunächst leichter Eingang als das Christentum, weil er keinen vollkommenen Bruch mit den bestehenden Vorstellungen und tradierten Verhaltensweisen forderte. Zudem war er nicht mit dem Verdacht eines verkleideten Kolonialismus oder einer irgendwie gearteten Rassendiskriminierung belastet, wie dies in den Augen vieler Afrikaner auf die christliche Mission zutraf. Allerdings waren die ersten Missionare auf die Auseinandersetzung mit dem Islam offensichtlich nicht vorbereitet. Sprechen die Briefe der Neuankömmlinge zunächst noch bewundernd von der großherzigen Aufnahme durch die regierenden Sultane (offensichtlich bewunderte man den praktizierten Feudalismus), so mußte man doch sehr schnell feststellen, daß das islamisch geprägte Sansibar und der ebenso islamisch beeinflußte Küstenstreifen sich einer Missionierung widersetzten.[74] Die Missionare erkannten, daß das gesamte Leben in Sansibar islamisch geformt und geprägt und es praktisch unmöglich war, missionarisch wirksam zu werden. „Man konnte über losgekaufte Sklaven verfügen; über die hatte man *de facto* ein Eigentumsrecht. Aber auch ihnen bot sich außerhalb des Missionsbereiches kaum eine Existenzmöglichkeit, es sei denn, sie wären bereit gewesen, sich als Muslime in das allgemeine Sozialgefüge einzuordnen."[75] Nach dem „Umzug" der Missionare mit dem Gros ihrer Schüler auf das Festland mußten sie jedoch bald feststellen, daß auch die Küste „islamisches Land" sei. Die Synode vom 2. bis 20. Juni 1870 stellt fest: „In Anbetracht der Tatsache, daß keinerlei Hoffnung besteht, die muslimische Bevölkerung bekehren zu können ..., sind die Mitglieder einstimmig der Ansicht, daß man sich sofort und ohne Verzögerung mit der Gründung einer Mission unter den heidnischen Stämmen befassen sollte."[76] Hertlein wertet dies als eine weittragende Entscheidung, die über viele Jahrzehnte hin die Entwicklung der Missionsarbeit in Ostafrika beeinflußte: „Seitdem galten Sansibar und die ostafrikanische Küste missionarisch als uninteressant. Man brauchte dort eine Niederlassung, ein Gasthaus, aber nur als Nachschubdepot, als Durchgangsstation ohne missionarische Eigenbedeutung. Das eigentliche Missionsfeld lag im Innern."[77]

Die Problematik mit dem Islam stellte sich für die christlichen Missionen in Ostafrika essentiell: Schließlich war das Kisuaheli, die nicht-koloniale Einheitssprache, – und für eine solche optierten alle Missionsgesellschaften – hoch entwickelt und mit einer reichen Literatur ausgestattet. Es wurde an der

---

[74] Vgl. hierzu: Hertlein, S., ebenda, S. 47ff
[75] ebenda, S. 48
[76] Versteinen, F., The Catholic Mission of Bagamoyo, Mskr., Bagamoyo 1968, zitiert nach Hertlein, S., ebenda, S. 48f
[77] Hertlein, S., ebenda, S. 49

Küste, in den Handelszentren des Inlands und in vielen anderen Gebieten gesprochen und verstanden. Doch war es auch die Sprache der Muslime und damit Kulturträger des Islam. Die Beförderung islamischen Gedankenguts über die Sprache aber lehnten die Missionare entschieden ab. Schließlich konnten sie auch die deutschen Kolonialbehörden, die in der Anfangsphase der Kolonisierung den islamisch geprägten Hilfsbeamten und lokalen Würdenträgern durchaus wohlgesonnen waren, zu einer veränderten Position bewegen: Hertlein zitiert aus einer Denkschrift des Bezirksamtmanns von Tabora vom 19.7.1912, die mit der Anforderung von einschlägigen Berichten vom Gouverneur an alle Bezirksämter verschickt wurde. Darin wurde empfohlen: „1. Überwachung aller Propagandisten, vor allem der Mwalimu und Wanderhändler; strenge Bestrafung, sowie die Propaganda ins Politische spielt oder die christliche Religion herabsetzt. 2. Strengere Bestrafung aller Belästigungen farbiger Christen ihrer Religion wegen sowie überhaupt aller unpassenden Bemerkungen von Mohammedanern oder Heiden gegen die christliche Religion. 3. Bei Ernennung von Akiden, Jumben usw. oder bei sonstigen Anstellungen bei gleichen Leistungen und Fähigkeiten stets den farbigen Christen den Vorzug geben. 4. Die farbige Bevölkerung nicht im Zweifel darüber lassen, daß der Regierung der Heide ebenso nahe steht wie der Mohammedaner; daß also der Heide durch seinen eventuellen Übertritt zum Islam nichts gewinnt, der Christ dagegen als etwas Besseres angesehen wird. 5. Möglichste Unterstützung aller Missionen; auch bei Differenzen äußerlich den Schein des Einverständnisses wahren. 6. Mohammedanische Feste nicht von Regierungswegen mitfeiern; dagegen christliche farbige Angestellte ostentativ an ihren Festen von aller Arbeit dispensieren. 7. Nichtanerkennung von mohammedanischen Adoptivnamen, sowohl bei Regierungsangestellten als auch bei Arbeitern in ihren Arbeiterlisten und in den Lohnbüchern. . .'[78] Nach Hertlein nahmen die Missionare diese Veränderung in der Haltung der Kolonialbehörden gegenüber dem christlichen Glauben und den Anliegen der Mission „dankbar" entgegen. Im gleichen Sinne wirkte wohl ein Rundschreiben der Regierung von 1913, in dem der Mission mitgeteilt wurde, daß von nun an auch Missionsschülern der Zugang zu Beamten-, Telegraphen- und Eisenbahnkursen offenstünde. Ein Jahr später schließlich plante die Regierung, allmählich die islamischen Beamten aus dem Landesinneren abzuziehen und sie durch christliche zu ersetzen.[79]

Die Mission hatte ihrerseits diese Einstellung gegenüber dem Islam an der heimischen Front kräftig befördert. Der Tenor der propagandistischen Verlautbarungen gegen den Islam lag dabei auf der Ebene, daß er einer Modernisierung der autochthonen Verhältnisse in Afrika grundsätzlich im Wege stün-

[78] National Archives Daressalaam, G 9/48, zitiert nach Hertlein, S., ebenda, S. 37f
[79] Vgl. hierzu: Hertlein, S., ebenda, S. 134

de: „Die muhammedanische Religion dagegen ist außerstande, sich in den Dienst der Bestrebungen auf Verbreitung der europäischen Kultur zu stellen, sie wirkt ihnen sogar entgegen und muß ihnen entgegenwirken. Denn sie ist der Träger einer anderen, von der christlichen wesentlich verschiedenen Kultur . . .“[80] Indem der Islam als eine der wirksamen Kolonisierung entgegenstehende Religion hingestellt wurde, mußte auch eine Politik, die auf eine Verwaltung mittels islamischer Beamter setzte, im Reichstag und der interessierten Öffentlichkeit im Deutschen Reich obsolet werden. Mirbt faßt die missionarische Einschätzung gegenüber dem Islam konsequent: „Aber die Kultur des Islam ist nicht nur für die deutsche Kolonialpolitik insofern ein Hindernis, als sie auf einem anderen Boden steht als dem der gesamten eingewanderten weißen Bevölkerung, sondern sie ist auch unter kolonialem Gesichtspunkt minderwertig. Dadurch, daß er die Polygamie anerkennt und begünstigt, hält er das Familienleben auf einer niederen Stufe fest und schädigt in allen den Beziehungen die Entwicklung der Kolonien, die von dem Polygamieproblem berührt werden. Er kennt kein sittliches Streben, er bemüht sich nicht darum, wirtschaftliche Werte zu erzeugen, und ist untätig auf dem Gebiet des Unterrichts wie der Volkserziehung. Zur Sklaverei in Afrika steht er in so engem Verhältnis, daß er deren festeste Stütze gewesen ist und durch die Vielweiberei an ihrem Fortbestand Interesse hat. Er kann Völker aus den rohesten Formen des Lebens befreien und eine niedere Art von Kultur erzeugen, aber er ist rasch befriedigt. Da er mit dem Heidentum, das er antrifft, sich verbrüdert und damit begnügt, wenn er rituell und kultisch respektiert wird, findet er Zulauf, aber er wirkt nicht als Pädagog. . . . Mögen wir auf das blicken, was er tut, wie auf das, was er unterläßt, überall stoßen wir auf Unproduktivität, Rückständigkeit, geistige Trägheit, grobe Sinnlichkeit, d. h. er ist kolonial- und kulturfeindlich und hindert das moralische, intellektuelle und wirtschaftliche Fortschreiten des Negers.“[81]

Hier wird deutlich, daß in der Konfrontation zwischen Christentum und Islam zwei unterschiedliche Modelle der ideologischen Kolonisierung Afrikas aufeinandertrafen. Der Mission ging es ganz wesentlich darum, den Einfluß des Islams auszuschalten und ihr Handeln dabei in Einklang mit den Kolonisierungsbemühungen des Deutschen Reiches zu setzen. Dabei scheute die Mission auch nicht vor Aussagen wie dieser zurück: „. . . das Christentum als Ganzes kann nicht als eine politisierende Religion bezeichnet werden. Dem Islam dagegen haftet seit seiner Gründung ein politisches Element an, ja es hat in seinem Vorstellungskreis sogar einen dominierenden Platz.“[82] Zum

---

[80] Mirbt, C., a.a.O., S. 261
[81] Mirbt, C., a.a.O., S. 261f
[82] ebenda, S. 262

Zeitpunkt der deutschen Besitzergreifung in Afrika hatten die christlichen Kolonisten allerdings aufgrund der Gewehre und Kanonen der (christlichen) Reichsregierung zur Machtsicherung gegenüber den islamischen Kolonisten offensichtlich die besseren Argumente. Deshalb konnte die Mission auch davon sprechen, daß von einer Gefährdung der deutschen Kolonialinteressen durch den Islam machtpolitisch keine Rede sein könne, allerdings sei ein wesentlicher Einfluß auf das Subjekt der Herrschaft nicht auszuschließen: „Von einer politischen Gefährlichkeit des Islam für die deutschen Kolonien ist daher nicht in dem Sinn zu reden, daß er den Bestand der deutschen Herrschaft gefährdet, wohl aber besteht sie insofern, als er die innere Unterwerfung unter die Obrigkeit eines christlichen Volkes unmöglich macht und infolgedessen die Regierung der ihr unbedingt notwendigen Stütze in der einheimischen Bevölkerung beraubt."[83] Die Mission konnte über diese Argumentation der Reichsregierung vermitteln, daß eine weitere Förderung oder Tolerierung des Islam an den Grundfesten der kolonialen Herrschaftsausübung rühren müsse, weswegen eine deutliche Abkehr von dieser Politik von Nöten sei.

Die oben angesprochenen Veränderungen in der Politik des Deutschen Reiches stießen deshalb bei den Missionsverantwortlichen, wie bereits erwähnt, auf Zustimmung. Gleichwohl wollte die Mission gegenüber der Behörde auf der Ebene der persönlichen Beziehungen distanziert bleiben: „Die Beziehungen mit den Regierungsangestellten sollen so gut als möglich sein; aber niemals darf man sie ins Vertrauen ziehen oder ihnen gegenüber einen familiären Ton anschlagen. Man hüte sich also vor unbedachter Kritik der Regierung ebenso wie vor Mitteilungen, welche den Mitbrüdern oder der Mission schaden könnten."[84] Geht es gegenüber der Kolonialbehörde noch um ein „. . .miteinander rechnen und aufeinander Rücksicht nehmen. . .", um „. . .gegenseitige Anerkennung, die Respektierung der relativen Autonomie, der gezogenen Schranken und Grenzen auf beiden Seiten", so wird noch eine deutliche Abstufung im Verhältnis zu den weißen Siedlern hin gemacht: „Uneinigkeit und Streit vermeiden und auf ein gutes, nicht notwendig freundschaftliches Verhältnis Wert legen."[85]

Analytisch betrachtet hat das letztendlich gemeinsame Interesse an der weißen Herrschaftsstabilisierung und der allgemeinen Entwicklung der Kolonie die Konfrontation zwischen Mission und Kolonialregierung erheblich gemildert, z.T. sogar paralysiert. Schutzbedürfnis und Expansionsinteresse auf seiten der Mission sowie die Instrumentalisierung der Missionare als Agenten

---

[83] ebenda, S. 263
[84] Zitat aus dem Directoire von Bischof Vogt, Bagamoyo 25, zitiert nach Hertlein, ebenda, S. 38
[85] Beschluß der Bischofskonferenz von 1912, zitiert nach Hertlein, S., ebenda, S. 39

politischer und sozialer Kontrolle und als Kulturträger von seiten des Kolonialstaates wirkten sich in diesem Fall wechselseitig in Richtung einer Konfliktminimierung aus. Das Verhältnis zwischen Mission und Kolonialregierung war, gestützt durch gemeinsame Interessen, zu einem wohlwollenden Miteinander geworden. Nochmals sei Mirbt zitiert, der dieses Verhältnis prägnant umschreibt: „Das wohlwollende Verhalten der Kolonialregierung gegenüber der christlichen Mission wurzelt in dem Urteil, daß ihre Wirksamkeit für die deutschen Schutzgebiete von Segen ist. Sie nimmt ihr manche notwendige Arbeit ab; sie kommt nicht ins Land, um Reichtümer zu sammeln, sondern um den Eingeborenen Gutes zu tun; ihre Sendboten sind fleißige Leute, auf ihren Niederlassungen werden nützliche Dinge getrieben, die Mission wirkt beruhigend auf die Bevölkerung und steht ihr beratend zur Seite in dem schwierigen Übergangszustand, in dem ihr die altgewohnte Welt zusammenbricht, ohne daß sofort eine neue an die Stelle tritt. Indem der Kolonialpolitiker die gesamten Leistungen der Mission in dieser Weise unter dem Gesichtspunkt betrachtet, daß er sie auf ihren kulturellen und zumeist auf ihren wirtschaftlichen Wert hin abschätzt, verfährt er nicht ungerecht, er kann gar nicht anders handeln."[86] Da die Mission dem deutschen Herrschaftsanspruch in den Kolonien wesentliche Dienste leistete, mußte es im Interesse der Kolonialregierung wie auch dem Deutschen Reich schlechthin sein, der Ausbreitung der Mission mit ihren wirksamen Diensten in so vielen Bereichen, aber auch gerade im Bereich der Erziehungsarbeit, Hilfestellung zu leisten und ihr einen Zugang zu einem möglichst großen Teil der Kolonisierten zu ermöglichen.

Auch wenn die Missionsoberen oder manche Theoretiker in ihren Aufsätzen und Weisungen die Getrenntheit der beiden Faktoren Mission und Kolonialregierung hervorheben, wie z. B. Schmidlin: „Grundbedingung und Voraussetzung des harmonischen Zusammenwirkens von Mission und Kolonisation ist vorab die gegenseitige Anerkennung, die *Respektierung der relativen Autonomie*, der gezogenen Schranken und Grenzen auf beiden Seiten. Mission und Kolonialpolitik sind und bleiben, wenigstens in der gegenwärtigen Gesellschaftsordnung, bei allen Berührungspunkten und Tangenten, *getrennte Faktoren* mit verschiedenen Aufgaben und Zielen. . .'[87], oder eine völlige Bescheidung auf religiöse Arbeit fordern, wie z. B. Schwager: „Der Missionar soll in fremden Missionsländern jede politische Betätigung irgendwelcher Art nicht nur vermeiden, sondern mit Abscheu fliehen"[88], so liegt die symbioti-

---

[86] Mirbt, C., a.a.O., S. 251
[87] Schmidlin, J., Deutsche Kolonialpolitik und katholische Heidenmission, in: ZM, 2. Jg. 1912, S. 29
[88] Schwager, F., Katholische Missionstätigkeit und nationale Propaganda, in: ZM, 6. Jg. 1916, S. 115

sche Beziehung zwischen Mission und Kolonialpolitik doch auf der Hand. Die Mission ordnete sich mit ihrem Anspruch der gewissenhaften Pflichterfüllung ihrer selbst und durch ihre Klientel einem staatsbürgerlichen Auftrag unter: „Überhaupt sucht die Mission gewissenhaft alle jene Pflichten zu erfüllen, die einem loyal gesinnten Staatsbürger gegenüber der rechtmäßigen Obrigkeit obliegen, nicht bloß äußerlich, sondern auch innerlich untertänig . . . Denselben *Gehorsam* und dasselbe *Autoritätsgefühl* sucht sie auch ihren eingeborenen Pfleglingen beizubringen. So nährt und pflanzt sic in ihnen zugleich Patriotismus und Nationalgefühl."[89]

Einen Widerspruch zwischen kirchlichem Internationalismus und patriotischem Nationalismus sahen die Missionare nicht: „Gewiß ist die katholische Kirche als solche ein internationales Institut, das für alle Völker wirken soll, und deshalb darf sie sich in ihrer kirchlichen Tätigkeit niemals einseitig in den Dienst politischer oder nationaler Zwecke stellen", wenn also die christliche Mission nicht die Interessen der Europäer in erster Linie zu vertreten hat, sondern die Interessen der Bekehrten, „so trifft dies im besondern für die katholische Mission zu. Aber das hindert sie nicht, innerhalb des vaterländischen Rahmens in unsern deutschen Schutzgebieten aus ganzer Seele gleichzeitig die *patriotischen Interessen wahrzunehmen*, wie überhaupt das wahre Christentum und der wahre Katholizismus jederzeit die nationale Gesinnung eher gehoben und gestärkt als gelähmt und unterbunden hat."[90] Andererseits auch: wenn, wie bereits dargelegt, die Kolonialherrschaft legitim ist, dann hat sich auch die Mission ihr gegenüber zu verhalten wie immer gegenüber der staatlichen Obrigkeit, sie muß nicht nur treuer Untertan sein, sondern ihre Klientel auch zu treuen Untertanen erziehen. Schmidlin folgert: „Durch ihre kulturelle Tätigkeit namentlich wird die katholische Mission nicht nur zu einer Kulturträgerin ersten Ranges, sondern auch zu einer hervorragenden *Mitarbeiterin und Bundesgenossin* der kolonialen Bestrebung, was um so höher anzuschlagen ist, als die Regierung sich auf dem Kolonialgebiet viel stärker als in der Heimat auf private Mitwirkung und Initiative angewiesen sieht."[91] Oder wie es Mirbt für die evangelische Mission beschreibt: „Mit den Worten ‚Im Namen des Allmächtigen Gottes' beginnt die Kongo-Akte und stellt damit ihre kulturgeschichtlich bedeutsamen Festsetzungen, in denen sich die mächtigsten Staaten Europas vereinigten, unter seinen Schutz. Auch Mission und Kolonialpolitk gehören zusammen, und wir haben Grund zu der Hoffnung, daß aus diesem Bund gutes für unsere Kolonien erwachsen wird."[92]

[89] Schmidlin, J., Deutsche Kolonialpolitik und katholische Heidenmission, in: ZM, 2. Jg. 1912, S. 33f
[90] ebenda, S. 34
[91] ebenda, S. 38
[92] Mirbt, C., a.a.O., S. 273

Aufgrund der dargestellten Beispiele läßt sich sagen, daß die Mission die „Erziehung der Eingeborenen" zur Arbeit in erster Linie als ein Mittel angesehen hat, sittliche und moralische Wertvorstellungen einzupflanzen und diesen zur „Wirksamkeit" in der neuen – kolonialen – Gesellschaft zu verhelfen, wobei Kolonialpolitiker und koloniale Nutznießer genau nach den „Früchten" dieser Erziehung für das Wirtschaftsleben gefragt haben. Die Mission hatte in dieser Fragestellung zunächst keinen monopolistischen Stand. So schreibt die Deutsche Kolonialzeitung 1895 z. B.: „Dem reinen Kolonialpolitiker kann es vollkommen gleichgültig sein, ob dieses Ziel (die Kräfte der Völker, über die wir herrschen, für unsere Zwecke, die großen Ziele des Deutschtums, dienstbar zu machen) durch das Christentum oder den Islam erreicht wird, wenn es überhaupt erreicht wird. – Wird dies nun bei den christianisierten Negern eher möglich sein? Wir stehen nicht an, dies zu bejahen, ja wir gehen sogar noch einen Schritt weiter, wir müssen den Neger dadurch, daß wir ihm das Christentum und unsern Gedankenkreis bringen, beherrschen. Das Christentum ist nur einer der Kraftfaktoren, welche wir auf das Negertum spielen lassen."[93]

Die Verquickung von Mission und Politik in Afrika ließ sich nach den oben genannten Zusammenhängen nicht vermeiden. Die Problematik stellt sich aber historisch noch auf einer anderen Ebene: es ist nicht zu übersehen, daß sich das Zusammenwirken der Mission mit einer Kolonialmacht, wie in der historischen Verbindung mit den iberischen Staaten in den spanischen und portugiesischen Kolonien Mittelamerikas und der im Namen des Königs (und eben des Papstes)[94] veranstalteten Ausrottung der Indianer durch die Conquistadoren, in Afrika in der Kooperation mit den modernen Kolonialmächten England, Frankreich und Deutschland wiederholte, wenn auch der „Fehler" der Ausrottung zu vermeiden versucht wurde.[95]

---

[93] Deutsche Kolonialzeitung 1895, Nr. 50, zitiert nach Mirbt, C., a.a.O., S. 253

[94] Vom 15. bis ins 17. Jh. „schenkten" die Päpste, gestützt auf einen unrechtmäßigen Herrschaftsanspruch, den portugiesischen und spanischen Königen ganze Erdteile mit der Auflage, sie zu christianisieren. Dies zog eine „Mission" nach sich, die zu den dunkelsten Kapiteln der katholischen Missionsgeschichte gehört.

[95] Den Bericht über die Symbiose des Hl. Stuhls mit den kolonialen Unternehmungen der iberischen Staaten liefert Las Casas, B., Kurzgefaßter Bericht von der Verwüstung der Westindischen Länder, Frankfurt 1966. Verwiesen sei hier auch auf das denkwürdige Nachwort Enzensbergers, das nicht nur die Veröffentlichung Las Casas' und den darüber in den folgenden Jahrhunderten geführten Streit in den richtigen Zusammenhang rückt, sondern die Linien der Argumentation Las Casas' bis zu kolonialen und neokolonialen Verhältnissen auszieht.

Von der religiösen Unterweisung zum christlichen Schulwesen

Die Mission begann ihre Tätigkeit zunächst mit der religiösen Unterweisung ihrer Zöglinge, die durch sogenannte „indirekte Bekehrungsmittel" ergänzt wurde, von denen die Handelstätigkeit der Missionsgesellschaften einen zentralen Stellenwert einnahm. F.M. Zahn stellt in der AMZ 1886[96] fest, daß Handel und Mission untrennbar zusammengehörten. Handel sei bestrebt, Güter zu gewinnen, Mission erziehe die Eingeborenen, diese Güter zu beschaffen. Der Missionar erziehe zwar nicht zur Arbeit, aber die positive Arbeitshaltung falle bei der christlichen Erziehung nebenher ab.[97] „Erziehung ist nicht Dressur; sie bedarf zu ihrem Gelingen einer in den Menschen gepflanzten inneren Geistesmacht. Und eine solche bringt das Evangelium, die Mission."[98] Diese Geistesmacht könne auf zwei Wegen eingepflanzt werden: zum einen über äußere Not, zum anderen über den Drang des Geistes, der die Welt gebrauchen will, um ein reiches Leben führen zu können. Da äußere Not bei den Eingeborenen nicht vorhanden sei, müsse man ihnen das zweite beibringen: „Für die Blüte des Welthandels, für die vorteilhafte Entwicklung der Kolonien kann niemand so viel thun, wie der Missionar, wenn er *seinen Dienst verrichtet.*"[99]

Der Missionshandel selbst diente nicht allein der Deckung der Bedürfnisse der Station, sondern indirekt der Arbeitserziehung. Die Befriedigung der bei den Eingeborenen geweckten Bedürfnisse konnte nur durch die Verdingung zur Lohnarbeit erreicht werden. Einher ging damit die Zerstörung der einheimischen Gebrauchsgüterproduktion, denn es ist klar, daß das örtliche Schmiedehandwerk zerstört wird, wenn es möglich wird, Türbeschläge und anderes über die Missionshandelsstation aus Europa zu beziehen.

In die gleiche Richtung weist die Landpolitik der Missionsgesellschaften, die überall danach strebten, Ländereien unter ihre direkte Herrschaft zu bringen. Hauptziel war dabei, auf diesem Land Bekehrte anzusiedeln, die für die wirtschaftliche Tätigkeit der Missionsstationen zur Verfügung standen. Begründet wurde diese Landpolitik mit der notwendigen „Befreiung der Eingeborenen von den Bindungen an eine heidnische Gesellschaft".[100]

---

[96] Zahn, F.M., Handel und Mission, in: AMZ, Gütersloh 1886, 13. Band, S. 481–502
[97] Diese Aussage scheint mir eher eine Verharmlosung der tatsächlichen Zusammenhänge zu sein, denn ein analytisches Kriterium. Tatsächlich wird sie durch diese Arbeit widerlegt.
[98] Zahn, F.M., Handel und Mission, in: AMZ, Gütersloh 1886, 13. Band, S. 498
[99] ebenda, S. 500
[100] Niesel, H.-J., a.a.O., S. 216

Als wichtigstes Instrument der Beeinflussung galt in den Augen der Mission aber schließlich das christliche Schulwesen. Bischof Hirth faßt dies 1907 in einem Rundschreiben wie folgt zusammen: „Ziel der Schule ist es, 1) guten Nachwuchs heranzubilden für das Priesterseminar; 2) Katechisten für die umliegenden Dörfer zu erziehen; 3) vorbildliche Christen zu haben, die die Religion gut kennen und die so praktizieren, daß sie andere durch ihr Beispiel mitreißen; 4) ein weiteres Ziel ist es zu verhindern, daß sich die jungen Männer zu früh von der Mission und Kirche entfernen."[101]

Der Schulbesuch von afrikanischen Kindern und Jugendlichen wurde selbst durch die Anwendung von Repressionen gegenüber den Eltern erzwungen[102], denn: „... wer die Schulen haben wird, hat auch die Jugend und das gesamte Volk; wer uninteressiert ist an den Schulen, gibt freiwillig die Zukunft der Mission preis ..."[103]

Die Missionierung bewirkte zumindest in formaler Hinsicht eine Gleichstellung von christianisierten Afrikanern, Missionaren und Siedlern über die Gemeinsamkeit des christlichen Glaubens. Dies wurde auch von nicht-christianisierten Afrikanern anerkannt, was zu einer „gewissen Überheblichkeit" der christianisierten Afrikaner führte, „der die Mission durch Erziehung zur geregelten, rationellen, leistungsbezogenen Handarbeit zu begegnen suchte."[104] Das heißt aber nichts anderes, als daß die Integration der Eingeborenen in das Kolonialsystem nicht nur über die kulturellen Normen der schulischen Bildungsinhalte verlief, sondern entscheidend ergänzt wurde durch die Ausbildung zum Handarbeit verrichtenden Lohnarbeiter auf niederer Stufe. An einer weitergehenden Qualifizierung der afrikanischen Bevölkerung hatte auch die Mission kein ernsthaftes Interesse. Niesel drückt es klar aus: „.. .vielmehr sollten die Eingeborenen im gesunden Verhältnis von Geistes- und Handarbeit erzogen werden. Nirgends konnten Hinweise auf die Ausbildung zum Priester oder höheren Beamten gefunden werden. Im Gegenteil: ‚Wir wollen die Eingeborenen nicht zu Ansprüchen erziehen, sondern zu Leistungen ... Man muß den Menschen zehnmal an seine Pflichten erinnern, ehe man ihm von seinen Rechten spricht'".[105] Diese Einschätzung fand ihre konsequente Verwirklichung im christlichen Schulwesen.

---

[101] zitiert nach Ackermann, L., a.a.O., S. 43
[102] Vgl. hierzu: Niesel, H.-J., a.a.O., S. 193ff
[103] Mgr. Classe, zitiert nach Ackermann, L., a.a.O., S. 46
[104] Niesel, H.-J., a.a.O., S. 233
[105] ebenda, S. 174; Der von Niesel gewählte Terminus „gesundes Verhältnis von Geistes- und Handarbeit" erscheint im Lichte der hier vorgenommen Analyse allerdings als äußerst problematisch und beschönigend.

Wie erzieht man am besten den Neger zur Plantagen-Arbeit?

Von

A. Merensky,

Früher Superintendent der Berliner Mission in Transvaal,
Mitglied der K. Leopold. Carolinischen deutschen Akademie der Natur-
forscher und Ehrenmitglied der geographischen Gesellschaft zu Jena.

Motto:
„Was kann denn dieser Mohr dafür,
Daß er so weiß nicht ist, wie Ihr.“
(Strumwelpeter.)

Preisgekrönt von der Deutsch-Ostafrikanischen Gesellschaft.

Preis 50 Pfennige.

Berlin 1886.
Verlag von Walther & Apolant.
W., Markgrafenstraße 60.

Abb. 5: Titelblatt der Preisschrift

Koloniale Pädagogik und die Erziehung zur Arbeit

Schulpolitik im kolonialen Zusammenhang

Schulpolitik wurde von allen Kolonialmächten als geeignetes Instrumentarium für die jeweiligen kolonialpolitischen Ziele begriffen und eingesetzt. Durch die Einführung von Schulen in den Kolonien wurden herkömmliche Sozialisationsmuster und Sozialisationsträger abgelöst[1] durch einen Apparat, der zum einen neue Inhalte vermittelte: Lehrplaninhalte europäischer Provenienz im Geschichts-, Geographie-, Religionsunterricht, selbst in Mathematik und naturwissenschaftlichen Fächern, besonders aber auch durch die Sprache des Kolonialherrn. Zum zweiten aber und längerfristig besonders wirksam wurde ein „Kanon von Tugenden ‚ansozialisiert"[2]: Arbeitsdisziplin, Leistungsdenken, Sinn für Ordnung und Korrektheit, Anstandsregeln, Autoritätsdenken, Strebsamkeit usw.[3]

Auch das traditionelle Erziehungsdenken darf nicht in romantisierender Weise im nachkolonialen Kontext verklärt werden: auch die traditionelle Gesellschaft ist ein Herrschaftssystem, das Abhängigkeit und Unterordnung durch die „innere Natur" ihrer Mitglieder verankert.[4] Koloniale Bildung aber wirkt in zwei wesentlichen Stoßrichtungen gegenüber der traditionellen Gesellschaftsformation: als Massenbildung als möglichst direkte Produktivitätssteigerung in den von den Kolonialländern nachgefragten Sektoren und als Elitenbildung der einheimischen Kader, zunächst als Hilfskräfte und später als örtliche Stellvertreter der Erzieher.

Das Material für das Aufzeigen beider Stoßrichtungen liegt in verschiedenen Untersuchungen vor.[5] Die Zuordnung in dem hier skizzierten Sinne wird von kaum einem Autoren vollzogen. Auch die Arbeit von Nestvogel[6], die sich der dependenztheoretischen Analyse verpflichtet fühlt, entwickelt als Maßstab für die „gesunde Entwicklung" in Abgrenzung zur strukturellen Abhängigkeit nur einen notwendigen Veränderungsprozeß, „der die Verbesserung der materiellen und geistigen Existenzbedingungen der Gesamtbevölkerung in Richtung auf eine höchstmögliche soziale Gerechtigkeit beinhaltet."[7] Auf die-

---

[1] vgl. etwa: Adick, u.a., a.a.O., S. 13ff. und: Mock, E., a.a.O., S. 22ff.
[2] Adick u.a., a.a.O., S. 22
[3] Die psychischen Folgen von Primarschul- und Sekundarschulprozessen untersucht beispielsweise Bosse, H., Diebe, Lügner, Faulenzer, a.a.O.
[4] ebenda, S. 105
[5] Eggert, J., a.a.O. Nestvogel, R., a.a.O. Ackermann, L., a.a.O. Tetzlaff, R., a.a.O. Niesel, H.-J., a.a.O. Adick, Ch., a.a.O.
[6] Nestvogel, R., a.a.O.
[7] ebenda, S. 31

ser Basis folgert Nestvogel: „Demnach kann also nur von Entwicklung die Rede sein, wenn ein wirtschaftlicher Wachstumsprozeß einhergeht mit einer Verminderung von Armut, Arbeitslosigkeit und ungleicher Einkommensverteilung, von denen mehr als die Hälfte der Bevölkerung in EL (in Entwicklungsländern, d.Verf.) betroffen ist."[8]

Und weiter: „Auch für das spezielle Problem einer entwicklungskonformen Bildung in EL hat diese Definition von Entwicklung Konsequenzen. In einem neuen Bildungskonzept müßte die Bildung in einem unmittelbaren Bezug zur Produktion und anderen gesellschaftlichen Tätigkeiten stehen. Wie es im Dag Hammarskjöld-Bericht von 1975[9] heißt: ‚Sie wäre das Mittel, mit dessen Hilfe die ganze Gesellschaft sich fortentwickelt . . . Bildung wäre ein umfassendes kooperatives Streben jedes einzelnen Mitglieds der Gesellschaft, und sie würde nicht von Arbeit und Produktion getrennt. Jeder wäre Lernender, Arbeiter und Lehrer zugleich.'"[10]

Nach der in dieser Arbeit geführten Analyse steht Bildung stets in einem unmittelbaren Bezug zur Produktion und zwar in diesem Falle zu der von den Metropolen des Zentrums aus gesteuerten Produktion. Erst der Nachweis dieses Verständnisses von kolonialer Bildung erlaubt die Analyse der Bedeutung des Bildungssystems beim Dekolonisierungsprozeß, sowie des nachkolonialen Bildungssystems. Die Entwicklungsdynamik des modernen Erziehungswesens in abhängigen Ländern kann somit nicht im Bezugsrahmen dieser Gesellschaften analysiert werden, vielmehr muß die Dependenz der Schule in abhängigen Ländern von europäischen oder nordamerikanischen Zentren in den Erklärungszusammenhang mit einbezogen werden.

Die traditionelle Erziehung[11] wurde in diesem Kontext auf den Stellenwert einer ländlich-familiären Primärsozialisation reduziert, da sie die für das Bestehen im kapitalistischen Wirtschaftsprozeß benötigten Qualifikationen nicht vermitteln kann.

---

[8] ebenda, S. 32
[9] The 1975 Dag Hammarskjöld Report, 1975, S. 11
[10] Nestvogel, R., a.a.O., S. 32
[11] Die traditionelle Erziehung wird in dieser Arbeit nicht eigens behandelt. Vgl. hierzu: Mock, E., a.a.O., S. 22–76 und: Mbiti, J., Afrikanische Religion und Weltanschauung, Berlin 1974

Arbeitserziehung als wesentlicher Inhalt kolonialer Pädagogik

„Das Verlangen der Eingeborenen nach Bildung und Schulgelegenheit ist kein geringes ..."[12], stellt Schmidlin 1913 fest und führt weiter aus, daß sich die Tätigkeit der bereits ausgebildeten einheimischen Katechisten wohltätig auf die Umgebung auswirke. Vor allem den Weißen Vätern, die im heutigen Rwanda tätig waren, bescheinigt Schmidlin „gute Erfolge", vor allem wegen des „vorzüglichen Missionsverfahrens": stramme Organisation und fast militärische Disziplin, rauhe Selbstzucht und Selbstkontrolle, sowie absolute Autorität gegenüber „den Negern".[13] Auf der Basis einer uneingeschränkten Gehorsamspflicht entwickelt sich die „unvergleichliche Initiative und Stoßkraft" dieses Ordens auch im Schulwesen: an der Spitze der Fächer steht die religiöse Unterweisung von täglich einer Stunde, daneben werden Lesen und Schreiben in Suaheli, Rechnen und Singen nach „Bedürfnissen und Fähigkeiten" gelehrt.[14]

Die religiöse Tätigkeit als eigentliche Missionierung steht für Schmidlin als oberster Zweck der missionarischen Arbeit, dieser Zweck kann sich aber nur in der rechten Arbeitshaltung des Eingeborenen äußern: die Mission lehrt mit dem Beten das Arbeiten, „mit dem Lichte des Evangeliums erschließen sich Ackerbau, Gewerbe, Industrie, Verkehr, Bildung, Gesittung und soziale Wohlfahrt."[15] Deshalb „muß es die Kolonialpolitik, wenn sie Land und Volk nicht bloß materiell ausbeuten, sondern auch innerlich angliedern und geistig emporheben will, auf Vermittlung der höheren, christlichen Religion absehen."[16]

Der Prozeß der hier angesprochenen Vermittlung der Religion als Träger einer gewünschten Werthaltung wurde von den Missionaren in verschiedenen Phasen organisiert, die sich zunächst grundsätzlich zwischen dem protestantischen und dem katholischen Ansatz unterschieden und dann innerhalb der beiden Kirchen nochmals von Missionsgesellschaft zu Missionsgesellschaft, respektive Missionsorden verschieden abliefen und sich dabei auch noch auf regionale Besonderheiten stützten. Erst im Zuge der zunehmenden Kolonisierung vereinheitlichten sich dann die missionspädagogischen Ansätze.

---

[12] Schmidlin, J., Die katholischen Missionen in den deutschen Schutzgebieten, a.a.O., S. 141
[13] ebenda, S. 136ff
[14] ebenda, S. 141f
[15] ebenda, S. 2
[16] ebenda

Konfrontation mit einer als „unzivilisiert und heidnisch" empfundenen Welt

Die Strukturen und Inhalte der Vermittlung missionarischer Pädagogik werden weiter unten dargestellt. Zunächst lohnt sich ein Blick auf die Herangehensweise der Missionare an eine ihnen bestenfalls als „fremd", wenn nicht völlig unverständlich und, vor ihrem ethischen, theologischen und eurozentrischen Hintergrund, schlicht „heidnisch" vorkommende Kultur.

Hertlein beschreibt die ersten Missionare als gewissenhafte Beobachter ihrer Umwelt, sie füllten Hefte und Tagebücher mit umfangreichen Aufzeichnungen über Pflanzen, Gesteine, Flüsse und Tiere, über Leben, Sitte und Brauchtum der Afrikaner.[17] So verweist Hertlein z. B. auf einen Mgr. Courmont von Sansibar, der „von seinen Missionaren verlangt, sie sollten Sitten und Gewohnheiten der Leute erforschen und vor allem abergläubische Bräuche in ihrer Gegend genau beschreiben, um so ihren Nachfolgern die Arbeit zu erleichtern."[18] Auch zitiert Hertlein aus einem Directoire der Missionsstation Bagamoyo, wo die Forschungsbereiche genau festgelegt werden: die Patres sollen sich „schriftliche Aufzeichnungen machen über folgende Punkte: charakteristische Fähigkeiten und Schwächen der Bevölkerung; . . . abergläubisches Brauchtum, Geisterlegenden; anerkannte Rechte des Vaters, der Mutter, des Onkels usw. . . .; Bräuche bei Geburt, Beschneidung, Ehe, Tod; Eigentumsrecht, Erbrecht; Rechtssprechung und Strafgewalt; die häufigsten Krankheiten und angewandte Heilmittel; geographische und botanische Beobachtungen . . ."[19] Ähnliche Anweisungen finden sich auch für andere Missionsgesellschaften. Die Weißen Väter z. B. waren ebenfalls angehalten, regelmäßig Berichte an das Mutterhaus einzusenden.[20]

Diese umfangreiche Forschungstätigkeit war den Missionaren zwar durch die Statuten der Missionsgesellschaften aufgegeben, sie wird aber auch ihrem eigenen Interesse im Rahmen der Konfrontation mit einer völlig fremden Umwelt entsprungen sein. Das Interesse der Missionsgesellschaften nach regelmäßigen und ausführlichen Berichten war naheliegend: zum einen gab es zu dieser Zeit außer den Reiseberichten der frühen Forscher kaum entsprechende Literatur, zum anderen dachte die Mission ja durchaus strategisch im

---

[17] Hertlein, S., Wege christlicher Verkündigung, a.a.O., Bd. 1, S. 20
[18] ebenda
[19] ebenda, S. 21
[20] ebenda, S. 20ff
    Hertlein listet hierzu umfangreiche Quellen auf, in denen diese Berichte zu finden sind, und verweist darauf, daß dieses Material noch lange nicht ausgeschöpft ist.

Sinne der Vorbereitung einer weiterführenden Aussendung von Missionaren. Schließlich versprach man sich durch dieses Studium das Verständnis der Lebenswelt der zu missionierenden Klientel und damit einen besseren Erfolg der Missionstätigkeit. Hertlein zitiert P. Libermann, der bereits 1847 an westafrikanische Missionare folgende Weisung erließ: „Man studiere mit Sorgfalt den Charakter der Bevölkerung. Man erforsche, wonach sie sich sehnen, was sie erstreben und was sie lieben. Dadurch lernt man ihre Fehler kennen und die Ursprünge, aus denen diese entstehen. Dadurch ist man auch imstande, die richtigen Mittel zu finden, um sich die Autorität über die Geister zu sichern, sich die Herzen zu öffnen, Zuneigung und Vertrauen zu gewinnen."[21]

Auf die Nützlichkeit dieser Forschungstätigkeit für die Kolonialbehörden und die ökonomisch interessierten Kreise wurde bereits hingewiesen. Verwendung fanden die Berichte, garniert mit allerlei Anekdoten aus dem Missionsleben, aber auch in den Propagandaschriften der Missionsgesellschaften für die interessierte Öffentlichkeit in der Heimat, die für Geldsammlungen warben. Der Nebeneffekt, den die in zahlreichen Materialsammlungen und wissenschaftlichen Abhandlungen niedergelegten Forschungen auf die ökonomische Erschließung der einzelnen Gebiete hatten, ist sicherlich ebenfalls nicht als gering einzuschätzen.

In ersten Anweisungen der Missionsoberen zum Umgang mit der Bevölkerung finden sich Forderungen zur Anpassung der Missionare an das Vorgefundene. So schreibt z. B. P. Libermann an seine Missionare in Dakar und Libreville: „Urteilt nicht auf den ersten Blick, noch nach dem, was ihr in Europa gesehen habt. Befreit euch von Europa, seinen Sitten, seinem Geiste! Werdet Neger mit den Negern, um sie zu bilden, wie sie gebildet werden müssen. Bildet sie nicht nach europäischer Weise, sondern laßt ihnen das, was ihnen eigentümlich ist. Stellt euch ihnen gegenüber wie Knechte ihren Herren, sucht ihre Bräuche und Gewohnheiten nach und nach zu vervollkommnen, zu heiligen, aus ihrer Erniedrigung emporzuheben, um aus ihnen nach und nach Kinder Gottes zu machen."[22] Diese Anweisungen führten dazu, daß die ersten Missionare tatsächlich versuchten, „ganz afrikanisch zu leben", wie Hertlein schreibt und als Beispiel einen Bericht eines Bendiktinerbruders anführt: „In Pilipili bei Lindi lebten sie 1895 in Strohhütten, schliefen auf dem Boden, aßen *Ugali* (Hirsebrei) und getrockneten Fisch. Das Wasser war schlackig. Von früh bis spät schuftete man – wiederum nach Vorschrift – mit der Hacke auf den Feldern. Zu all dem trug man noch seinen dickwollenen Habit. Nach einigen Monaten war man total geschwächt, konnte sich kaum mehr auf den Beinen

---

[21] ebenda, S. 21
[22] Zitiert nach: Engel, A., a.a.O., S. 41

halten. Malaria und Dysenterie wurden chronisch. Aber man wagte nicht, die strenge Vorschrift, afrikanisch zu leben, zu brechen."[23]

Neben dem ungewohnten Leben unter so ganz anderen klimatischen Bedingungen waren die Missionare aber auch mit der für sie „heidnischen Wirklichkeit" konfrontiert, wie Hertlein dies nennt. Dabei erregten Sklavenhandel, Kindermord, Hexenverfolgung und sexuelle Rituale besonders den Abscheu der Missionare. Schließlich kamen diese Menschen überwiegend aus bürgerlichen und kleinbürgerlichen Familien mit einem Idealbild einer christlichen Familie und festen, europäisch geprägten Vorstellungen von Recht, Ordnung und Pflichterfüllung nach Afrika. Den afrikanischen Stammestraditionen standen diese Menschen weitgehend hilflos gegenüber – ihre Stütze fanden sie meist allein im Glauben, der Unverständliches in den Bereich des Heidentums verwies und zum Durchhalten ermutigte. Gleichzeitig mußten sie feststellen, daß die lokalen Herrscherfamilien Deutsch-Ostafrikas im Gegensatz zu denjenigen Ugandas (zunächst) wenig Interesse an der Missionierung hatten: „Sie lebten und liebten ihr heidnisches Leben."[24] Somit kam es aufgrund der praktischen Erfahrung bei den Missionaren zu einer weitgehend ablehnenden Haltung zur geforderten „Anpassung", die, bezogen auf die konkreten Lebensumstände, aufgrund des rapiden Ausfalls von Missionaren ohnehin nicht aufrecht zu erhalten war. Auch stellte das „Neger-mit-den-Negern-Sein" offensichtlich nur vordergründig ab auf ein Eintauchen in die andere Kultur. Es scheint eher den Ausgangspunkt einer vertrauensbildenden Maßnahme zum besseren Umgang mit der Zielgruppe abgegeben zu haben.

Anreize zur willigen Missionierung und religiöse Unterweisung

Mit ihrer Zielgruppe taten sich die ersten Missionare ohnehin schwer. Das Interesse an religiöser Unterweisung war zunächst offensichtlich gering, die Missionare mußten sich immer wieder neue Mittel ausdenken, um mit den Leuten in Kontakt zu kommen. Vielfach setzten sie dabei Unterrichtsgeschen-

---

[23] Hertlein, S., Wege christlicher Verkündigung, Bd.1, a.a.O., S. 26
Und Hertlein fährt fort: „Dann kam 1895 der Provikar zur Visitation. Ein, zwei Tage teilte er das Leben. Am dritten Tag ging er ins nahe Städtchen zum deutschen Kaufhaus und belud einen ganzen Korb mit Konserven und Brot, Fleisch und frischem Fisch, Obst und Gemüse. Bei der Rückkehr sagte er lakonisch zu den Brüdern: ‚David hat in seiner Not die Schaubrote des Tempels gegessen. Mögen sie in Europa befehlen, was sie wollen – das Leben geht vor!' Und er änderte die Regel."
ebenda, S. 26f
[24] ebenda, S. 27

ke ein, um die Bevölkerung anzulocken: „Seit einiger Zeit haben wir versucht die Kinder zu versammeln; jedesmal wenn sie eine Katechismusfrage gut beantworten, bekommen sie eine Prise Salz, und Salz ist hier wertvoller als Zucker, es ist Geld. Die, die drei Gebete wie ‚Vater unser‘, ‚Gegrüßet seist Du Maria‘, den Akt der Reue hersagen können, bekommen ein Stück gebrauchten Stoffes, Überreste von unseren alten Habiten. Wenn selbst die Großen ein Blatt Tabak erbitten, bekommen sie es nur, wenn sie das Kreuzzeichen machen können. Vielleicht können wir sie durch diese Mittel aus ihrer Gleichgültigkeit herausholen und sie zum Verständnis der Notwendigkeit des Gebetes bringen."[25] Auch Bilderkatechismen, religiöse Bilderschauen mit der Laterna Magica oder dem Stereoskop kamen zum Einsatz. Trotzdem scheint der Erfolg gering gewesen zu sein, weswegen schließlich zu einem anderen Mittel gegriffen wurde: Von Kibanga berichtet Hertlein, daß sich um die Missionsstation herum eine ganze Reihe von Siedlungen gebildet hatten, die offiziell unter dem Schutz der Mission standen. Von den dort lebenden Bewohnern erwartete man, „gewissermaßen als Dank", daß sie wenigstens am Sonntag zum Unterricht kamen. Dabei sollen tatsächlich sechs- bis achthundert Leute gekommen sein. Und der Chronist der Missionsstation führt weiter aus: „Aber um alles zu sagen und nichts zu verbergen, wer aus Nachlässigkeit fehlt, erhält dafür einen Tag Strafarbeit; bei Rückfälligkeit können die Schuldigen, d. h. die sich weigern, zum Unterricht zu kommen, nach zwei bis drei aufeinanderfolgenden Mahnungen ausgewiesen werden... Außerhalb der Grenzen (der Missionssiedlung) erfreuen sie sich nicht mehr unseres Schutzes gegen die Räuber."[26]

Die freie, direkte Verkündigung des Evangeliums stieß also von Beginn an auf verschiedene Schwierigkeiten, die allenfalls lokal unterschiedlich ausgeprägt waren und je nach Ideenreichtum der Missionare umgangen wurden. Im Laufe der Zeit wirkten sich allerdings Strategien der Missionsgesellschaften hilfreich für deren Absichten aus, die im Selbstverständnis der jeweiligen Ordens verankert waren und quasi dessen Programmatik zur Erschließung des Landes und der Bevölkerung darstellten. Mit Hertlein kann nach drei Methoden unterschieden werden: Die Missionare vom Heiligen Geist kauften Sklavenkinder los und suchten diese zu erziehen. Sie faßten sie in Internaten zusammen und siedelten sie anschließend in Christendörfern an. Die Weißen Väter versuchten Stammesfürsten zur Taufe zu bewegen, um damit den ganzen Stamm für das Christentum zu gewinnen. Die Missionsbenediktiner schließlich strebten die Errichtung monastischer Zentren an, die als Strahlpunkte das umliegende Land erfassen sollten, um so auf dem Weg von Liturgie und Land-

---

[25] Aus einem Brief von Pater Delaunay vom 13.8.1884, zitiert nach Hertlein, ebenda, S. 81
[26] Aus einem Brief aus Kibanga vom 4.3.1887, zitiert nach Hertlein, ebenda, S. 82

wirtschaft von innen her die Bevölkerung christlich zu durchdringen.[27] Es wird noch zu zeigen sein, daß diese drei Programme zur Erschließung von Land und Bevölkerung auch die Entwicklung der Arbeitserziehung durch die Missionsgesellschaften beförderten.

Die religiöse Unterweisung erfolgte durch das Katechumenat, im Sinne von zwei- bis dreijähriger Unterweisung und abschließender Prüfung. Das Katechumenat lieferte aus der Sicht der Afrikaner deutliche Bildungsinhalte, die in der sich verändernden Situation der Kolonie von Wert waren. So wurden die ersten Katechumenen von den Nichtchristen zunächst „Wasomaji" – die Leser – genannt, und Christ werden war für viele gleichbedeutend mit Lesen und Schreiben lernen.[28]

Hertlein schildert das katechetische Programm der Weißen Väter, das Kardinal Lavigerie für den „Heidenunterricht in Zentralafrika" entworfen hatte.[29] Demnach kamen drei Grundprinzipien zur Anwendung:
1. Möglichste Anpassung an die zu missionierenden Afrikaner, die profane Erziehung sollte wesentlich afrikanisch, die religiöse wesentlich apostolisch sein. In Sprache und Lebensweise sollten sich die Missionare soweit wie möglich den Afrikanern anpassen.
2. Da christliches Leben sich nur in der Gemeinschaft voll entfalte, sollten nicht einzelne, entwurzelte Individuen gewonnen werden, sondern ganze Gemeinschaften, die über die Gewinnung von Häuptlingen oder Fürsten erschlossen werden sollen.
3. Die Einführung in das Christentum sollte stufenweise erfolgen: Unterricht für Postulanten, Katechumenen und Getaufte bilden dabei die wesentlichen Abschnitte.

Hertlein führt weiter aus, daß für die anderen Missionsgesellschaften keine derartig durchgehende Planung existiere, wiewohl auf verschiedene katechetische Konzepte verwiesen werden kann.[30] Gleichzeitig kann er belegen, daß die vorhandenen katechetischen Unterweisungen einem regen Gebrauch auf den alten Missionsstationen unterworfen waren.

---

[27] ebenda, S. 85ff
[28] ebenda, S. 216
[29] ebenda, S. 16f
[30] ebenda, S. 17ff
Dabei wird beschrieben, wie die Missionare vom Hl. Geist 1870 aufgrund des Scheiterns einer eigenen „katechetischen Produktion" zunächst (bis 1884) den allgemeinen französischen Kolonialkatechismus einführten und die Missionsbenediktiner durch Beschluß des Generalkapitels 1906 darauf festgelegt wurden, „ . . . daß mehrere Patres die staatliche facultas docendi an Volksschulen erwerben' sollten. Auch die Brüder sollten für diese Aufgabe vorgebildet werden. Sie ‚müssen konsequenten und systematischen Unterricht empfangen . . . Die Grundzüge christlicher und praktischer Pädagogik müßte man klar und verständlich vortragen. Ein Hauptaugenmerk müßte auf Katechese und Katechetik gerichtet sein.'" Aus dem Decreta des Generalkapitel von 1906, No. XII, zitiert nach Hertlein, ebenda, S. 19

Trotzdem waren die Anforderungen des Katechumenats nicht allzu hoch, denn: „Tatsächlich wäre es ganz unpädagogisch, wenn man von den Wilden Afrikas den selben Grad religiöser Kenntnis und religiösen Verständnisses fordern wollte wie etwa von einem kulturell entwickelten Europäer."[31] Die Unterweisung stützte sich ganz bewußt weniger auf den Lehrinhalt als auf die Vermittlung von Autorität. „Zuerst sucht sie die rohen Barbaren zu gesitteten Menschen heranzubilden und so die psychologischen Voraussetzungen zum Verständnis des Evangeliums zu schaffen, bevor sie die Details der christlichen Glaubenslehren und Geheimnisse vorträgt."[32]

Diese Erziehung trug der katholischen Mission mehrfach das Lob der Kolonialpolitiker ein, nach deren Ansicht es die katholische Mission „meisterhaft versteht, . . ., kulturelle Erziehung und Wahrung der Subordination zu verwirklichen und dadurch dem Christentum den Weg zu bahnen."[33] Die katholische Mission stellte damit zunächst Gehorsam gegenüber der kirchlichen Autorität her, was sich dann auf „alle übrigen Lebensgebiete" auswirkte und dies nicht mehr über physischen Zwang, sondern über freiwilliges Einfügen.

„Mit der Schule die Jugend gewinnen"

Mittel für diese Erziehung war schließlich die Schule, denn über die Schule gewinnt die Mission nach Schmidlin die Jugend „und damit die Zukunft; da kann sie die Jugend nach christlichen Grundsätzen zu einer neuen Generation umschaffen und umformen, während die Alten gewöhnlich nur äußerst schwer ihren heidnischen Gewohnheiten zu entreißen sind."[34] Das Hauptaugenmerk der Schule muß liegen auf der „pädagogischen Einwirkung, in der Stärkung des Willens und Veredelung des Herzens."[35] Gleichzeitig jedoch wird die Schule aber auch verstanden als ein Mittel der Infiltration in ein bestehendes Gemeinwesen und als Lernfeld für eine künftige Missionierung: „Neben Krankenhaus und großen Plantagen eröffneten die Missionare vom Heiligen Geist in Sansibar schon in den ersten Jahren drei verschiedene Schulen: eine für junge Inder, eine für junge Araber, eine für losgekaufte Sklavenkinder. Durch die Inderschule, an der Religionsunterricht ausdrücklich verboten war, suchte man Kontakt und Einfluß zu gewinnen; die Araberschule diente vor allem den

---

[31] Schmidlin, J., Die katholischen Missionen in den deutschen Schutzgebieten, a.a.O., S. 38
[32] ebenda, S. 40
[33] ebenda
[34] ebenda, S. 42
[35] ebenda, S. 44

Missionaren zum Erlernen des Kisuaheli; missionarisch bedeutsam wurde nur die Internatsschule für ehemalige Sklavenkinder."[36]

Diese Ausdifferenzierung zeigt deutlich das strategische Vorgehen der Mission zur Erschließung des Landes entlang europäischer Interessen und damit die Dienstleistung der kolonialen Pädagogik und ihrer Träger an der kolonialen Politik.

Eine systematische Darstellung des Schul- und Erziehungswesens findet sich für die Zeit vor dem 1. Weltkrieg bei Schlunk, der eine Erhebung über den Stand des Eingeborenenschulwesens in den deutschen Kolonien für den Stichtag 1. Juni 1911 im Auftrag des Hamburgischen Kolonialinstituts ausgewertet hat.[37] Unter Berücksichtigung der „nationalen, politischen und wirtschaftlichen Belange des Deutschen Reiches" werden die Grundsätze und die Grundzüge einer spezifisch deutschen Kolonialpädagogik entwickelt. Die Schulen in den kolonisierten Gebieten sollen zu „Pflegestätten wahrer Kultur und echter Charaktererziehung" werden, sie sollen Gegengewichte schaffen gegen die zersetzenden Kräfte der vordringenden Zivilisation und die Eingeborenen dazu erziehen, mit Bewußtsein das Wertvolle der neuen Zivilisation innerlich aufzunehmen. Erziehung, nicht Unterricht müsse den Schwerpunkt der kolonialen Schularbeit bilden.[38]

Den Inhalt dieser Erziehung faßt Schlunk damit ebenso konsequent wie der katholische Generalsuperior Weber beim Dritten Kolonialkongreß von 1910, der an den Anfang seines Referats über Ziele und Wege der Eingeborenenerziehung den fundamentalen Satz stellt: „Man erziehe den Neger zur Arbeit".[39] Für den Kolonialherrn liegen die Vorteile auf der Hand: Heranbildung eingeborener Unterbeamter für die Regierungsstellen, den Post-, Eisenbahn-, Zoll- und Schuldienst und damit eine wesentliche Erleichterung der Verwaltung und eine Steigerung der wirtschaftlichen Erzeugung. Für die Eingeborenen stellt wiederum Schlunk fest, daß der traditionelle europäische Schulunterricht, wesentlich auf buchmäßiges Lernen und auf intellektuelle Bildung eingestellt, für die Eingeborenen ungeeignet sei. Den Problemen eines „farbigen Bildungsproletariats" könne allein durch eine konsequent durchgeführte Arbeitserziehung begegnet werden.[40] Diese Probleme würden völlig vermieden, „je stärker sich in der Schularbeit der Grundsatz durchsetzt, daß die

---

[36] Hertlein. S., Wege christlicher Verkündigung, Bd. 1, a.a.O., S. 136
[37] Schlunk, M., Das Schulwesen in den deutschen Schutzgebieten, Hamburg 1914 und: ders., Die Schulen für Eingeborene in den deutschen Schutzgebieten, Hamburg 1914
[38] Schlunk, M., Die Schulen für Eingeborene in den deutschen Schutzgebieten, a.a.O., S. 21
[39] Aus den Verhandlungen des Deutschen Kolonialkongresses von 1910, zitiert nach Becker, H. Th., Die Kolonialpädagogik der großen Mächte, Berlin 1939, S. 232
[40] Schlunk, M., Die Schulen für Eingeborene in den deutschen Schutzgebieten, a.a.O., S. 95ff

Schule in den Kolonien nicht um des kolonisierenden Volkes, sondern um der Eingeborenen willen da ist und selbstlos deren sittliche Förderung als letztes Ziel im Auge habe", denn statt die Eingeborenen zu europäisieren, müsse man sie „erziehen zu einer ihnen genuinen, ihrem Lande, ihrem Volkstum angepaßten und doch in den Rahmen der Weltkultur einbezogenen Eigenkultur".[41] Diese Linie läßt sich bis hin zur Ausbildung der einheimischen Lehrerkandidaten ausziehen: „Energisch ist dem Hochmut entgegenzuarbeiten, daß jeder Schüler sich Mwalimu nennt und dann die Arbeit aus Stolz flieht. Daher ist ernstlich anzustreben, daß man überall eine Schulshamba anlege, und daß auch auf der Station die Internatskinder fleißig zu Zucht und Arbeit angehalten werden", heißt es in einem Visitationsbericht von 1910.[42]

Eine übersichtliche Darstellung der Bildungsabsichten und der Schulpolitik der drei katholischen Missionen – Missionare vom Heiligen Geist (Spiritaner), Weiße Väter, Missionsbenediktiner – in Deutsch-Ostafrika findet sich auch bei Schäppi.[43] Demnach bildete bei den Spiritanern die Schule das Hauptwerk der Gesellschaft, die in allen Veröffentlichungen des Ordens entsprechend als hauptsächliches Element zur Einflußnahme auf die Kinder herausgestellt wurde. Durch landwirtschaftliche Schulung von losgekauften Sklavenkindern in den Plantagen und Gartenanlagen der Stationen sollte eine wirtschaftliche und kulturelle „Hebung der Massen" erfolgen. Die freigekauften Kinder – andere waren zunächst nicht zu erhalten – wurden im heiratsfähigen Alter in von der Mission gestiftete Ehen zusammengeführt und in christlichen Dörfern und Siedlungen angesiedelt. Diese Zöglinge sicherten den Stationen ganz offensichtlich ein erhebliches ökonomisches Potential.

Die Weißen Väter wandten sich einer Erziehung von Klassen zu, da sie zunächst eine höhere Bildung an ihren Schulen nicht anstrebten, später sich jedoch der Elitenbildung zuwandten. Die entsprechenden höheren Schulen bildeten neben einigen Verwaltungsangestellten überwiegend afrikanische Priester heran, die künftige Träger der Missionierung des Ordens sein sollten, was offensichtlich trotz einiger Probleme gut gelang. Schäppi resümiert: „Mehr als der wissenschaftlichen Durchdringung verdanken sie (die Weißen Väter, d. Verf.) diese Erfolge der sittlichen Erziehung, die manche bewundernswerte *Tugendfortschritte* unter den Seminaristen zeitigte. Allerdings mußte man anfänglich bei den Seminaristen noch das eine oder andere vermissen, vor allem das Arbeiten, Beten und Tugendstreben aus eigenem Antrieb, auch ein gewisses Zartgefühl im Umgang mit dem Nächsten, Selbständigkeit und Selbstlosig-

---

[41] ebenda, S. 75
[42] Kanonische Visitation Namupa, 2.-23.6.1910, zit. nach: Hertlein, S., Wege christlicher Verkündigung, Bd. 1, a.a.O., S. 155
[43] Schäppi, F.S., Die katholische Missionsschule im ehemaligen Deutsch-Ostafrika (Diss.) Oberginingen 1935

keit, ehrfürchtiges Benehmen gegen die Vorgesetzten und Dankbarkeit für empfangene Wohltaten."[44]

Die Benediktiner von St. Ottilien vertraten von Anfang an ein elitäres Schulkonzept und befanden sich damit in scharfer Konkurrenz zur protestantischen Mission und zur Regierungsschule. So stellt z. B. Bischof Spreiter in einem Rundschreiben fest: „Noch bestehen und existieren Missions- und Regierungsschule ziemlich friedlich nebeneinander. Die Tatsache, daß, wer die Schule besitzt, die Zukunft besitzt, wird auch bei uns zum Kampfe führen. In wenigen Jahren schon, und vielleicht viel zu früh für uns, wird ein Schulkampf entbrennen."[45] Zunächst verzichteten auch die Missionsbenediktiner auf die Ausbildung von Kolonialbeamten. Nachdem aber die Regierungsschulen fast ausschließlich islamische Schüler unterrichteten, wandten sich die Benediktiner auch dieser Ausbildung zu und errichteten Internatsschulen und christliche Siedlungen nach benediktinischem Vorbild mit dem Ziel, christliche Beamte heranzubilden.

In der Praxis sah die Erziehung der einheimischen Jugend so aus, daß z. B. Kinder in den Internaten der Missionare vom Heiligen Geist eine einfache Volksschule besuchten. Der Schulunterricht sollte „den Geist anregen und das nötige religiöse Wissen vermitteln sowie den Sinn und die Liebe zur Arbeit wecken."[46] In mancher Missionsschule galt die Regel, daß vormittags unterrichtet wurde, nachmittags die Jungen mit körperlicher Arbeit beschäftigt und die Mädchen von den Missionsschwestern in verschiedenen Hausarbeiten angeleitet wurden. „Jedenfalls müßte ein Schulunterricht ohne damit verbundener Erziehung zur Arbeit als direkt gefährlich bezeichnet werden."[47] Eine „Tagesordnung", für die Spiritaner z. B., findet sich auch bei Engel, deren strenge Befolgung wird hervorgehoben: „5 Uhr Aufstehen, 5.30 Arbeit (unter Gesang), 9 Uhr Frühstück, dann bis Mittag Arbeit oder an heißen Tagen Unterricht, 12.15 Uhr gemeinsamer Rosenkranz, anschließend Mittagessen, Erholung, Katechese, Gesang, danach Arbeit bis zum Abendessen, Erholung und Abendgebet."[48] Die Missionsblätter der Benediktiner von St. Ottilien von 1899 zitieren einen Pater folgendermaßen: „Diesem Naturzustande und den noch unterentwickelten Geisteskräften entsprechend halte ich es für angemessen, meine jungen Lieblinge nicht gleich mit allen möglichen Fächern zu überfallen und sie mißmutig zu machen, sondern mit einem Lehrgegenstand anzufangen und

[44] ebenda, S. 63
[45] Bischof Spreiter in einem Rundschreiben vom 12.11.1906, Archiv St. Ottilien, zit. nach Schäppi, F.S., a.a.O., S. 70
[46] Hertlein, S., Wege christlicher Verkündigung, Bd. 1., a.a.O., S. 137
[47] Berg, L., Die katholische Heidenmission als Kulturträger, Aachen 1927, S. 293
[48] Engel, A., a.a.O., S. 132

allmählich den Lehrplan zu erweitern. . . . Weiter bin ich in meiner Praxis noch nicht gekommen als bis zur Religion und Lesen."[49]

Eine interessante Schilderung eines Schultages findet sich bei Blank, der einen Tag in der Schule von Tanga beschreibt.[50]

„Man mußte schon Frühaufsteher sein, wenn man den Schulanfang in Tanga mitmachen wollte; galt es doch, die kühlen Morgenstunden auszunutzen, besonders für die Werkbetriebe. Schon um 6 Uhr sehen wir in der *Druckerei* die Schriftsetzer vor ihren Setzregalen an der Arbeit: nahezu fünfzig schwarze Jungen und Jünglinge schaffen als emsige Jünger der ‚schwarzen‘ Kunst an Buch-, Formular- und Zeitungssatz – will doch die Schuldruckerei jedem Bedarf in der Kolonie gerecht werden."[51] Gedruckt werden die in Deutsch erscheinende „Usambara-Post" mit der Unterhaltungsbeilage „Der Ansiedler-Freund", die Fachzeitschrift „Der Pflanzer", das für die Einheimischen bestimmte Monatsblatt „Kiongosi" (Der Führer), das Spezialblatt „Schulfragen – Blätter zur Förderung des ostafrikanischen Schulwesens" sowie verschiedene „Volksbücher" in Kisuaheli und Formulare für privaten und dienstlichen Gebrauch. „Alles vollzieht sich in fast geräuschlosem, sorgsamem Hantieren mit dem leicht verletzlichen Material der Lettern und Formen, die der Faktor Sikiri und seine geübten Gehilfen Toba und Akida mit prüfendem Blick betreuen und zusammenschließen.[52] Ebensolche Gründlichkeit weiß der Autor auch aus der Schultischlerei zu berichten: „. . .über den indischen, später syrischen Werkmeister war man nun zu dem in allen Sätteln gerechten deutschen Tischlermeister als gewandter Lehrkraft gekommen, der biedere Handwerkerart und Sorgfalt auch in seine schwarzen Pflegebefohlenen zu verpflanzen wußte und sie zu schaffensfreudigen, auf ihre Arbeit bescheiden-stolzen Menschenkindern erzog."[53] Und so kann denn Blank feststellen: „Mit der Freude am Schaffen, der Liebe zum eigenen Werk wächst auch bei dem Eingeborenen die Lust zur Arbeit, und damit ein gesundes Bedürfnis nach höherer äußerer Kultur, das er sich nun selbst befriedigen kann, z. B. durch Anfertigung eines eigenen Hausrats."[54] Der geschilderte theoretische Schulbetrieb, den die Schüler nach der Arbeit in den Werkstätten zu besuchen hatten, wurde in den vier unteren Klassen von einheimischen Lehrern betrieben, während in den Oberstufen fast ausschließlich deutsche Lehrer arbeiteten. „Mit dem Alter von 13 bis 14 Jahren hat die Erziehung in der eigentlichen Schule ihr Ende

---

[49] Missionsblätter, St. Ottilien 1899, S. 21
[50] Vgl. hierzu Blank, P., Ein Tag in der Schule von Tanga, in: Zache, H. (Hrsg.), Das deutsche Kolonialbuch, a.a.O., S. 377–384
[51] ebenda, S. 377
[52] ebenda
[53] ebenda, S. 378
[54] ebenda

erreicht. Zeigt ein Schüler besondere Fähigkeiten, so wird er in die Oberschule übernommen, wo die Schularbeit ihre Fortsetzung findet. Der weitere Lehrgang bringt dem Zögling je nach Anlage und Befähigung die Ausbildung als Schullehrer, Handels- oder Bürogehilfe, oder er wird in den Werkstätten . . . im praktischen Handwerk unterwiesen. Die so ausgebildeten jungen Leute werden als geschickte Arbeiter sehr geschätzt."[55] Als weitere Berufe werden benannt: Laden- und Handelsgehilfen in Geschäftshäusern und Plantagen, Post- und Telegraphengehilfen in den Gouvernementsbüros, Begleitungs- und Zugpersonal bei den Eisenbahnen, Stationsvorsteher, Stadt- und Steuerschreiber, Zoll- und Hospitalgehilfen, Dolmetscher, Lektoren („für Berlin") usw. Begleitet wird der theoretische Unterricht durch die umfassende Heranziehung der Schüler zu allen anfallenden Arbeiten: „Daß Schulerziehung und -arbeit sich nicht in Gegensatz zur körperlichen Betätigung stellt, wird den Schülern dadurch klar, daß sie zu allen irgendwie von ihnen selbst zu bewältigenden Arbeiten herangezogen werden. Zu tun gibt's immer. Schon die mannigfache Bautätigkeit fordert viele Hände für das Heranschaffen von Steinen, Kalk und anderen Baumaterialien, sowie für die Handlangerarbeiten. Da sind ferner Kisten vom Zoll zu holen, Waggonladungen Holz zu überführen, . . . Räume und Grundstücke rein zu halten, Dächer zu decken, fertiggestellte Sachen zur Eisenbahn und zum Dampfer zu bringen usw."[56] Folgt man dem Schultag in der Schule von Tanga weiter, so beginnt nach der Mittagsruhe wieder die Arbeit in den Werkstätten. Parallel hierzu werden die Hilfslehrkräfte in praktischer Schulpädagogik unterwiesen. Zum Tagesschluß schließlich übt die Schülerkapelle im aus Spenden erbauten „Musiktempel", bei der es sich um eine „stark besetzte Infanterie-Musik" handelt, der allerdings auch Verdi und Wagner geläufig sind: „Die deutsche Musik eroberte sich die Gemüter der Eingebornen im Fluge, und die oft gespielten Melodien klangen einem im Singen und Pfeifen auf Weg und Steg allerorten entgegen."[57]

Der Begriff der „angepaßten Erziehung", wie er von Schlunk dargestellt wurde, ist im Kontext der kolonialen Pädagogik natürlich nicht so zu verstehen, als hätten sich ihre Theoretiker darum bemüht, eine Anpassung der Schule an die afrikanische Lebenssituation herbeizuführen. Vielmehr sollte sich herausstellen, daß die Afrikaner diejenige Erziehung „angepaßt" bekamen, die ihnen, dem Willen der Kolonisierer nach, als Arbeitskräftepotential zustand. Dies ist auch gegenüber der Ansicht Hertleins, „Ziel dieser Arbeit waren von Anfang an und ganz bewußt Bekehrung und Taufe'[58] festzuhalten.

---

[55] ebenda, S. 379
[56] ebenda, S. 380
[57] ebenda, S. 383
[58] Hertlein, S., Wege christlicher Verkündigung, Bd. 1, a.a.O., S. 86

Damit ist die Prämisse, unter der die Missionare antraten, als äußerst problematisch zu kritisieren: ungefragt und ungebeten wirkten sie in Ländern, um aus einem Sendungsbewußtsein heraus tätig zu werden, das sich aus einer persönlich naiven, in der praktischen Auswirkung jedoch verheerenden Überzeugung der Überlegenheit ihrer Kultur und Religion speiste. Nicht der wohlmeinende Einsatz einzelner Missionare oder auch Missionsgesellschaften soll hiermit kritisiert sein, sondern die zeit- und gesellschaftsbedingte mangelnde Distanz der Handelnden und ihrer Organisationen, eben den Missionsgesellschaften, zum kolonialen Staat. Missionare und Missionsgesellschaften haben weder ihr Sendungsbewußtsein und dessen Ursprünge noch die Kolonialpolitik als solche ernsthaft hinterfragt. Denn: Welche innerkirchliche Aufarbeitung – z. B. der „Erfahrungen" aus kirchlicher und kolonialer Wirklichkeit in den Amerikas – hat es zur Zeit der Kolonisierung Afrikas gegeben? Ist schließlich eine Aussage der Kirchen bekannt, daß Kolonisierung und die Errichtung von Kolonialstaaten unrechtmäßig sei?

Der bei Schlunk erstmals auftauchende Begriff der „angepaßten Erziehung" ist kennzeichnend für die in den Kolonien betriebene Massenbildung als einer „Erziehung des Negers zur Arbeit". Sie sollte so praxisorientiert wie möglich stattfinden. Der theoretische Unterricht schrumpfte in diesem Zusammenhang weitgehend auf eine religiös-moralische Unterweisung zusammen,[59] gleichzeitig wurde dieser theoretische Unterricht so angelegt, daß ein Wechsel auf eine weiterführende Schule fast unmöglich gemacht wurde. So sah z. B. das Konzept der Schulbildung der Missionare vom Hl. Geist grundsätzlich nur für eine kleine Elite eine Weiterführung zu höheren Studien vor, während das Gros der Neugetauften in den genannten christlichen Dörfern angesiedelt und so zum „Fundament" für eine einheimische Christengemeinde werden sollte.[60]

Welchen Stellenwert schließlich der Eingeborene im zitierten „Rahmen der Weltkultur" haben sollte, war damit klar: er sollte Arbeitskraft sein für Landwirtschaft und Handwerk im Dienste der Kolonialherren. Diese Linie wurde in den späteren Entwürfen zur kolonialen Pädagogik konsequent weiterentwickelt. Der „Eingeborene" sollte nicht Europäer werden, sondern die ihm zugewiesene Rolle im arbeitsteiligen Produktionsprozeß übernehmen.[61] „Die Klugheit des in seinen eigenen Lebensgewohnheiten anspruchslosen Missionars wird hierbei ein zu großes Entlehnen europäischer Eigenart verhüten;

---

[59] Hertlein zur Situation in Bagamayo 1868: „...kam zu harter Schul- und Handarbeit täglich eine volle Stunde Katechismus durch den Stationspater." ebenda, S. 87
[60] ebenda, S. 137
[61] Feyer, U., Keller, E., Sölken, H., Westermann, D., Völker und Kulturen, Sprachen und Eingeborenenerziehung, in: Afrika, Band XIII/1, von Obst, E. (Hrsg.), Afrika. Handbuch der praktischen Kolonialwissenschaften, Berlin 1943, S. 136

denn der anwidernde Typ des ‚Hosennegers‘ in engem Beinkleid, heller Weste, Gesellschaftsrock, Vorhemd, hohem Stehkragen und weißen Manchetten darf in Tropengegenden nicht bodenständig werden.“[62]

Die Polemik über den „Hosenneger“ kommt natürlich nicht von ungefähr, sie speist sich aus der Frage nach der „Kultivierung“ der afrikanischen Menschen und hat einen ökonomischen Hintergrund. Die Frage, ob man den „Eingeborenen“ zu einem höheren Kulturniveau verhelfen sollte oder nicht, war durchaus strittig, erwartete man doch von gebildeten Afrikanern vor allem wirtschaftliche und politische Nachteile für die Kolonisatoren. Diese Furcht ging einher mit der Einschätzung, daß die Manipulierbarkeit der Einheimischen nicht (mehr) in dem gewünschten Maße gegeben sein könnte. Unterfüttert wurde diese Ablehnung einer kulturellen „Förderung“ mit dem rassistischen Theorem der Inferiorität der schwarzen Rasse.

Der Nachdruck des Unterrichts sollte also auf den, wie es genannt wurde, „Lebensberuf des Schülers‘[63] gerichtet werden, er mußte ausgebildet werden, das was er „immer getan hat, besser als bisher zu tun“.[64] Der praktische Unterricht sollte deshalb Werkunterricht, Hygiene, Gesundheitsvorsorge, Haushaltsführung, Viehhaltung, Feldwirtschaft, Lebensmittelvorsorge und Gewerbeausbildung umfassen. Gleichzeitig war dieser Unterricht verwoben mit der Vermittlung von Wertvorstellungen und Verhaltensweisen, die den Zielsetzungen deutscher konfessioneller Volksschulen des 19. Jahrhunderts entsprach: Werte, wie Gehorsam und Pünktlichkeit, Fleiß und Ausdauer, Leistungswille und Nächstenliebe gehörten zu diesem Programm. Die „Stärke“ dieses Programms muß darin gesehen werden, daß es in der praktischen Ausbildung über die Person des Lehrer-Missionars vermittelt und im Religionsunterricht über die Person des Priester-Missionars ideologisch abgesichert wurde.

Die spezifische „Erziehung“ von Mädchen und Frauen im kolonialen System, vor allem auch die intensive Mitwirkung der Frauen der „Kolonialherren“ daran, schildert Mamozai in ihrer Arbeit. Die einheimischen Mädchen sollten zu „richtigen“ Frauen, Hausfrauen im europäischen Sinne, jedoch nicht mit denselben auf gleicher Stufe stehend, erzogen werden.[65] Mamozai schildert in zahlreichen Beispielen ausführlich die „Erziehung“ der Frauen zu „christlichen Hausfrauen“ aus den Berichten der Missionare. Wichtig sei es dabei vor allem gewesen, „ihre Nacktheit zu bekämpfen“, weswegen es erste Sorge der

---

[62] Berg, L., a.a.O., S. 299f
[63] Feyer, U., u.a., a.a.O., S. 136
[64] ebenda
[65] Mamozai, M., Schwarze Frau, weiße Herrin, Reinbek 1989

Mission gewesen sei, die Mädchen, die zur Mission kamen, zu kleiden „und wenigstens den Versuch zu machen, Schamgefühl in ihnen zu wecken."[66] Daneben lernten die Mädchen „Reinlichkeit", Umgang mit einem europäischen Haushalt und europäische Hausarbeitstätigkeiten.

Das von Schmidlin formulierte „Gewinnen der Jugend" schlägt sich damit in einer konsequenten Erziehung der jungen einheimischen Bevölkerung zur systematischen Arbeit nieder, wobei das Vorgehen der Mission ebenso strategisch geschickt und in Symbiose zum kolonialen System und Interesse stehend bezeichnet werden muß, wie diese Kennzeichnung bereits bei der Erschließung des Landes weiter oben erfolgte.

Ora et labora in Afrika

Die Missionsbenediktiner kamen mit ihrem Programm „Ora et Labora" nach Ostafrika. Auch ihr Stifter beauftragte sie, wie die mittelalterlichen Mönche in Europa, als monastische Gemeinschaft zum Einsatz zu kommen und von einem Zentralkloster aus „durch feierliche Liturgie und harte Arbeit die Bevölkerung der Umgebung zu Christus zu führen."[67] Im benediktinischen Mönchstum wird der Versuch gemacht, das christlich Existential der Bruderschaft zum Fundament einer bestimmten gesellschaftlichen Lebensform zu machen. Diese besteht in dem Verzicht auf das Privateigentum und der Nutznießung am klösterlichen Gesamteigentum durch die Priestermönche und die Brüder.

Als anschauliche Schilderung des Beginns des benediktinischen Wirkens sei Hertlein zitiert, der den Beginn der Missionstätigkeit aus zeitgenössischen Quellen rekonstruiert: „Nachdem die Karawane ihre Lasten abgelegt hatte, befestigte man im Geäst eines Baumes ein kleines Chorglöcklein. Auf ein Zeichen hin stellte man sich in zwei Chorreihen gegenüber auf und begann mit einem feierlichen ‚Deus in adjutorium' die lateinische Vesper. Dann erst rodete man den Busch und errichtete die ersten provisorischen Unterkünfte für die Nacht. Vom ersten Tag an befolgte man eine strenge klösterliche Tagesordnung. Im steten Wechsel von Chorgebet und Arbeit entstanden bald Kapelle, Schwestern-, Brüder- und Waisenhaus. Garten und ausgedehnte Felder schlossen sich an. Da in dieser ersten Missionsgruppe nur ein einziger Priester war, trat die Wortverkündigung zunächst zurück. Der Pater unterrichtete die aus der Sklaverei losgekauften Kinder und unterhielt sich gelegentlich mit den auf der Mission angestellten Arbeitern. Um so stärker wirkte das Beispiel der

---

[66] ebenda, S. 95
[67] Hertlein, S., Wege christlicher Verkündigung, Bd. 1, a.a.O., S. 100f

Mönche. Die Leute der Umgebung zeigten sich mehr und mehr interessiert am Leben der seltsamen Weißen, und der feierliche Gottesdienst erfüllte sie mit einer heiligen Scheu."[68]

Auch wenn diese ersten Missionierungsversuche nur wenig „Ertrag" an Getauften erbrachten, so wirkten die Missionsstationen in diesem Stadium doch als Strahlungszentren für eine spätere intensive Missionierung. Als erstes Missionsmittel ist dabei bereits der Bau der Station selbst anzusehen. Hertlein zitiert aus der Hauschronik von Daressalaam von 1907: „Bei Gründung einer Mission im Innern des Landes sucht die Mission mit der Bevölkerung zuerst dadurch in Berührung zu treten, daß sie den Leuten gegen Bezahlung Arbeit gibt. Solche ist in Menge vorhanden durch Rodung und Freimachung eines geeigneten Platzes und durch Fertigstellung der notwendigen Gebäude. Gelegentlich dieser Arbeiten werden die Eingeborenen mit der Intention der Missionare bekannt gemacht. Regelmäßiger Unterricht wird anfangs nicht gegeben – schon die Schwierigkeiten der Sprache, die bei den Stämmen im Inneren von dem Swahili ganz verschieden sind, läßt das nicht zu – aber ein gutes Beispiel geben die Missionare, indem sie selbst täglich beten und ihren Gottesdienst würdig halten." Und: „Arbeit und Gebet wurden ergänzt durch die Ausgabe von Medizin und freundliches Gespräch mit den Bewohnern, vor allem mit den Großen des Landes."[69]

Diese erste Kontaktaufnahme und der Bau der Station beinhalteten bereits eine exakt kalkulierte „Kulturleistung" im Sinne der angestrebten Umorientierung der afrikanischen Gesellschaften: „. . .wenn schließlich das Haus unter Dach gebracht und das unvermeidliche Lehrgeld gezahlt ist, wenn die unentbehrliche Veranda das schlichte Gebäude umzieht, die etwa notwendigen Zufahrtswege hergerichtet sind und ein kleiner Garten mit den Pflanzen der Heimat angelegt ist, dann ist etwas vollbracht worden, was für die Bevölkerung im weiten Kreise als ein Ereignis wirkt, eine Kulturleistung von weittragender Bedeutung. Und mag auch ein solches Haus, dem bald eine kleine Kirche, vielleicht mit einem bescheidenen Turm und jedenfalls mit einer weithin klingenden Glocke zur Seite tritt, im Bilde recht schlicht und einfach, sogar ärmlich erscheinen, es ist eine Heimstätte deutschen Fleißes, deutscher Häuslichkeit und deutscher Gesittung, es bedeutet einen Sieg der vorwärtsstrebenden christlichen Kultur über niedere Lebensformen, ist durch seine bloße Existenz ein Wahrzeichen christlichen Glaubens."[70]

---

[68] Mbl 1 (1889) S. 421–429, zitiert nach Hertlein, Wege christlicher Verkündigung, Bd. 1, a.a.O., S. 101
[69] zitiert nach der Hauschronik von Daressalaam vom 5.8.1907, vgl. ebenda, S. 102
[70] Mirbt, C., a.a.O., S. 81f

Diese Tätigkeit bereitete offensichtlich den Boden für die eigentliche Verkündigungsarbeit der Missionare, gleichzeitig bildete sie schon den ersten Ansatz für die Erziehung zur Arbeit: „Dann mußten die Balken und Bretter auf den Rücken und Köpfen der Schwarzen auf den Minlabahügel getragen werden, weil es für jedes andere Beförderungsmittel an den nötigen Wegen fehlte. In der Ziegelei fand bald eine große Anzahl unserer Schüler lohnende Beschäftigung. Sie holten Brennholz, traten Lehm, stellten die Steine zum Trocknen auf und trugen das fertige Material auf den Bauplatz. So verdienten sie sich ihre Schulgeräte, ihre Kleidung und die von weither Gekommenen auch die tägliche Nahrung. Es war die beste Arbeitsschule."[71]

Das traditionelle Gesellschafts- und Herrschaftssystem Afrikas und dessen Legitimierung über entsprechende Religionen und deren Rituale wurde von den Missionaren und den Missionsgesellschaften als kulturell tiefstehend empfunden. Dem entsprechend wird das Ideal der europäischen Mönchsorden als Hilfe zur „Hebung der einheimischen Kultur" gepriesen: so z. B. durch Abt Norbert Weber, Generaloberer der Missionsbenediktiner, der die benediktinische Ordensregel als „wie geschaffen für die Missionstätigkeit unter den Heiden, und zwar nicht zuletzt unter jenen Heidenvölkern, die kulturell am tiefsten stehen", darstellt.[72] Abt Weber sah die Verwurzelung des Christentums – und damit die Einrichtung eines europäischen Denkens und Handelns – als Aufgabe christlicher Sozialarbeit und als Voraussetzung glaubhafter Verkündigung. Seine Direktiven an die Kongregation sind deshalb ein politisches und ökonomisches Programm: Für Afrika sei ein intensives Bemühen um Landwirtschaft, Viehzucht und Gartenbau notwendig, um eine gesunde „Ökonomie" im benediktinischen Verständnis des Wortes zu ermöglichen.Weber schreibt: „Wer in dieser Hinsicht umgestaltend eingreift, der greift mächtig in die Seele des Volkes ein, nicht störend oder schmerzlich empfunden, sondern, wenn auch nicht gleich am Anfange, so doch recht bald freudig begrüßt als Retter aus Not und Elend. Ein inniger Kontakt ist alsdann hergestellt; alle haben ihr eigenes Interesse daran, sich der Mission zu nähern; auf alle dehnt sich der Einfluß der Mission aus. Feldbau und Viehwirtschaft und Gartenbau, das ist das Gebiet, auf welchem die Missionare in kürzester Zeit mit allen Leuten in Fühlung kommen ..."[73] Und er folgert: Ohne gesunden sozialen Wohlstand gebe es auf die Dauer auch keine blühende christliche Kirche.

Den Ordensbrüdern war dabei eine besondere Rolle der Vermittlung zwischen missionarischer Absicht und traditioneller lokaler Kultur zugewie-

---

[71] Msgr. Fr. Hennemann, Werden und Wirken eines Afrikamissionars, Limburg 1922, zitiert nach Berg, L., a.a.O., S. 296
[72] zitiert nach Hertlein, S., Wege christlicher Verkündigung, Bd. 1, a.a.O., S. 104
[73] ebenda

sen: sie seien es schließlich, „die den Weg zu den Herzen ebnen, indem sie die materielle Grundlage schaffen und festigen für die Missionsstation und dann auch die Leute durch Förderung der zeitlichen Interessen an die Mission ketten; sie sind es, die mit der schweiß- und mühereichen Bestellung der Felder auch die Äcker der Herzen vorbereiten für die Annahme des Samens des göttlichen Wortes."[74] Folgerichtig fordert Weber eine beträchtliche Vermehrung des Missionspersonals, vor allem der Missionsbrüder, den Erwerb großen und fruchtbaren Grundbesitzes für alle benediktinischen Stationen und schließlich die willige Mitarbeit der Missionare. Um die Wirksamkeit der Missionsstationen der einheimischen Bevölkerung entsprechend zu vermitteln, sollte allen Angestellten und Arbeitern ein eigenes Stück Land inklusive Saatgut zur Verfügung gestellt werden. Noch mehr favorisierte Weber allerdings die Anlage „einer Art Kommunalschamba, die von den Christen in freier Weise und ohne jeden Zwang bestellt würde und deren Erträgnisse aufgespeichert werden für die Zeit der Hungersnot oder Mißernte."[75] Das Schambensystem selbst war allerdings nicht so uneigennützig für die Kolonisatoren, wie es dieses Zitat glauben machen möchte. Es verband vielmehr Arbeitszwang mit Anbauzwang zur Gestellung von Produkten, die von den Europäern gewünscht waren. In jedem Dorf, z. B. im Bezirk Daressalam, sollte ein Feld eingerichtet werden, auf dem alle männlichen Bewohner, die nicht bei einem Europäer im Dienst standen, 24 Tage im Jahr zu arbeiten hatten. Die Dorfältesten, die das System durchzusetzen hatten, sollten ein Drittel des Gewinnes erhalten, ein weiteres Drittel sollte an die Arbeiter gehen, das restliche Drittel ging an die Kolonialbehörde.[76]

Diese Überlegungen und andere auf genossenschaftliche Prinzipien abstellende Organisationsschemata der Missionare zeigen, daß es ihnen um eine aus ihrem europäischem Weltbild heraus getragene Veränderung der Lebenssituation der Afrikaner gegangen ist. Vor allem der ständige Bezug auf die mönchische Mission zur Kultivierung Europas im frühen Mittelalter verweist darauf, daß die Missionare, konfrontiert mit einer nach ihren Bestimmungsgrößen als Steinzeitgesellschaft zu bezeichnenden Sozietät, mit einer gläubigen Euphorie an das von ihren Gesellschaften umrissene Werk gegangen sind.[77] „Motiv für diese praktische Entwicklungsarbeit war neben der Notwendigkeit der Selbsterhaltung die tiefe Überzeugung der Missionare, daß schwere körperliche Arbeit gottgewollt sei und unabdingbare Voraussetzung für ein christli-

---

[74] ebenda, S. 105
[75] ebenda
[76] Vgl. hierzu: Mamozai, M., Schwarze Frau, weiße Herrin, a.a.O., S. 46
[77] Hertlein: „Angesichts der moralischen Ordnung der Verhältnisse in Afrika sollte nach dem Vorbild der Urkirche die alte Ordnung der Kirche in Bezug auf die Vorbereitung zur Taufe wiederhergestellt und rigoros befolgt werden." Hertlein, S., Wege christlicher Verkündigung, Bd. 1, a.a.O., S. 166

ches Leben", stellt auch Hertlein fest[78] und zitiert im weiteren Pater Horner aus Bagamoyo: „Ich bin überzeugt, daß der Erfolg der afrikanischen Missionen von der Liebe und Wertschätzung der Arbeit abhängt: Die Arbeit entwickelt den Verstand, kräftigt den Willen, befähigt, Rückschläge zu ertragen, lehrt das wahre Glück schätzen und vermehrt die Quellen materiellen Wohlstandes."[79] Engel zitiert einen Bischof Carrie: „Durch die Arbeit machen wir diese armen Wilden zuerst zu Menschen, dann erst zu Christen."[80] Schäppi lobt ausdrücklich den Ansatz der benediktinischen Schulpolitik in ihrer Verbindung von Bildung und Arbeitserziehung: „Ein weiterer Vorzug der Benediktinermissionsschule der deutschen Zeit ist sodann die harmonische Synthese von intellektueller Schulung und Erziehung zu körperlicher Arbeit."[81]

Der Rückgriff auf die mönchische Tradition Europas lag nahe. Berg schreibt: „Im großen ganzen hat sich die alte Mönchstradition bei der Kultivierung Europas auch bei den Naturvölkern bewährt: *Beispiel, Belehrung, Gewöhnung* und *Belohnung* in der verschiedenartigsten Anwendung führen bei engelgleicher Geduld meist zum Ziel. Das *Vorurteil* gegen den Wert der Arbeit muß innerlich überwunden werden. Wesentlich sind das gute Beispiel des Missionars und seine persönliche Arbeit, die den Eingeborenen anlocken."[82]

Mirbt bringt den Zusammenhang auf folgenden Begriff: „Daß das Christentum eine große volkserzieherische Kraft besitzt, erweist seine Geschichte. ... Indem dieses Christentum durch die Mission auf unsere Schutzgebiete übertragen wird, tritt demnach ein bewährter Erzieher in Aktion. Daher dienen alle Veranstaltungen im Interesse der Verbreitung des Christentums zugleich der *Erziehung der Eingeborenen*. Unter der Christianisierung eines Volkes, auf welche die Mission abzielt und hinarbeitet, wird nicht nur die Annahme und Anerkennung bestimmter Glaubenswahrheiten verstanden, sondern die Durchdringung des ganzen Lebens mit dem Geiste des Christentums. Es handelt sich um eine Erneuerung des Menschen von Grund aus, und um die Einpflanzung einer neuen Gesinnung, die sich dann in allen Richtungen und Beziehungen zu betätigen hat, und infolgedessen zur Abstellung aller der Gewohnheiten, Sitten und Gebräuche führen muß, die mit den Grundsätzen des Christentums in Widerspruch stehen."[83]

Das soziale Gefüge innerhalb dieser nach Afrika verlagerten mönchischen Tradition ist nach Berg vorgegeben, wenn es darum geht, sich in afrikani-

---

[78] ebenda, S. 106
[79] ebenda, zitiert nach einem Brief vom 8.5.1880
[80] Engel, A., a.a.O., S. 117
[81] Schäppi, F.S., a.a.O., S. 100
[82] Berg, L., a.a.O., S. 292
[83] Mirbt, C., a.a.O., S. 88

schen Ländereien zu engagieren und sich um die afrikanische Klientel zu bemühen: „Zu den ethischen und sozialen kommen auch starke *wirtschaftliche Motive*, die geradezu einen moralischen Zwang ausüben, einerseits zur wirtschaftlichen Betätigung, anderseits aber auch zur Heranziehung der Eingeborenen zur Arbeit. Es ist die Sorge für den *Fortbestand der Missionsstation* selbst. Die Zuschüsse aus dem Mutterhaus werden sich auf die Dauer verringern, die Verbindung mit der alten Heimat ist erschwert, die Bedürfnisse der neuen Christengemeinde werden größer, die Station wird vielfach Ausgangspunkt werden müssen für die Christianisierung neuer Gebiete. Das alles begründet nach dem Vorbild mittelalterlicher Mönchsmissionare wirtschaftliche Kulturarbeit, zu der aber kaum die eigenen Missionskräfte ausreichen. Der Eingeborene muß daher zur Mitarbeit gewonnen werden, und später noch wird er seine finanziellen Verpflichtungen für die aus der Missionsstation erhaltenen Gaben zweckmäßig durch wirtschaftliche Naturalleistungen ablösen. So ergibt sich die Pflicht der Erziehung zur Arbeit auch aus der Tatsache, daß wir überall auf die Hülfe der Eingeborenen angewiesen sind, nicht bloß in den tropischen Gebieten, sondern auch in den subtropischen, gleichviel, ob wir den Boden durch Plantagen oder durch Besiedelung oder durch Eingeborenenkulturen ausnützen. Aber hoch über diesem immerhin etwas egoistischen Verlangen steht der . . . kulturelle Wert, der in der Arbeit überhaupt steckt."[84]

Mitunter wird diese Heranziehung zur Arbeit ausführlich beschrieben, wie Berg belegt: „Als Missionsbischof Msgr. *Hennemann* die neue Station *Minlaba* mitten im afrikanischen Urwald gründete, ließ er alle Schüler, die näher an dieser neuen Station als an der Hauptstation wohnten, zu sich kommen. Diese 150 Schüler bekamen 1 $1/_2$ Monat Ferien und mußten, statt die Schule zu besuchen, jeden Tag arbeiten. ‚Nach Ablauf dieser Zeit hatten wir ein Wohnhaus, eine Küche, Kapelle mit Schule, Vorratshaus und zwei Lehrerwohnungen fertig gestellt, alles aus Buschmaterial gebaut. Ich muß sagen‘, schreibt der Missionsbischof, ‚daß die Jungen wirklich fleißig arbeiteten."[85] Und Engel merkt an: „Morogoro konnte sich 1892 rühmen, seinen Kaffee auf dem Tisch des damaligen deutschen Kaisers zu sehen; seine Pflanzungen wurden 1900 von 12 000 auf 32 000 Kaffeebäumchen erhöht, eine Arbeit, die von ungefähr 100 internen Kindern bewältigt wurde."[86] Diese Kinderarbeit zur Bedürfnisbefriedigung deutscher Kolonialherren bedeutete für diese benediktinische Missionsstation ein wirtschaftliches Aktivum und einen entsprechenden Wettbewerbsvorteil.

---

[84] Berg, L., a.a.O., S. 289f
[85] ebenda, S. 300
[86] Engel, A., a.a.O., S. 133

Die Sicherstellung des Bedarfs an Arbeitskraft über koloniale Pädagogik

In einem Punkt waren sich Kolonialpolitiker und Missionstheoretiker vor allem einig: Eine dauerhafte Ausbeutung oder – eleganter ausgedrückt – wirtschaftliche Entwicklung der Kolonien war nur zu erreichen, wenn eine systematische Sicherstellung der Arbeitskraft der afrikanischen Menschen in Gang gesetzt werden konnte.

Rohrbach beschreibt die Aufgaben der Kolonisierung: „Unsere Kolonisation in Afrika steht vor der Aufgabe, sich mit der untergeordneten Rasse, die wir im Besitz der vorhandenen wirtschaftlichen Produktionsmittel, des Grund und Bodens und der Arbeitskraft finden, in doppeltem Sinne auseinander zu setzen: derart, daß *erstens* die in den Eingeborenen steckende physische Leistungsfähigkeit mit dem größtmöglichen Nutzeffekt für die kolonisierende Nation zur Verwendung gelangt, und daß *zweitens* gleichzeitig eine möglichst weitgehende Entwicklung der den afrikanischen Stämmen innewohnenden allgemeinen Fertigkeiten nach der Richtung hin stattfindet, daß sowohl unsere nationalen Interessen als auch das Recht der Eingeborenen auf die Erreichung einer ihrer Stufe des Menschentums entsprechenden Daseinsform gewahrt bleiben."[87]

Mirbt konstatiert: „Daß die wirtschaftliche Entwicklung unserer Kolonien wesentlich dadurch bedingt ist, in welchem Umfang es gelingt, die Arbeitskraft der einheimischen Bevölkerung für wirtschaftliche Unternehmungen fruchtbar zu machen, ist allgemein anerkannt. Wer unser Kolonialwesen überhaupt nur vom wirtschaftlichen Standpunkt aus betrachtet, wird sogar geneigt sein, in der befriedigenden Lösung dieses Problems den wesentlichen Zweck aller Kolonialpolitik zu erblicken. . . . es steigt und fällt der Wert unseres gesamten Kolonialbesitzes, je nachdem durch die Eingeborenen die notwendige Arbeit geleistet wird oder nicht. Die Hauptschwierigkeit besteht nun darin, daß die Bevölkerung unserer afrikanischen Schutzgebiete größtenteils der Negerrasse angehört, und diese im allgemeinen die Arbeit nicht sucht sondern meidet."[88]

Engel schließlich bringt die Beweggründe für die wirtschaftliche Betätigung der Missionsgesellschaften unmißverständlich auf den Punkt: „Vor allem waren es stets zwei Punkte, die den Anstoß gaben, bei den tiefstehenden

---

[87] Rohrbach, P., a.a.O., S. 13f
[88] Mirbt, C., a.a.O., S. 101

Stämmen des dunklen Erteils die wirtschaftlich sozialen Momente so stark zu betonen: die sittlichen und moralischen *Erziehungswerte* und die materiellen und finanziellen Vorteile, die aus der sozialkulturellen und wirtschaftlichen Arbeit für Missionssubjekt und Missionsobjekt flossen. Gerade der große moralische Wert der körperlichen Arbeit bei einem Volke, das durch seine ganze Umgebung, durch Klima, Lebensweise und festgewurzelte Lebensgewohnheiten zum ,Dolcefarniente', zum Faulenzen im wahrsten Sinne des Wortes, erzogen und damit allen Unsitten und Lastern hemmungslos verfallen ist, wurde von den Spiritanern, denen hier die nur zu klare und eindeutige Erfahrung den Weg wies, von Anfang an erkannt und dann konsequent in allen Missionen in den Dienst der großen Sache gestellt. Die Arbeit verlangt von der Willenskraft des Primitiven Anstrengung und Selbstüberwindung und wirkt durch ihre Regelmäßigkeit erziehend und bildend."[89]

Feyer u. a.[90] stellen 1943 in ungebrochenem kolonialem Geiste im Hinblick auf unseren Untersuchungsgegenstand fest, daß koloniale Pädagogik den Bedarf an Arbeitskräften sicherzustellen habe. Dieser könne durch europäische Arbeiter nicht befriedigt werden, was auch für kaufmännische und gewerbliche Berufe, Regierungsdienste, und ähnliches gelte. De facto war die sogenannte Arbeiterfrage zum Zeitpunkt des Verlusts der deutschen Kolonien im Fortgange des I. Weltkrieges und des Versailler-Vertrages nicht gelöst. Auch die in „deutsche Positionen" einrückenden Kolonialmächte, wie England, Frankreich oder Belgien, hatten die gleichen „Probleme" der Anwendung einheimischer Arbeitskraft für ihre Interessen. Es ist deshalb nicht verwunderlich, daß auch die deutsche Diskussion zu dieser Frage in den vierziger Jahren, als der Ruf zur Wiedergewinnung der Kolonien immer stärker erklang, an die Thematik der Arbeitserziehung anknüpfte, die Anfang des Jahrhunderts äußerst relevant war. So folgern Feyer u. a.: „Unter den neuen Bedürfnissen der europäischen Einwirkung ist eine dem Afrikaner früher fast unbekannte Arbeitsteilung eingetreten, die in der Schulerziehung berücksichtigt werden muß. Diese läßt sich dementsprechend kurz charakterisieren als a) fachliche Ausbildung, b) allgemeine Ausbildung mit der besonderen Ausrichtung auf Landbau. Der Nachdruck muß durchaus auf der letzten liegen, d. h. die Sorge der Kolonialverwaltung muß sein, über die ganze Kolonie ein Schulsystem einzurichten, das es jedem schulpflichtigen Kinde ermöglicht, eine Schule zu besuchen."[91]

[89] Engel, A., a.a.O., S. 116f
[90] Feyer, U., u.a., a.a.O., S. 136
[91] ebenda, S. 133

Als Aufgaben von Erziehung werden angeführt:
a) die Erziehung muß den Bedürfnissen des Schülers entsprechen; d. h., sie muß ihn für Arbeitsleistungen qualifizieren,
b) sie muß den ganzen Menschen erfassen,
c) sie muß den Schüler innerhalb seiner Gemeinschaft erziehen und darf ihn dieser nicht entfremden.[92]

Da das Ziel der Kolonisation „die Aktivierung aller gesunden Kräfte des kolonisierten Landes" ist, ist es nach Feyer u. a. notwendig, auch die Fähigkeiten der Eingeborenen voll zu entwickeln, damit sie „dem Ganzen zugute" kommen.[93] Dies läßt sich dann so zusammenfassen: „Allgemein wird die Eingeborenenerziehung das Ziel haben müssen, den Eingeborenen alle diejenigen Berufe zugänglich zu machen, für die ihre Kräfte zureichen, und ihnen so die innere Befriedigung zu geben, ohne die eine Rasse nicht gedeihen kann. Daß dabei das Ansehen und der Vorrang der Weißen bestehen bleiben kann, daß er also der Leiter und Herr bleibt, unterliegt keinem Zweifel."[94] Diese Erziehungsaufgabe richte sich vor allem auf die Zukunft, zum Übergang zu rein afrikanischen Schulen unter afrikanischer Leitung im Sinne europäischer Herrschaft sei dann nur noch ein kleiner Schritt.[95]

Die Erziehung des Negers zur Arbeit

Die Arbeitserziehung wird damit zum wesentlichen Inhalt der kolonialen Pädagogik, stellte sich doch, wie bereits ausgeführt, mit der angestrebten Rentabilität der Plantagengründungen das „Problem", wie die in Subsistenzwirtschaft lebenden Afrikaner für Lohnarbeit im Dienste der Kolonialwirtschaft und Kolonialverwaltung „gewonnen" werden konnten. In der sogenannten „Arbeiterfrage" sahen Kolonialtheoretiker und -praktiker nicht weniger als das

---

[92] ebenda
[93] ebenda, S. 137
[94] ebenda
[95] Im weiteren kritisieren Feyer u.a. auch die rassenpolitische Trennung von Weißen und Schwarzen in Südafrika, die es Eingeborenen unmöglich macht, in höhere Berufe zu gelangen und aus ihnen den weißen Arbeiter zu verdrängen. Diese Regelung wird nur auf dem Hintergrund des Erhaltens der weißen Vorherrschaft gut geheißen, allerdings als „Notbehelf" bezeichnet. Als Ausweg wird empfohlen: „Der einzige Ausweg aus einer solchen Lage ist wohl der, die beiden Rassen in gänzlich getrennten Wohnsitzen anzusiedeln, so daß sie abgesonderte Gemeinwesen bilden, innerhalb derer jede Rasse sich ungehindert entwickeln kann ...". Vgl. Feyer, U., u.a., a.a.O., S. 137
Daß derartige Überlegungen auch heute noch nicht aus der Welt sind, zeigen die Bestrebungen reaktionärer Burenkreise in Südafrika, die aufgrund der angestrebten Aufhebung der Apartheid ein „weißes Homeland" fordern.

Hauptproblem der Kolonialpolitik.[96] Rohrbach formuliert auch warum: „Mag es sich im Tropenlande um Plantagenkulturen im eigentlichen Sinne oder um die Gewinnung wild wachsender Produkte handeln – in keinem Falle ist es denkbar, daß der weiße Mann mit seiner eigenen Arbeitskraft dem Boden die Ernte an Kakao, Kaffee, Agaven usw. abringt, oder Kautschuk sammelt, Ölfrüchte bricht und preßt, Kopal gräbt und dergleichen mehr. Allenfalls mag er die Jagd betreiben . . ."[97]

Die Fragestellung zur Lösung des kolonialen Problems der Anwendung der Einheimischen zur Arbeit und welches der beste Weg hierfür sei, zieht sich durch die gesamte koloniale Literatur. Becker stellt noch 1943 fest: „Obgleich heute alle Kolonialregierungen längst den Wert der landwirtschaftlichen Arbeit als wichtiges Erziehungsmittel in den Eingeborenenschulen aller Grade anerkannt haben, sind die Erörterungen über das Problem der *Arbeitserziehung* immer noch nicht zu einem beruhigten, allgemein gebilligten Abschluß gekommen."[98]

Bereits oben wurde kurz der Beitrag des evangelischen Missionstheoretikers Merensky angesprochen, der den ersten Preis bei einer von der Deutsch-Ostafrikanischen Gesellschaft im August 1885 ausgeschriebenen Preisaufgabe zum Thema: „Wie erzieht man am besten den Neger zur Plantagenarbeit" gewann.[99] Merenskys Preisschrift ist nicht nur deshalb kolonialgeschichtlich bedeutsam, weil die deutsche Kolonialregierung umgehend ihren Vorschlägen folgte, sondern auch, weil sie als ein Schlüsselwerk zur kolonialen Arbeitserziehung überhaupt anzusehen ist.[100] Merensky hat bei der Beantwortung der Preisfrage klar erkannt, daß sie nicht um eines theoretischen Disputes willen gestellt worden war, sondern vor dem Hintergrund der nach Beendigung des Sklavenhandels neu zu ordnenden Arbeitskräftebeschaffung: „Die ‚Arbeiterfrage' ist seit der Aufhebung der Sklaverei in allen Kolonien eine brennende geworden. Obwohl man die Frage kaum bejahen wird – jedenfalls wäre sie erst noch zu erörtern –, ob ohne die Aufhebung der Sklaverei die Entwicklung der Kolonialländer sich günstiger gestaltet haben würde, als es so der Fall gewesen ist, so muß doch unumwunden zugestanden werden, daß durch die Entlassung der Sklaven die Kolonisten, in Jamaica sowohl als in Süd-Afrika und Amerika, in große Bedrängnis gerathen sind und sich immer noch abmühen, für die frühere, regelmäßige Arbeitsleistung der Sklaven einen ausreichenden Ersatz zu

---

[96] vgl. auch: Albertini, R.v., (Hrsg.), a.a.O., S. 315
[97] Rohrbach, P., a.a.O., S. 36
[98] Becker, H. Th., Das Schulwesen in Afrika, Band XIII/2 von Obst, E. (Hrsg.), Afrika, Handbuch der praktischen Kolonialwissenschaften, Berlin 1943, S. 315
[99] Merensky, A., a.a.O.
[100] Die Preisschrift selbst ist bisher in den Arbeiten, die sich der kolonialen Erziehung im ehemaligen Deutsch-Ostafrika zuwenden, nicht rezipiert worden.

finden. Wenn die Arbeiterfrage für alle Kolonien wichtig ist, so ist sie für Kolonien im tropischen Afrika die absolute Lebensfrage. Das afrikanische Fieber wird hier immer ein gewaltiges Hinderniß für die Heranbildung einer weißen Arbeiterklasse bleiben, und die Möglichkeit für die Errichtung und Bearbeitung von Plantagen in diesem Lande wird zunächst davon abhängen, ob man die Eingebornen zur Arbeit heranziehen und ausbilden kann."[101] Die Zukunft der Plantagenwirtschaft wird hier ganz offensichtlich mit der Erziehung der einheimischen Bevölkerung zur Arbeit verbunden.

Zunächst hatte man wohl allgemein mit dem Aussterben der Einwohner nach dem Kontakt mit den Kolonialisten gerechnet, doch „. . .jetzt wissen wir, daß diese Erwartung nur bei den Bewohnern Polynesiens und vielleicht den australischen und amerikanischen Völkerschaften sich zutreffend erweist; in Bezug auf Afrika müssen wir uns mit dem Gedanken vertraut machen, daß die schwarzen Urbewohner dieses Erdtheils durch Berührung mit Europäern, durch Annahme anderer Sitten und Lebensgewohnheiten keineswegs hinsiechen und verschwinden" werden.[102] Merensky hat den langfristigen ökonomischen Erfolg der Kolonisation im Auge, der sich für ihn über den Zufluß geeigneter Arbeitskräfte und der dazu notwendigen ordnungspolitischen Komponente sowohl innerhalb der einheimischen Bevölkerung als auch in deren Beziehungen zur Kolonialmacht herstellt. Damit wird für ihn die kolonialpädagogische Frage der Arbeitserziehung auch zu einer sozialpolitischen, die im Hinblick auf die künftige Gestaltung einer europäischen Kolonie in Afrika zu diskutieren sei.

Zur Lösung dieser Fragen greift Merensky zunächst ein Phänomen auf, das den Kolonisatoren in ihrer Suche nach Arbeitskräften am meisten zu schaffen machte: „Weshalb ist der Neger nur schwer dazu zu bewegen, bei Weißen um Lohn zu arbeiten?"[103] Merensky konstatiert – abweichend von anderen einschlägigen zeittypischen Ansichten über die Träg- und Faulheit der Afrikaner – eine durchaus vorhandene „physische Eignung", wobei sich seine Einlassungen wie eine Viehbeschau lesen: „Die höher veranlagten schwarzen Stämme Afrikas, zu denen besonders viele Stämme der Ostküste zu rechnen sind, erfreuen sich ebenmäßiger Glieder, guter Muskulatur und einer trefflichen Gesundheit. Die Ausdauer der Schwarzen nicht nur im Laufen, Gehen und Tragen von Lasten, sondern auch beim Verrichten von Arbeiten, die sie gewohnt sind, z. B. beim Gebrauch des allgemein üblichen Ackergeräths, der Hacke, ist bewundernswerth. . . . Unfähigkeit kann man als Grund für ihre

---

[101] Merensky, A., a.a.O., S. 4
[102] ebenda, S. 4f
[103] ebenda, S. 6

Scheu, Dienst zu nehmen, nicht anführen. Man kann auch nicht behaupten, daß sie so träge sind, daß ihre Faulheit keine Lust zur Arbeit aufkommen ließe."[104] Vielmehr konstatiert der ehemalige Superintendent der Berliner Mission in Transvaal eine Hemmschwelle für die Dienstbarmachung der einheimischen Bevölkerung in deren relativem Wohlstand – der Afrikaner hat es schlichtweg nicht nötig, sich beim Weißen in Dienst zu setzen: *„Es wird deshalb auch nicht thunlich sein, kurzweg Faulheit als Grund für ihre Abneigung dem Weißen zu dienen hinzustellen, denn Bedürfnisse hat derselbe auch und lebt, wo die Verhältnisse seines Landes geordnet sind, gar nicht schlecht. Er kleidet sich oft ganz den Verhältnissen angemessen, er hat meist einen reinlichen Hof und ein reinliches Haus und ißt und trinkt dabei gut, aber er weiß diesen seinen Bedürfnissen gerecht zu werden, auch ohne Arbeit bei dem weißen Fremdling anzunehmen. Er hat seine Heerden oder seinen Acker, oft hat er Beides. Der fruchtbare Boden bringt ohne Dungmittel reiche Erträge, ist er ausgenutzt, so wird Stadt oder Dorf in eine andere Gegend versetzt. Das System der Vielweiberei ermöglicht dem Mann sich in Besitz vieler Hände zu setzen, die alle für ihn arbeiten, die Zahl der Frauen vermehrt er noch gelegentlich durch Sklaven; der Afrikaner ist also ein reicher Mann, wo ihn nicht Unruhen und Kriege ins Unglück stürzen, ihn seines Besitzes berauben und ihm den Feldbau unmöglich machen. Wohlsituierte Leute pflegen aber in der ganzen Welt sich nicht gern nach Dienst bei anderen Menschen umzusehen. Es ist eine im Allgemeinen anzuerkennende Wahrheit, daß ein Mensch nur dann bei einem andern – auch für Lohn – arbeitet, wenn er dazu gezwungen ist, wenn ihm zur Arbeit im eigenen Hause die Arbeitsmittel fehlen. Der freie Neger arbeitet deshalb nicht gern bei weißen Leuten, weil in seinem Lande noch fruchtbarer Boden in Menge vorhanden ist, durch dessen Bearbeitung er seine Bedürfnisse reichlich befriedigen kann."*[105] Kommt Merensky aber zu dem Schluß, daß das Potential einheimischer schwarzer Arbeitskraft zur Anwendung in den Plantagen durchaus vorhanden sei, so hat er seine Frage der Arbeitserziehung neu zu stellen: *„Afrika ist noch zu dünn bevölkert, deshalb brauchen die Bewohner dieses Erdtheils weder unter einander, noch bei den Weißen zu dienen,* sie finden ihren Unterhalt auf leichtere Weise. Bei dieser Lage der Verhältnisse wird man die Frage: ‚Wie erzieht man den Schwarzen zur Plantagenarbeit?‘ zunächst in dem Sinne beantworten müssen, als ob sie lautete: ‚Wie bewegt man den Schwarzen dazu, Dienst bei weißen Pflanzern zu nehmen? Kann man ihn überhaupt dazu zwingen? und durch welche Mittel wird dies möglich sein?"[106]

---

[104] ebenda, S. 6f
[105] ebenda, S. 7f
[106] ebenda

148

In der Beantwortung dieser veränderten Fragestellung erteilt Merensky der Sklaverei eine Absage zugunsten der Konkurrenz freier Arbeiter, wobei die ökonomische Basis dieser Konkurrenz die Subsistenzwirtschaft der einheimischen Bevölkerung darstellt. Merensky: „Wir wollen gern zugeben, daß dem Bedürfnis des einzelnen Pflanzers am leichtesten abzuhelfen ist, wenn er sich seine Arbeiter kaufen und dann ihre Arbeitskraft nach Gutdünken ausnützen kann, denn er verfügt dadurch über billige und regelmäßige Arbeitskräfte, allein wir glauben nicht, daß eine sklavenhaltende Kolonie in ihrer Gesammtheit sich so vortheilhaft entwickeln wird, als eine solche, welche auf die Concurrenz freier und freiwilliger Arbeitskräfte angewiesen ist."[107] Wenn die Sklaverei den Afrikaner von seinen Lebenszusammenhängen gewaltsam löst und seine Reproduktion verhindert, so müsse eine recht verstandene Eingeborenenpolitik auf den Eigentümlichkeiten der politisch-sozialen Situation der afrikanischen Gesellschaft aufbauen. Denn die Erfahrung zeige, „. . .daß man den Neger, wenn man ihn wirklich und nachhaltig civilisieren will, nicht von der Verbindung von seinem Volk losreißen und ihn seiner Lebensweise nicht entfremden muß, welche seinem Heimathslande ebensowohl, wie seinen Bedürfnissen angepaßt ist."[108] Gleichzeitig erteilt Merensky aber auch der Erweckung von Bedürfnissen eine Absage: Die durch kolonisatorische Maßnahmen bedingte Vermehrung seiner Bedürfnisse wird selten „einen Schwarzen nöthigen, ein ständiger Arbeiter bei Weißen zu werden, so sehr man das Wecken von Bedürfnissen auch als werthvolles Mittel anerkennen muß, die Betriebsamkeit des Afrikaners im Allgemeinen anzureizen und zu heben."[109]

Zur Verwirklichung seines Modells setzt Merensky eine entschlossene Kolonialregierung voraus, die „. . . die Regelung und Gestaltung der Verhältnisse noch mehr oder weniger in ihrer Hand hat, so daß man politische und sociale Factoren zur Erreichung des Ziels, die Eingeborenen zu civilisieren, zu christianisieren und zur Arbeit anzuleiten, in Wirkung treten lassen kann."[110] Weiterhin teilte er die Bewohner einer definierten Kolonie in drei Gruppen: „*Erstens* in Unterthanen von im Wesentlichen freien Häuptlingen, deren Gebiet von der Kolonialregierung als ‚Protectorat‘ angesehen wird, d. h. gewissermaßen als Erbe, auf welches das Recht einer anderen civilisierten Macht ausgeschlossen ist, in welchem aber die Eingeborenen sich vorläufig nach ihren eigenen Gesetzen noch selbst regieren. *Zweitens* in Bewohner von Lokationen, wo die Eingebornen auf Grund und Boden wohnen, welcher der Kolonialregierung zweifellos gehört, und wo diese Regierung ihre Autorität voll und ganz zur

---

[107] ebenda, S. 9
[108] ebenda, S. 10
[109] ebenda
[110] ebenda, S. 14

Herrschaft bringen will und kann (wo sie also auch Abgaben zu erheben die Macht hat) und *drittens* in Eingeborne, welche als Hörige auf Grund und Boden wohnen, welcher im Besitz von Privatleuten, von Pflanzern, ist. Die Eingeborenen der letztgenannten Gruppe sind für die Kolonisten die werthvollsten, da sie stets zu Dienstleistungen herbeigezogen und nach und nach zu tüchtigen Arbeitern erzogen werden können."[111]

Das hier von Merensky entworfene Programm ist nichts weniger als eine im kolonialen Sinne durchgeführte Bodenreform, wie er im übrigen auch selbst ausführt: „Eine Scheidung der Eingebornen in diese drei Gruppen wird sich allerdings ohne sorgfältige Regelung des kolonialen Grundbesitzes nicht ausführen lassen. Diese aber herbeizuführen, sollte jede Regierung einer neuen Kolonie als ihre erste und wichtigste Aufgabe betrachten. Nichts ist verderblicher als ein schlaffes Gehenlassen in der Meinung, diese Verhältnisse ordneten sich mit der Zeit von selbst."[112]

Merensky ordnet nun seinen drei Typisierungen der Herrschaft in kolonialen Gebieten mögliche Reservoirs der Arbeitskraft zu.

Im ersten Falle der weiterbestehenden eigenständigen feudalen Herrschaft und daraus resultierenden entsprechenden Zurückhaltung gegenüber dem Arbeitskräftebedarf der kolonialen Ökonomie empfiehlt Merensky: „Man warte ab. Ein Thronwechsel ändert in Afrika oft viel."[113] Die Grenzen des feudal beherrschten Gebietes seien über verschiedene Machtmittel deutlich aufzuzeigen, eine direkte Einflußnahme auf die in diesem Gebiet lebende Gesellschaftsformation verbiete sich jedoch, denn: „Der Neger erkennt niemals zwei Herren an, und wenn eine Kolonialregierung ihre Unterthanen zur Arbeit erziehen will, muß sie zunächst darauf bedacht sein, daß ihr Einfluß auf dieselben nicht in Frage gestellt werde, ihr Einfluß aber wird mit ihrer Autorität stehen und fallen."[114] Die aus diesem Konstrukt heraus angebotene Arbeitskraft ist nach Merensky je nach Beziehung der Kolonialmacht zum lokalen Feudalherrscher variierend, technisch ungeübt und für den stetigen Einsatz äußerst unsicher.

Unter dem zweiten Fall der „Lokationen" versteht Merensky Ländereien, in denen einheimische Bevölkerungsgruppen wohnen, die der Kolonialregierung unterworfen sind. Die in diesen Gebieten existenten traditionellen Herrscher fungieren als Unterbeamte der Kolonialregierung. Merensky empfiehlt eine straffe Führung der lokalen Eliten durch die Kolonialregierung und

---

[111] ebenda, S. 15
[112] ebenda
[113] ebenda, S. 15f
[114] ebenda

führt an, daß auch bei dieser Klientel ein Verweigern der Lohnarbeit bei den Pflanzern vorkommen kann. Doch hier setzt Merenskys eigentlicher Vorschlag ein: „Wollte man die Leute von der Regierung wegen zur Arbeit bei den einzelnen Pflanzern in direkter Weise zwingen, so würden sie solchem Versuche passiven und wohl aktiven Widerstand entgegensetzen, oder aber (. . .) zu freien Stämmen ziehn. . . . Zum Dienst bei Pflanzern wird aber der indirekte Zwang die Eingebornen treiben, welchen Geldabgaben ausüben, die man ihnen auferlegt. Werthlos, ja schädlich wäre es für die Kolonie, wollte man Lokationen errichten, ohne deren Bewohner zur Leistung regelmäßiger *Abgaben* heranzuziehen.

Wenn diese Abgaben nach der von uns ins Auge gefaßten Seite hin die rechte erziehliche Wirkung ausüben sollen, so dürfen sie nicht etwa von dem Stamm in seiner Gesammtheit, noch weniger vom Häuptling, erlegt werden, sondern der einzelne schwarze Bürger muß für den auf ihn fallenden Betrag aufkommen. Als der Modus, durch den man den Einzelnen am leichtesten heranziehen kann, hat sich in Süd-Afrika überall die Besteuerung der *Hütten* erwiesen. Will man Kopfsteuer erheben, so stößt man bei der dazu nöthigen Registrierung der Eingeborenen auf fast unüberwindliche Schwierigkeiten. Die Eingeborenen sind sowohl bei Gelegenheit der Registrierung als bei der Steuererhebung nie zu finden, sie machen sich unsichtbar. Die Hütten eines Dorfes können sich aber nicht verbergen, auch repräsentiert ihre Zahl den Wohlstand ihres Besitzers, denn ihre Zahl zeigt die Zahl seiner Weiber an. Wird nun für die Hütten Jahr für Jahr eine *Geldabgabe* entrichtet (. . .), schwankt die Höhe dieser Abgabe zwischen zehn und fünfzehn M. pro Hütte, so wird es den Eingebornen in den meisten Fällen unmöglich, sich durch andere Mittel als durch Arbeit den Betrag derselben zu verschaffen. Die Hausväter müssen auf Arbeit ausgehen, oder ihre Söhne auf Arbeit senden. Durch diese Art der Besteuerung hat man in Süd-Afrika die allerbesten Resultate erzielt **).“ Die Fußnote **) sagt: „Im Jahr 1878 brachte die Hüttentaxe in der kleinen englischen Natalkolonie die Summe von 57 390 Pfund Sterling auf!“[115] Diese vorgestellte Methode zeitigt wohl einen zweifachen Erfolg: Steuereinnahme und unentgoltene Arbeitsleistung. Doch Merensky schlägt zur Steigerung der erwünschten Arbeitsleistung auch noch eine Heiratsabgabe vor: „Eine Heirathsabgabe wird günstig wirken. Die Abgabe muß aber mit der zweiten, dritten u.s.w. Frau steigen. Je gemächlicher die Weiber dem Afrikaner das Leben machen, desto weniger ist er geneigt auf Arbeit auszugehen. Auch diese Abgabe wird eine Nöthigung für Manchen sein sein Geld zu verdienen, und wird der Regierung eine Quelle neuer Einnahmen werden *).“ Die Fußnote *) sagt:

---

[115] ebenda, S. 20f

151

„In Natal brachte die von Schwarzen erhobene Heirathsabgabe im Jahre 1878 die Summe von 6 795 Pfund Sterling auf."[116]

Merenskys dritter Fall sind die „freien" Arbeiter. Es sind dies diejenigen Arbeitskräfte, die aus verschiedensten Gründen die Niederlassungen und Plantagen der Weißen aufsuchen, um dort zu arbeiten. Die Kolonialregierung solle alles Erdenkliche tun, um den Zuzug solcher Arbeitskräfte zu fördern und zu schützen. Der Arbeitsmarkt soll diesen Arbeitern durch den Lohn anziehend gemacht werden, den sie dort finden können. „Wo der Markt nicht durch zu große Nachfrage nach Arbeitern bereits verdorben ist, arbeitet der Afrikaner meist auch für verhältnismäßig geringen Lohn gern und willig, sofern er nur den Gegenstand dadurch erwirbt, *den er augenblicklich haben will*, und sofern er hoffen darf, daß ihm der ausbedungene Lohn rechtzeitig und voll ausbezahlt werden wird."[117] Merensky entwirft hier sodann ein entsprechendes Entlohnungsschema („Die Lohnsätze müssen durch Uebereinkommen der Arbeitgeber so niedrig als möglich gehalten werden; nur zu leicht wird der Schwarze im Fordern unverschämt, sobald er merkt, daß der Lohn auf den geübten Druck hin steigt."[118]), schlägt eine Arbeitszeitregelung vor („meist von etwa 9 Uhr früh bis 5 Uhr Nachmittags"[119]), macht Verpflegungsvorschläge, empfiehlt Arbeitsmittel, fordert gesetzliche Absicherung für Arbeitskontrakte zwischen Pflanzern und Arbeitern sowie verschiedene Sanktionen bei Vertragsverletzung.

Schließlich empfiehlt Merensky die Ansiedlung einer Gruppe von Einheimischen, die er „Hörige" nennt und die dem Pflanzer in seinen Geschäften an die Hand gehen: „Es ist deshalb höchst wünschenswerth, daß er wenigstens *einige Eingeborne beständig um sich habe, die bei ihm wohnen*, seine Wünsche verstehen und seine Geräthe gebrauchen lernen, welche sein Interesse zu dem ihrigen machen und die wechselnden freien Arbeitskräfte einstellen und anstellen können, kurz er muß einen eisernen Bestand von Arbeitern haben, wenn er seine Pflanzung in guter Ordnung halten will."[120]

Diesen Hörigen sollte der Pflanzer Land zur eigenen Bewirtschaftung zuweisen, wodurch sich die Unterhaltskosten erübrigen, denn Merensky rät davon ab, „. . .Hörigen Lohn für geleisteten Dienst zu zahlen. Ihr Verhältnis zu ihrem Herrn muß ein Abhängigkeitsverhältnis sein und bleiben. Sie dürfen

---

[116] ebenda, S. 21f
[117] ebenda, S. 22f
[118] ebenda, S. 23
[119] ebenda, S. 24
[120] ebenda, S. 25

den freien Arbeitern nicht gleichgestellt werden, und müssen eine Ehre darin suchen, daß sie anders als diese stehen."[121]

Abschließend arbeitet Merensky die Aufgabe der christlichen Mission an der Erziehung afrikanischer Menschen heraus: „Das Christenthum hat nicht die Aufgabe, Eingeborene zu Arbeitern weißer Ansiedler zu machen und zu erziehen; es soll aber eine Quelle des Segens für alle Völker und Stände sein. Es soll auch den Afrikaner von dem heidnischen Aberglauben und dem heidnischen Leben erlösen und unter ihnen und aus ihnen ein Neues schaffen, und davon, ob sie das Christenthum annehmen werden oder nicht, wird es schließlich doch abhängen, ob die Berührung mit den Europäern sie wirklich heben oder nur tiefer verkommen lassen soll."[122] Merensky vertritt damit den damals gängigen Standpunkt, das Christentum unterstütze die kolonialen Bemühungen, indem es zur Domestizierung der afrikanischen Bevölkerung beitrage: „Soweit der Einfluß der Missionare und der von ihnen gegründeten Gemeinden reicht, werden die Sitten gemildert und Grausamkeiten verschwinden, gegen welche das heidnische Volksgewissen früher nicht reagierte. Die Stellung der heidnischen Häuptlinge wird erschüttert, sobald der Glaube an die Macht des von ihnen beherrschten Zauberwesens schwindet. Das Christenthum rottet den Aberglauben aus, der alle Entwickelung niederhält, weil er alles rationelle Thun verbietet und das Nachdenken hindert, den Aberglauben, auf den so oft nutzlose und wahnwitzige Empörungsversuche zurückgeführt werden müssen; es befördert die Achtung vor dem Weißen als dem Glied des Volkes, welches die wahre Religion besitzt, es söhnt mit der Herrschaft der Fremdlinge aus, welche das Licht dieser Religion verbreitet hat; es adelt die Arbeit, welche dem Christen ein Gottesgebot ist und stempelt Faulheit und Trägheit, Unehrlichkeit und Lüge zur Sünde. Das Christenthum ist die einzige Macht, welche die Polygamie der Afrikaner mit Erfolg bekämpft hat, und diese ist doch anerkanntermaßen die eigentliche Ursache von dem trägen Leben der Männer. Als Mann *eines* Weibes muß auch in Afrika der Mann sich am Feldbau betheiligen, wenn er nicht verhungern und verarmen will."[123]

Ein pädagogisches Konzept oder Programm, wie es der Terminus „Erziehung" im Titel der Preisschrift nahelegt, findet sich in Merenskys Arbeit nicht, sieht man von Hinweisen („Winke") ab, wie der Europäer als „Erzieher" der Afrikaner aufzutreten habe. Neben Anmerkungen zur gewünschten Beherrschung der Landessprache, zur erforderlichen „vornehmen, würdigen" Haltung, zum Befehlen und zur „Disciplin"[124] bezieht sich nur noch der Schluß-

---

[121] ebenda, S. 30
[122] ebenda, S. 34
[123] ebenda, S. 36
[124] ebenda, S. 30ff

absatz auf einen pädagogischen Kontext: „Viel, unendlich viel, wird in Afrika stets von der Geschicklichkeit der Beamten abhängen, denen man die Angelegenheiten der Eingeborenen anvertraut. Diese Beamten müssen die Landessprachen und Sitten der Schwarzen kennen oder studieren, sie müssen von Eifer für das Wohlsein aller und von Wohlwollen gegen ihre Untergebenen erfüllt sein. *Von dem Charakter der Beamten und Kolonisten wird es zuletzt abhängen, ob es möglich sein wird, die eingeborenen Unterthanen einer europäischen Kolonie in Afrika zu brauchbaren, gesitteten Menschen und einen Theil von ihnen zu Plantagenarbeitern zu erziehen!"* [125]

„Erziehung" meint in Merenskys Schrift nämlich nichts anderes als Anpassung eines kolonial erschlossenen Arbeitskräftepotentials an den Bedarf der Kolonialmacht. Diese Anpassung möglichst reibungslos und im Sinne der kolonialen Anwendung der afrikanischen Menschen kostengünstig zu gestalten, ist sein Anliegen. Wenn Merenskys Schrift oben als Schlüsselwerk der kolonialen Pädagogik bezeichnet wurde, dann nicht wegen der vielleicht vorzufindenden pädagogischen Substanz, sondern weil diese Arbeit geradezu idealtypisch den Ansatz aller vergleichbaren Arbeiten verdeutlicht, die sich dem Zweck verschreiben, schwarze Arbeitskraft dem kolonialen Wirtschaftssystem zuzuführen.

Merensky hat die Arbeit unter dem Motto geschrieben: „Was kann denn dieser Mohr dafür, daß er so weiß nicht ist, wie Ihr?" Er greift damit eine Episode aus dem „Struwwelpeter" von Dr. Heinrich Hoffmann auf, dem im ausgehenden 19. Jhd. wohl populärsten Kinderbuch, dessen Geschichten nicht nur erbauenden Charakters sein sollten, sondern offensichtlich einer frontalen Beispielserziehung dienten. In der genannten Geschichte werden drei freche Buben in ein Tintenfaß getaucht und „schwarz" gemacht, weil sie sich über die Hautfarbe eines „Mohrenkindes" lustig machen. Merenskys Absicht mit diesem Motto ist es, der „schwarzen" Arbeitskraft im Kontext der kolonialen Ökonomie einen wenigstens gleichwertigen, wenn nicht vor Ort überlegenen Stellenwert zur „weißen" Arbeitskraft zuzuweisen. [126]

---

[125] ebenda, S. 39
[126] Die Arbeit eines Herrn Bibo aus London, ausgezeichnet mit dem zweiten Preis der Deutsch-Ostafrikanischen Gesellschaft, trägt den bezeichnenden Titel: „Was einst ein Häkchen werden will, das krümme sich bei Zeiten". Vgl. ebenda, S. 3

Die Diskussion zur „Arbeiterfrage"

Die weiterführende Diskussion zum Thema „Erziehung des Negers zur Arbeit" auf der evangelischen Missionskonferenz der Provinz Sachsen in Halle wurde 1887 in der AMZ veröffentlicht.[127] Warneck schreibt hierzu: „Für die praktische Kolonialpolitik, welche jetzt auch Deutschland treibt, ist die Arbeitserziehungsfrage geradezu eine Lebensfrage, denn ohne die Arbeit der Eingebornen sind unsre Kolonien uns wenig wert. Daher steht diese Frage bei uns jetzt auch als die Hauptfrage auf der Tagesordnung der kolonialpolitischen Diskussion. Bekanntlich hat man eine Preisfrage aus ihr gemacht und die Schrift unsres Referenten: ‚Wie erzieht man am besten den Neger zur Plantagenarbeit?' (vergl. Allg. M. Z. 1886, 525) hat den Preis davon getragen. Da nun die *Mission* an dieser Tagesfrage der Kolonialpolitik nicht nur ein großes *selbständiges* Interesse hat, sondern man ihre Mitwirkung zur Lösung derselben seitens der Kolonisatoren auch ausdrücklich begehrt, so ist es geradezu *geboten*, daß sie öffentlich Stellung zu ihr nimmt. Und das um so mehr als aus kolonialeifrigen Kreisen, denen fast jede Kenntnis der Mission und jedes Verständnis für ihr Wesen und ihre Aufgabe fehlt, Anforderungen an dieselbe bis zu der Zumutung gestellt worden sind: die Arbeitserziehung der Naturvölker geradezu an die Stelle der Bekehrung treten zu lassen, ihnen ‚das Evangelium der Arbeit' statt des Evangelii von der Erlösung in Christo zu bringen.'"[128]

In seinem Referat vor dieser Konferenz führt Merensky eingangs aus: „Die Frage, wie man die *Naturvölker zur Arbeit* erziehen kann, wird in unseren Tagen mit vielem Eifer behandelt. *Die Kulturvölker*, bei denen mit den wirtschaftlichen Anforderungen das Ansehen und der Wert der Arbeit mehr und mehr gestiegen ist, sind mit den *Naturvölkern* in lebhaften Wechselverkehr getreten; da ist es verständlich, daß man sich fragt, welche Mittel anzuwenden seien, um diese Völker zu bewegen, mehr als bisher an der Gesamtarbeit der Menschheitsfamilie teilzunehmen. Es geschieht dies aber zum geringsten Teile *aus Liebe* zu diesen Völkern und aus *Teilnahme* an ihrem Geschick; vielmehr aus dem Wunsch, sie nach Möglichkeit auszunutzen."[129] Merensky führt weiter aus, daß der Wohlstand der Kolonisten neben der Fruchtbarkeit des Bodens

---

[127] AMZ, Welches Interesse und welchen Anteil hat die Mission an der Erziehung der Naturvölker zur Arbeit? Referat Miss.-Sup. H. Merensky, Diskussionsbeiträge und Nachwort in: AMZ, Band 14, Gütersloh, S. 147–184
[128] ebenda, Nachwort Warneck, S. 171f
[129] ebenda, Referat Merensky, S. 147
Der Begriff „Gesamtarbeit der Menschheitsfamilie" verweist bereits auf den heute gebräuchlichen Terminus „internationale Arbeitsteilung".

von der Arbeiterfrage abhänge. Seit der Aufhebung der Sklaverei müsse man sich nach freien Arbeitern umsehen, wobei die Sklaverei selbst die Arbeit als solche in den Augen der Eingeborenen diskriminierte, sie seien jetzt noch unwilliger, „die sorgenlose Freiheit, auch nur für kurze Zeit, aus freiem Willen mit dem durch die Sklaverei herabgewürdigten Arbeitsdienst bei Weißen zu vertauschen. Thaten sie es hier und da, da forderten sie meist für die nach ihrer Meinung hohe Leistung entsprechende Gegenleistung in hohem Lohn, bei dem der Pflanzer nicht mehr seine Rechnung fand. Da ist es denn nicht zu verwundern, daß man es gewagt hat, verhüllt oder unverhüllt der *Sklaverei* oder einer modifizierten Art der Sklaverei das Wort zu reden, ja daß neuerdings in der Hauptstadt selbst sich ungeheuerliche Projekte, Eingeborne neuerworbener Gebiete *gewaltsam zur Arbeit zu zwingen*, ungescheut an das Licht des Tages wagten."[130]

So forderte z. B. Carl Peters im Interesse der „kulturellen Erschließung Afrikas" als Gegenstück zu der staatlichen Wehrpflicht in Europa eine mehrjährige staatliche Arbeitspflicht der schwarzen Bevölkerung. Die hierdurch aufgebrachten Arbeitskräfte sollten dann von Staats wegen gegen billige Entschädigung an Privatunternehmer verdingt werden: „Der Neger ist von Gott zur Roharbeit geschaffen . . . Es würde dem Neger nicht eben schaden, eine Reihe von Jahren dem Staate dienen zu müssen, wie das der deutsche, französische und russische Staatsbürger zu tun hat. . . . Im weißen Staatswesen hat der einzelne für Sicherheit von Leben und Eigentum mit Gegenleistungen zu zahlen. Weshalb soll wohl gerade der Schwarze, der an moralischer Qualität durchaus hinter unserer Rasse zurücksteht, solche Vorteile geschenkt bekommen? Man beweise mir, daß es inhuman ist, einen Faulpelz zur Arbeit zu zwingen. . . . Kein Mensch verlangt Rückkehr zur Sklaverei. Aber wir wollen durch den gesetzlichen Zwang, den Staaten auszuüben vermögen, eine Erziehung des Negers zu den Anschauungen unseres europäischen Wirtschaftssystems."[131]

Auch Mirbt teilt diesen Standpunkt zur Anwendung von Arbeitszwang: „Die Berechtigung des Staates zur Ausübung von Zwang gegenüber den einzelnen Untertanen im Interesse der allgemeinen Wohlfahrt ist aus theoretischen wie praktischen Gründen unanfechtbar und allgemein anerkannt. . . . Das Recht des Staates, die eingeborene Bevölkerung zu Lasten heranzuziehen, unterliegt daher keinem Zweifel. Damit ist die entscheidende Frage bejaht. In welcher Form und Gestalt er die für ihn notwendigen Opfer an Kraft und Zeit einfordert, ist Sache der Politik und Zweckmäßigkeit, und wird sich danach

---

[130] ebenda, S. 147f
[131] Peters, C., Zur Weltpolitik, Berlin 1912, S. 129ff

bestimmen, was das Wohl der Kolonie zur Zeit erheischt, und was die Eingeborenen zu leisten imstande sind. ... Daß die Eingeborenen zum Teil anders urteilen und vielleicht jeden Zwang zur Arbeit als eine neue Form der Sklaverei ansehen, ist allerdings zu beklagen. . .'[132] Jedenfalls sei die Ausübung eines Zwanges zur Arbeit nicht als unchristlich zu erklären: „Das Arbeiten der Eingeborenen ist aus religiösen wie sittlichen Gründen mit aller Energie herbeizuführen, sie sind dazu zu erziehen."[133]

Merensky setzt sich in seinem Referat vor der Missionskonferenz in Sachsen mit der Frage der Arbeitserziehung aus der Sicht der Kolonisatoren und der Sicht der Mission auseinander. Den Kolonisatoren weist er nach, daß sie die Arbeit als den „einzigen wirksamen Faktor der Civilisation" ansähen und unter wirksamer Umsetzung die Erziehung der „Naturvölker zur Arbeit, *wohlverstanden zur Arbeit bei weißen Kolonisten*" verstünden.[134] Es sei deshalb an der Zeit, daß die Mission ihr Verständnis offenlege, das sie in der „Arbeiterfrage" einnehme. Dabei lehne die evangelische Mission den Zwang zur Arbeit ab: „Diese ihre Stellung hat die ev. Mission nicht etwa deshalb eingenommen, weil sie sich von falschen, weichlichen Humanitätsrücksichten, von ‚Humanitätsduselei', wie man neuerdings zu reden beliebte, leiten ließ, nicht etwa deshalb, weil sie *gegen* die Erziehung der Naturvölker zur Arbeit war, sondern weil sie die wahre, aussichtsreiche Erziehung, auch die richtige Erziehung zur Arbeit, durch Mißhandlung der Eingebornen, welche vom Zwange zur Arbeit niemals zu trennen ist, überhaupt durch das Princip der Unfreiwilligkeit, gefährdet sah und sieht. Die rechte, erfolgreiche Erziehung der Naturvölker zur Arbeit erstrebt die evangelische Mission in ihrem *eigenen Interesse*, wie auch in dem Interesse dieser *Völker selbst*."[135]

Dem Zwang zur Arbeit in einer Sklavenhaltergesellschaft hat Merensky bereits in seiner Preisschrift von 1886 gegenüber anderen Vorstellungen eine Absage erteilt: „Ich behaupte aber, daß der Schwarze sich zur ‚Plantagenarbeit' nicht zwingen läßt, jedenfalls nicht auf einige Dauer. . . . Der Ostafrikaner . . . ist überall zähe und tapfer genug, um einen passiven Widerstand zu leisten, der auch den Tod nicht scheut, wenn man ihn brechen will. *Er widersteht dem Zwange, auch dem Arbeitszwange, oder findet Mittel sich ihm zu entziehen.*"[136]

---

[132] Mirbt, C., a.a.O., S. 115ff
[133] ebenda, S. 119
[134] AMZ, Welches Interesse und welchen Anteil hat die Mission an der Erziehung der Naturvölker zur Arbeit?, Referat Merensky, S. 148
[135] ebenda, S. 151
[136] Merensky, A., a.a.O., S. 12

Auf das Interesse der Mission an der Arbeitserziehung wird in dieser Arbeit noch weiter eingegangen werden. Hinsichtlich des „Interesses dieser Völker selbst", relativiert Merensky diese Zielsetzung evangelischer Missionserziehung bereits zwei Absätze weiter unten, indem er dieses „Interesse" darüber definiert, daß die zunehmende und flächendeckende Kolonisierung (bei Merensky heißt dies „vordringende Kultur") ohne entsprechende geistige Vorbereitung bzw. handwerkliche Ausstattung der betroffenen Bevölkerungen diese selbst dem Untergang weihen wird.

Auch für Schwager ist der Zwang ein ungeeignetes erzieherisches Mittel, er sei, wenn er sich als unvermeidlich erweisen sollte, ein notwendiges Übel. Eine Einführung eines allgemeinen Arbeitszwanges sei daher unzulässig. Vielmehr seien der Handel und die Einrichtung von Absatzgebieten zu fördern, um den „Tätigkeitstrieb der Eingeborenen" zu steigern. Zwang zur Arbeit erscheine nur berechtigt, wenn in einem öffentlichen Interesse auf andere Weise keine Rechnung getragen werden kann, oder wenn der Steuerpflicht nicht Genüge getan wird.[137]

Das folgende Zitat zeigt erneut deutlich die sich gegenseitig stützenden Interessen von Kolonialregierung und Mission auf, die uns von einer symbiotischen Beziehung zwischen beiden sprechen lassen können: „Manchmal ist die Mission in der Lage, an der Lösung socialer Fragen, in Bezug auf Naturvölker, mitzuarbeiten, um überhaupt die Verkündigung des Evangeliums *möglich* zu machen. Solange der Australier in den Einöden Neuhollands, der Indianer in den Waldgebirgen Nordamerikas, der Buschmann in der Kalihariwüste umherschweift, ist es fast unmöglich, ihm mit christlichem Unterricht zu nahen. Die Mission wird sich also zu allen Maßnahmen freundlich stellen, die dazu angethan sind, diese Leute seßhaft zu machen, sie wird dies schon deshalb thun, weil es für das Fortbestehen von Völkerschaften eine Lebensfrage ist, ob sie seßhaft gemacht werden können. Gewöhnen sie sich nicht an Ackerbau, so sterben sie notwendigerweise aus, weil die vordringende Kultur ihnen die Bedingungen ihrer Existenz untergräbt oder auch gänzlich raubt."[138]

Berger schließlich führt einen interessanten Beweis für die Interessenharmonie der Missionsgesellschaften und der Kolonialverwaltung, wenn er darauf hinweist, daß das kulturelle Selbstverständnis der Pallottiner „vor allem zwei Motiven entsprang: dem Verantwortungsgefühl für die ‚armen' kulturlosen ‚Wilden' und den Erfordernissen eines Lebens aus dem spezifisch

---

[137] Schwager, Die Bedeutung der Arbeitserziehung für die Hebung der primitiven Rassen, in: ZM, 4. Jhg., Münster 1914, S. 291
[138] AMZ, Welches Interesse und welchen Anteil hat die Mission an der Erziehung der Naturvölker zur Arbeit?, Referat Merensky, S. 152

abendländisch geprägten christlichen Glauben. Die wirkunsvollsten Mittel hierzu sahen sie in der Schule und in der Arbeitserziehung. Und genau da deckten sich ihre Absichten mit den Interessen der Kolonialverwaltung."[139] Die Interessengleichheit wird noch dadurch unterstrichen, daß sie den Pallottinern zur Legitimation für ihren Anspruch auf eine finanzielle Beihilfe des Staates für die von der Mission auch in seinem Interesse erbrachten Leistung diente.[140]

Die Umwertung der traditionellen Werte und die Vermittlung der rechten Arbeitshaltung

Die Einschätzung, daß für das Bestehen der kolonialen Situation und des neuen „christlichen" Lebenszusammenhangs eine entsprechende Vorbereitung und Ausbildung seitens der Kolonisierten schon in deren „eigenem" Interesse notwendig sei, zeigt an diesem Punkt exemplarisch die realistische Bewertung des Kolonialismus durch die Mission und ihre eigentliche Hilflosigkeit in einem Dilemma zwischen Christentum und kapitalistischer Weltwirtschaft, ohne daß dies den damals Handelnden selbst besonders bewußt gewesen sein mag.[141] Merensky selbst liefert hierfür einen Beweis, wenn er schreibt: „. . . bei vielen der dunkelfarbigen Stämme Afrikas wird Viehzucht und Ackerbau in einer so zweckmäßigen Weise betrieben und steht auf einer so hohen Stufe, daß beides einer Verbesserung vorläufig gar nicht bedarf."[142] Die Veränderung dieser Situation – wobei man sich davor hüten sollte, die vorkoloniale Situation in Afrika idealistisch als idyllisch anzusehen – kommt also durch den Kolonialismus und bedarf einer vorbereitenden und begleitenden Tätigkeit durch die Mission.

In der praktischen Umsetzung ihres Bestrebens, „diese Leute zu erziehen", setzt die Mission „sogleich an der *richtigen Stelle* den Hebel an, sie bekämpft und bricht die Macht des *Aberglaubens*, welcher stärker als alle sonstigen Vorurteile und Gewohnheiten es thun, die Heiden an die hergebrachte oft träge Lebensweise bindet. Das vernünftige Denken wird erst mög-

---

[139] Berger, H., a.a.O., S. 278f
[140] ebenda, S. 288
[141] Aus diesem Grunde muß eine Analyse der Tätigkeit der Missionsgesellschaften und der Missionare diese differenzierten Aspekte einbeziehen, um zu verlässlichen Aussagen zu kommen. Natürlich diente die Tätigkeit der Missionare dem kolonialen System, wiewohl sie dessen rigide Durchsetzung entsprechend abmilderte.
[142] AMZ, Welches Interesse und welchen Anteil hat die Mission an der Erziehung der Naturvölker zur Arbeit? Referat Merensky, a.a.O., S. 153

lich, die Leute lernen nach vielen Seiten hin überhaupt erst ihren Verstand gebrauchen, wenn der Aberglaube fällt."[143]

In einem weiteren Schritt „schafft das Christentum *das Familienleben* um, ja ändert es von Grund aus."[144] Merensky stellt dabei fest, daß „bei allen Naturvölkern" alle häusliche Arbeit und die ganze Feldarbeit größtenteils oder ganz von den Frauen wahrgenommen wird. Durch die Abschaffung der Polygamie im missionarischen Sinne würde damit der Mann dazu gezwungen, derartige Arbeiten zu übernehmen, wenn er nicht selbst oder seine ganze Familie verhungern wolle. Eine technologische Neuerung ist erforderlich: „Er *muß* mit seiner Frau an der Bearbeitung des Ackers teilnehmen, weil diese (die Frauen des Haushalts, d. Verf.) sonst der Arbeitslast erliegen und die Familie hungern würde, er ist sogar gezwungen, zeitweilig die Arbeit auf dem Felde *allein* zu verrichten. Er sucht sich deshalb die Arbeit zu erleichtern und sieht sich nach verbesserten Arbeitsmitteln um; er lernt neben der Hacke das Grabscheit gebrauchen, lernt auch bald die Hilfsleistung schätzen, welche die Arbeit von Tieren ihm schaffen kann, er trachtet danach, Pflug und Wagen sich zu erwerben, er kommt in den Stand, die Produkte seines Feldbaues entfernteren Märkten zuzuführen und sie dort besser verwerten zu können, kurz, er wird *betriebsamer* nach allen Seiten hin, und er hat zu einer regeren Betriebsamkeit fort und fort dadurch einen starken Antrieb, daß mit der Annahme des Christentums seine *Bedürfnisse* sich gesteigert haben."[145] Die Steigerung der „Bedürfnisse" stellte Anforderungen an die Finanzierbarkeit derselben: „Bei allen macht sich das Bedürfnis nach zweckmäßigerer und reinlicherer Kleidung geltend; Reinlichkeit ist aber überall teurer als Schmutz und stellt Anforderungen an die Erwerbstätigkeit der Leute. Das Haus wird meist verändert, wenigstens vergrößert werden müssen, weil man bald das Bedürfnis fühlt, am Hause nicht nur einen Schutz gegen Sonne, Wind und Wetter zu haben, sondern eine Stätte, wo man sich des Familienlebens freuen und mancherlei Arbeit verrichten kann."[146]

Desgleichen findet man bei Berg: „Das durch die Arbeit des Missionars geschaffene landwirtschaftliche Erzeugnis, die Kleider, Schuhe, Geräte oder das Haus geben dem ‚Wilden' den Anreiz und das Verlangen, diese Annehmlichkeiten und Genüsse auch sich selbst zugänglich zu machen. Zu vergleichen ist dieses *Anerziehen von berechtigten Lebensbedürfnissen* mit dem in der europäischen Heimat begründeten Streben, den Lebensgenuß zu erhöhen durch Verbesserung der Wohnungsverhältnisse, durch Beschaffung von billigeren

---

[143] ebenda
[144] ebenda, S. 154
[145] ebenda
[146] ebenda, S. 155

Lebensmitteln, besseren Kleidern und geschmackvollerem Schuhwerk. Hat dann der ‚Wilde' einmal die besseren und angenehmeren Lebensbedingungen kennen und kosten gelernt, dann gibt es für ihn nur ein Mittel zur Befriedigung dieser Bedürfnisse, nämlich arbeiten, um dadurch Geld zum Erwerb zu verdienen."[147]

Bei der Vermittlung der rechten Arbeitshaltung standen die Missionare an forderster Front, forderten von den jungen Gemeinden Beiträge für den Unterhalt der Kirchen und Schulen und wußten auch um das notwendige Erziehungsmittel: „Die Entrichtung von Abgaben ist ein wichtiges Mittel, die Eingeborenen zur Arbeit zu erziehen, die Leute werden durch solche auf bestimmte Termine festgesetzte Leistungen gezwungen, die gewohnte träge Sorglosigkeit zu überwinden, deshalb ist es von Bedeutung, daß die Mission in der Lage ist, diese Mittel bei Eingeborenen zur Anwendung zu bringen, welche sich ihre Freiheit und Selbständigkeit haben wahren können, da, wo noch keine Kolonialregierung erzieherischen Einfluß ausübt."[148] „Um die Eingeborenen erfolgreich zur Arbeit anzutreiben, wird in den Missionen ferner als Grundsatz immer strenger durchgeführt: *,Nichts, aber auch gar nichts umsonst zu geben.'* Im Gegenteil! . . . selbst der Schulunterricht (wird) nicht ohne Gegenleistung gegeben (. . .). Das Schulgeld wird abgelöst durch körperliche Arbeit."[149] Grundsätzlicher noch faßt es ein Pater Hörner von den Weißen Vätern: „Da wir den Leuten Arbeit geben, ist es schicklich, daß sie ihre Kinder zur Schule und zum christlichen Unterricht schicken. Es wurde vereinbart, daß der Vater eines Kindes an dem Tage, da dieses nicht zur Schule kommt, auch nicht zur Arbeit angenommen wird. Er soll gehen und sein Kind suchen."[150] Offensichtlich ist, daß der Vater des besagten Kindes für diesen Tag keinen Lohn erhalten hat, er also gezwungen wurde, für den regelmäßigen Schulbesuch seiner Kinder zu sorgen, da andererseits keine Einkünfte zu erzielen waren.

Pater Hörner beschreibt auch sonst sehr ausführlich die von ihm ergriffenen Maßnahmen zur Hebung der Arbeitsmoral: „Die Arbeit, die wir den trägen Schwarzen geben, ist eine Vorbereitung auf die Bekehrung. Bemühen

---

[147] Berg, L., a.a.O., S. 292f
[148] AMZ, Welches Interesse und welchen Anteil hat die Mission an der Erziehung der Naturvölker zur Arbeit? Referat Merensky, a.a.O., S. 155
An einem Zahlenbeispiel belegt Merensky, daß aufgrund des lokalen Finanzaufkommens einer Missionsgesellschaft (Berliner Mission) im Jahr 1885 in Höhe von 80.000 M. und eines darin neben den regulären Abgaben enthaltenen Anteils von freiwilligen Spenden in Höhe von 20 000 M. schlichtweg gegeben sein muß, daß die zahlenden Familien arbeiten. („Wenn eine Familie von sechs Personen für kirchliche Zwecke 27 M. jährlich zahlen soll und zahlen kann, . . . so *muß* sie arbeiten" ebenda.)
[149] Berg, L., a.a.O., S. 298
[150] Hörner, R., Erziehung des Negers zur Arbeit. in: KM 1919/1920, Rubrik „Von fremden Ländern und Völkern", S. 197

wir uns nicht, fleißige, brauchbare Menschen aus ihnen zu machen, so ist unsere Tätigkeit Hohlheit und Schein. Sind die Leute nicht mit Güte aus ihrem Faulenzerleben herauszubringen, so müssen stärkere Mittel angewandt werden. Jeder Erwachsene hatte jährlich drei Rupien Steuer zu entrichten. Konnte er nicht zahlen, so wurde er für dreißig Tage in Arbeit gestellt. Rings um die Mission hatten erst wenige ihrer Steuerpflicht genügt. Ich bat daher die zuständige Bezirksnebenstelle, sie möchte die Leute veranlassen, sich auf der Mission ihr Steuergeld zu verdienen. Die Bitte wurde mit Dank gewährt. Es kamen vier schwarze Schutzleute, mir die Saumseligen zuzuführen. Am nächsten Montag konnte die Arbeit mit 120 Leuten wieder aufgenommen werden. . . . Ähnliche Schwierigkeiten gab's in der Ziegelei. Die geübten Ziegelstreicher versteiften sich, sie könnten keine bessern Backsteine liefern. Ich setzte andere an ihre Stelle und ließ die alten Meister Brennholz tragen. Welche Schande! Nach drei Tagen baten sie, wieder an die Ziegelarbeit zu dürfen, und siehe da, sie machten jetzt gute Backsteine. Das hatten sie beim Holzschleppen gelernt!"[151]

Die Missionsgesellschaften stellten also Anforderungen an die jungen Christen, die selbige fleißig und betriebsam machen sollten.[152] Diese Absicht stieß allerdings nicht nur bei der Kolonialregierung, sondern auch bei den regional Herrschenden auf eine gewisse Gegenliebe. So gab z. B. der Sultan von Sansibar 1860 den in Audienz empfangenen Missionaren den Auftrag „die Kranken zu betreuen, die Armen zu nähren und die Bekehrten nützliche Handwerke zu lehren."[153] Ähnlich berichten auch die Missionare vom Heiligen Geist drei Jahre später: „Nachdem seine Hoheit sich über unsere Gesundheit erkundigt hatte, ließ er uns sagen, daß unsere Ankunft Ihr große Freude mache, daß Hochselbe höchst erfreut sei, Priester in der Mitte Ihres Volkes zu sehen, die dasselbe in der Religion und in der Arbeit unterweisen."[154] Sehr pragmatisch beschreibt der bereits zitierte Pater Hörner die Unterstützung, die er durch den regionalen Chef erfahren hat. Nach einer Vermittlung in einer lokalen Krise, wo „seinen Leuten" der Umstand, „daß sie auf mein Geheiß die öffentlichen Arbeiten wohl versehen und die Steuer pünktlich entrichtet hatten", gegenüber dem Bezirksamtmann sehr zustatten kam, beschreibt Hörner die Reaktion: „Andern Tags kamen sie alle, mir zu danken. Bungwa warf sich nieder, machte die Gebärde des Halsabschneidens und Aufhängens und sprach: ,Tue mit mir nach Belieben, ich gehöre ganz dir an.' Dann hielt er eine Ansprache, deren Hauptinhalt lautete: sie wüßten jetzt, daß ihnen durch Füg-

[151] ebenda, S. 183
[152] Merensky hat dies in seinem Vortrag 1887 bereits deutlich herausgearbeitet.
[153] Versteinen, F., Zanguebar through Contemparary Records (Mskr. Bagamoyo 1968), zitiert nach Hertlein, Wege christlicher Verkündigung, a.a.O., Bd. 1, S. 47
[154] Brief von P. Horner, Annalen zur Verbreitung des Glaubens, München, Nr. 32 (1864), zitiert nach Hertlein, ebenda

samkeit nur Gutes erwachsen könne. Also, wenn der Bwana ruft – da rannte er mit wunderlicher Schnelligkeit auf mich zu: ‚Tajari, Bwana, hier bin ich!' So sollen es alle machen, wer's nicht tut hat's mit dem alten Bungwa zu tun. Wie er dabei mit seinem Krummesser über sich fuchtelte, während er zwei- bis dreimal vor den Leuten auf und ab ging! ‚Verlange, was du willst, es wird gemacht. Bassi = Schluß!'"[155]

Die Mission hatte beizeiten festgestellt, daß der für die Kolonisation bedeutende Reichtum Afrikas „wesentlich in der Arbeitskraft seiner Bewohner erblickt (werden müsse), *Erziehung derselben zur Arbeit als das eigentliche centralafrikanische weltwirtschaftliche Problem*" anzusehen sei.[156] Gleichzeitig sah sich die Mission von der Kolonialregierung aufgefordert, ihre Anstrengungen auf diesem Gebiet zu verstärken und wenigstens vorläufig die Bekehrungsarbeit als den eigentlichen Selbstzweck der Mission aufzugeben und durch reine Arbeitserziehung zu ersetzen.

Der zeittypische Streit um die Arbeitserziehung (ora oder labora?) wurde durch ein Interview des Reichskommissars von Wißmann in der „Münchner Allgemeinen" auf einen Höhepunkt gebracht, da er behauptete, die evangelischen Missionen erschwerten und behinderten die Kolonialisierung, während die katholischen Missionen sie als Grundpfeiler der Zivilisation erleichterten. „Labora et ora" sei für Afrika zutreffender als das „ora et labora" der evangelischen Mission.[157]

Das findet auch Berg: „Für den Missionar gilt immer ora et labora, bei der Missionierung der Eingeborenen freilich verlangt die Methodik labora et ora. Erfahrung und Erfolg bestätigen diese Praxis der schrittweisen Emporentwicklung von der Kulturarmut zur Arbeit, von der Arbeit zu den höheren und höchsten Kulturgütern."[158]

Das Interesse der Mission an der Arbeitserziehung

Nach Warneck hatte die Mission ein anderes Interesse an der Arbeitserziehung als die Kolonialpolitik, da diese die Arbeitserziehung nur im eigenen Interesse an billigen Arbeitskräften betreibe: „Im Grunde giebt es für die Kolonisten nur

[155] Hörner, R., a.a.O., S. 198
[156] Warneck, D. G., Missionsrundschau, in: AMZ, Band 12, Gütersloh 1885, S. 146
[157] Münchner Allgemeine Nr. 75, München 1890, zitiert nach Niesel, H.-J., a.a.O., S. 68
[158] Berg, L., a.a.O., S. 282

eine *Arbeiter*frage, d. h. die Frage: wie bringen wir die Eingebornen am besten und billigsten dazu, daß sie *bei uns* in Dienst treten? Die *Mission* dagegen behandelt unsre Frage von einem *uneigennützigen* und wirklich *pädagogischen* Standpunkt aus um der *Eingebornen* willen. Sie ist keineswegs grundsätzlich dagegen, daß Eingeborne auch bei weißen Kolonisten in Arbeit treten; aber sie kann keine innerhalb des Rahmens ihrer Aufgabe liegende Pflicht darin erkennen, den weißen Kolonisten Knechte zu liefern. Sie anerkennt wohl *das* Gebot als ein göttliches: du sollst *arbeiten*, bestreitet aber, daß die egoistische Interpretation desselben: du sollst *für die weißen Kolonisten* arbeiten – mit dem Gebote selbst identisch sei. Ihr Hauptinteresse ist daher, daß die Eingeborenen arbeiten um *ihrer selbst* willen, daß auch sie selbst den Hauptgewinn von ihrer Arbeit haben und zwar in sittlicher wie materieller Bedeutung."[159] Insofern habe die Mission ein „viel innerlicheres Interesse" an der Arbeitserziehungsfrage, denn Arbeit ist für sie eine sittliche wie auch zivilisatorische Macht und damit selbst ein Erziehungsmittel. „Dieses Arbeitsgebot ist aber (wie das Ehegebot) eine ganz allgemeine Existenzbedingung des Menschengeschlechts. Darum gibt es auf der Welt kein Volk, das nicht arbeitet."[160] Die Zivilisation bringe die Kultur des „christlichen Wohlstandes" mit sich, die Nacktheit werde nicht länger geduldet, Bekleidung sei notwendig, Wohnungen seien auszustatten. Diese Gegenstände der Zivilisation müssen entweder gekauft oder selbst angefertigt werden: beides sei nur über Arbeit möglich.[161] „Es liegt auf der Hand, daß sie (die betroffenen Menschen, d. Verf.) in beiden Fällen zur *Arbeit* genötigt werden."[162] Engel verweist darauf, daß durch die Erziehung zu regelmäßiger körperlicher Arbeit das Fundament zu einem „soliden christlichen Leben" gelegt werden sollte: „Die Arbeit und die Erziehung zur Arbeit ist eines der wirksamsten Mittel, ein gutes, dauerhaftes Resultat in der sittlichen und religiösen Wiedergeburt der afrikanischen Völker zu erzielen."[163] Die Arbeitserziehung durch die Schule bildet damit nach Schäppi „zusammen eine organische Kulturkraft, die in einheitlicher, kaum verzweigter Linie dem einen Ziel zustrebt, die Massen möglichst rasch zu erfassen und sie auf ein angemessenes gesundes Niveau christlicher Kultur durch religiöse, wirtschaftliche, und soweit dienlich und notwendig, auch geistige Bildung zu heben."[164]

Merensky faßt in dem bereits zitierten Vortrag den Anteil der Mission an der erforderlichen Erziehung der Eingeborenen folgendermaßen:

[159] Vgl. hierzu: AMZ, Welches Interesse und welchen Anteil hat die Mission an der Erziehung der Naturvölker zur Arbeit?, a.a.O., S. 172f
[160] ebenda, S. 175
[161] ebenda
[162] ebenda, S. 176
[163] Engel, A., a.a.O., S. 117
[164] Schäppi, F.S, a.a.O., S. 134

1. Pflanzen von Gesinnungen, lehren von Tugenden und Wecken von Kulturbedürfnissen; Gesinnungen, Tugenden und Bedürfnisse wirkten von innen heraus. Die Mission „ist in Wirklichkeit eine *Erzieherin*; sie setzt einen Prozeß in Gang, der sich allerdings langsam durch Generationen hindurch vollzieht, aber allmählich sicher zum Ziele führt."[165]

2. Gewalt eigne sich nicht zur Erziehung, vielmehr sei ein von innen heraus bewirkter Umschwung in den Sitten und Anschauungen einzuleiten, wofür neue innere Beweggründe für die Arbeit mitzuteilen seien.

Hier lohnt es sich, Warnecks Zusammenfassung zu zitieren, was auf die Frage des notwendigen Anteils der Mission an „der Erziehung der Naturvölker zur Arbeit" folge: „Das folgt, daß die Arbeitserziehung der Naturvölker auf eine bloß *äußerliche*, mechanische Weise noch dazu mit *Dampf* und unter Anwendung von *Gewalt unmöglich* ist. Nur die größte, sowohl auf völliger Unkenntnis der Sitten und Anschauungen der betreffenden Völker wie auf einem totalen Mangel an pädagogischer Erfahrung beruhende Oberflächlichkeit kann sich dem Wahne hingeben: durch die Aufstellung einer Reihe von äußeren Verhaltungsmaßregeln und die Anwendung von Gewaltmitteln zu ihrer Durchführung werde das große Problem der Arbeitserziehung gelöst. Für jeden mit einigem pädagogischen Instinkt begabten Menschen ist nach dem bisher Vermerkten zweierlei klar: 1. daß ein und zwar von *innen* heraus bewirkter *Umschwung* in den Volkssitten und -anschauungen eintreten muß, welche jetzt die Hindernisse für eine regere und allgemeinere Arbeitsamkeit bilden und 2. daß *neue* und zwar wieder *innere Beweggründe* zur Arbeit mitgeteilt werden müssen."[166]

3. Dies leiste die Mission über
a) das Wort, aber nicht „in abstracto", sondern
b) über das Beispiel des Missionars und durch Hinzuziehung von Helfern in Haus, Kirche und Schule, die ebenfalls exemplarisch wirken,
c) durch direkte Arbeit der Schüler, um einerseits das Pensionsgeld abzuarbeiten und andererseits die Anstalt zu erhalten.[167]

Berg schreibt 1927 zur Arbeitserziehung: „*Geregelte körperliche Arbeit, ihre Einführung und Pflege bei den tiefstehenden Rassen trotz der Arbeitsscheu –* das ist eine neue grundlegende Aufgabe der Mission. Diese missionarische Tätigkeit ist geradezu eine Lebensfrage für die Entwicklung der Naturvölker.

---

[165] Vgl. hierzu: AMZ, Welches Interesse und welchen Anteil hat die Mission an der Erziehung der Naturvölker zur Arbeit?, Referat Merensky, a.a.O., S. 177
[166] ebenda, S. 180
[167] ebenda, S. 178ff Vgl. auch seine Ausführungen über die Arbeitsschule und die Werkstätten und „Industrieschulen", S. 183ff

Denn Urbarmachung, Melioration, Ackerbau und Viehzucht sind die ersten Vorbedingungen für einen gesunden Volkswohlstand. Einführung und Betreibung der verschiedenen Handwerke, Anlage von Plantagen und Gärten führen alsdann folgerichtig zur Entwicklung von Handel und Gewerbe."[168] Systematisch beschreibt Berg dann die Motive zur Arbeitserziehung: „Im Mittelpunkt der *Kolonialpolitik* stehen die wirtschaftlichen Vorteile der *Arbeitserziehung* ‚man erziehe den Neger zur Arbeit *für uns*.' Die *Mission* schaltet diese materiellen Interessen nicht aus, sie ist in gewissem Sinne sogar eine kraftvolle Stütze für die wirtschaftlichen Bestrebungen, aber ihre eigentlichen Ziele sind vornehmer und höher. Vor allem sind es *ethische Motive*. Die Mission will zuerst den arbeitsscheuen Eingeborenen innerlich umwandeln und sein Vorurteil gegen den Wert der Arbeit bekämpfen. Dann will sie in der Schule der Arbeit den Willen und Charakter des Eingeborenen stärken, freilich zuerst in einzelnen Persönlichkeiten, dann aber durch deren Mitarbeit nach und nach den abseits Stehenden für diese neue Kulturarbeit gewinnen."[169]

Erzabt Weber hält die richtige Arbeitserziehung auch für notwendig, um die Bevölkerung der Kolonien gegen die Übervorteilung durch gerissene Handelsleute abzusichern: „Der Händler schöpft mit leichter Mühe den zufällig vorhandenen Besitz ab und läßt das betörte Völkchen mit einigen Tändeleien bereichert zurück. Von sozialer, kultureller Einwirkung, von einer Anregung zu zielbewußter Arbeit zeigt sich keine Spur. Für die kulturfördernde Einwirkung des Handels wie für die kulturelle Entwicklung unserer Eingeborenen überhaupt müssen erst die Vorbedingungen geschaffen werden, und dies geschieht durch die Erziehung zur systematischen Arbeit."[170]

Frey zitiert einen Bischof Roelens, apostolischer Vikar vom Oberkongo: „Ich bin fest überzeugt, und die tägliche Erfahrung bestärkt mich darin, daß man nie etwas Ordentliches aus einem Schwarzen machen wird, der sich gewohnheitsmäßig der Trägheit überläßt, und daß keine Christengemeinde Bestand hat, wenn dort der Müßiggang das Zepter führt. Die Arbeitsamkeit ist eine gute Hüterin der Sittlichkeit und des Glaubens. Wir müssen also unsere Schwarzen zum Arbeiten bringen, wenn wir sie zu einem sittlichen Leben erziehen wollen. Künnten wir ihnen aber *Lust und Liebe zur Arbeit* einflößen, das wäre die Vollkommenheit in dieser Beziehung. Keine Mühe darf uns zu groß sein, um zu diesem Ergebnis zu gelangen."[171] Anfänglich gäbe es jedoch große Schwierigkeiten, weil die Missionierten die Nützlichkeit oder Notwen-

---

[168] Berg, L., a.a.O., S. 281
[169] ebenda, S. 285f
[170] Weber, N., Ziele und Wege der Eingeborenen-Erziehung, in: Deutscher Kolonial-Kongreß 1910, S. 675, zitiert nach Berg, L., a.a.O., S. 283
[171] Frey, T., Die Gesellschaft der Missionare von Afrika. Weiße Väter in ihrem 50jährigen Bestehen (Oktober 1868 bis Oktober 1918) Trier 1918, S. 59

digkeit der Arbeit so gar nicht einsehen wollten, so daß Frey folgert: „Die Missionare müssen deshalb in erster Linie dem Neger die zu einem menschenwürdigen Dasein für Kleidung, Nahrung und Wohnung notwendigen Bedürfnisse schaffen; dann müssen sie ihm hilfreich an die Hand gehen und ihn anleiten, diese Bedürfnisse in der richtigen Weise zu befriedigen. Dies wird aber nur möglich sein, wenn er sich durch Arbeit die nötigen Einkünfte zu verschaffen sucht. So gelangt er nach und nach zu einem gewissen Wohlstand, der dann für die religiöse und sittliche Hebung eine günstige Grundlage schafft. Die Religion muß den Neger zunächst zum *Menschen* machen, nur dann wird sie aus ihm einen brauchbaren *Christen* machen können."[172]

Auch Schlunk verweist auf die Vorteile der Arbeitserziehung, in der er einen „Schutzdamm gegen die Gefahren einer oberflächlichen Europäisierung durch Verschulung und intellektuelle Verbildung der Eingeborenen" sieht und verweist darauf, daß die Arbeitserziehung nichts gemein haben dürfe mit dem europäischen Handwerksunterricht („Handfertigkeitsunterricht"), der für die Eingeborenen von geringem Nutzen sei.[173] Becker folgert zu diesem Thema: „Schulfarmen bei jeder Dorfschule, drei Tage in der Woche kein Unterricht, sondern landwirtschaftliche Arbeit in genauer Anpassung an die örtlichen Verhältnisse, das ist pädagogisch genau das Richtige, erleichtert die Aufbringung der schnell sich erhöhenden Ausgaben für die Schule und entspricht durchaus dem bei den Naturvölkern vorherrschenden Kommunismus."[174]

Für Mirbt schließlich läßt sich am Stand der Ergebnisse der Arbeitserziehung der Erfolg der gesamten Erziehungsarbeit messen: „Das Christentum ist nicht eine *Religion* des Hinträumens, sondern *des Handelns*; es verlangt, daß der Mensch die ihm verliehenen Kräfte und Gaben anwendet und ausbildet, damit er ein brauchbares und tüchtiges Glied der menschlichen Gesellschaft wird; es zeigt ihm, daß er einen Beruf in der Welt hat und in einen Kreis von Pflichten gestellt ist, die zu erfüllen seine Aufgabe ist. Wenn in Europa die Art, wie ein Mensch arbeitet, ein wichtiges Kriterium seiner *sittlichen* Reife ist, so wird die Stellung des Negers zur Arbeit geradezu als ein Gradmesser für den Erfolg der ihm zugewandten Erziehung anzusehen sein."[175]

Daß es bei dieser Arbeitserziehung um mehr ging als um den Erhalt der Missionsstationen, merkt allerdings Becker eindeutig an: „Es liegt im Wesen jeder Arbeitserziehung, daß sie nicht um ihrer selbst willen betrieben werden kann – dann wird sie zur Spielerei –, sondern daß sie jeweils Arbeitskräfte mit

---

[172] ebenda, S. 59f
[173] Schlunk, M., Die Schulen für Eingeborene in den deutschen Schutzgebieten, a.a.O., S. 95ff
[174] Becker, H. Th., Die Kolonialpädagogik der grossen Mächte, a.a.O., S. 240
[175] Mirbt, C., a.a.O., S. 103

bestimmten Fähigkeiten für ganz bestimmte Arbeitsbereiche heranzubilden hat."[176] Arbeitserziehung sollte dazu beitragen, Erträge zu steigern und die Bevorratung zu verbessern, vor allem im landwirtschaftlichen Bereich, „letztes Ziel aber dieser Erziehung ist es, die eingeborenen Schüler an eine geregelte und ausdauernde Arbeit am Boden zu gewöhnen und ihnen die von der ihrigen so völlig abweichende europäische Arbeits- und Wirtschaftsgesinnung einzupflanzen, womit freilich schon ein sehr tiefer Eingriff in die geistig-seelische Haltung des Eingeborenen zur Arbeit erfolgt."[177]

Ein weiteres Indiz für die These Beckers findet sich in dem schon zitierten Vortrag von Merensky, und zwar an der Stelle, wo er sich Gedanken darüber macht, wie das arbeitsmarktliche Auftreten von Handwerkern mit der entsprechenden Nachfrage in Einklang zu bringen sei: „Bei der Frage: ob und in welcher Weise … Handwerksschulen eingerichtet werden sollen, muß selbstverständlich das Interesse der *Eingebornen* maßgebend sein. (…) Erwähnt sei, daß bei Ausbildung von Handwerkern unter Naturvölkern leicht Überproduktion eintreten kann; man soll also *nicht mehr* Handwerker bilden, als nach Entwicklung der Verhältnisse mit Vorteil Beschäftigung finden können, damit nicht ein Proletariat von Leuten entstehe, welche als einfache Ackerbauer sich und die Ihrigen hätten besser ernähren können."[178] Dieses früh-klassische bildungspolitische Argument unterstützt unsere Analyse, wonach Bildung im kolonialen (und offensichtlich generellen) Kontext nicht von der ökonomischen Produktion zu trennen ist. Gleichzeitig belegt es die Abhängigkeit des kolonialen Bildungswesens von den Bedürfnissen einer entfernten Metropole und deren Stellvertreter vor Ort.

Das Problem des Auseinanderklaffens der Ergebnisse der Ausbildung mit dem Bedarf findet sich auch bei Berg: „Dieser Drang nach Ausbildung in der Schule und im Handwerk, so lobenswert er an sich stets ist, brachte allmählich den Bauernstand in Mißachtung. Kaum daß die Lehrlinge einigermaßen Hobel oder Nadel handhaben konnten, dünkten sie sich für Hacke und Buschmesser zu gut. Daher bemühten sich die Missionare, besonders die Schüler der Landgemeinden auf den hohen Wert des Bauernstandes hinzuweisen und sie auch zu praktischer Arbeit anzuleiten."[179]

Für Niesel stellt sich die Frage nach der Arbeitserziehung dann allerdings wesentlich harmloser, auch wenn er aufgrund seines umfangreichen

---

[176] Becker, H. Th., Das Schulwesen in Afrika, a.a.O., S. 315
[177] ebenda, S. 316
[178] AMZ, Welches Interesse und welchen Anteil hat die Mission an der Erziehung der Naturvölker zur Arbeit? Referat Merensky, a.a.O., S. 159
[179] Berg, L., a.a.O., S. 301

Materials zu anderen Schlüssen hätte kommen können: „Um keinen Dünkel gegenüber der Handarbeit aufkommen zu lassen, lernten sie (die Zöglinge der Missionsstationen, der Verf.) dann neben Lesen und Schreiben auch europäische Arbeiten kennen."[180]

Auch Berger vermerkt lapidar: „Die Ausführungen zum Thema Arbeitserziehung können kürzer gefaßt werden"[181], und verweist nur auf die bereits beschriebene Interessenharmonie zwischen Missionaren und Kolonialregierung in dieser Frage sowie auf den direkten Nutzen einer Volkswirtschaft im Hinblick auf ausgebildete Handwerker und den indirekten Nutzen, „der wiederum aus den mit der körperlichen Arbeit verbundenen Erziehungszielen, wie Gehorsam, Fleiß, Ausdauer usw. resultiert."[182]

Zentrales Problem der Missionsgesellschaften war allerdings – und die angeführte Diskussion untermauert dies – offensichtlich das allmähliche Gefügigmachen der Eingeborenen für eine Autorität, die durch den Kolonialherrn gesetzt wurde und die Arbeitsleistungen von den Eingeborenen forderte. Die schrittweise erfolgende Einführung der Lohnarbeit über Hüttensteuer und Zwangsmaßnahmen wurde bereits geschildert. Mit der zunehmenden Kolonisierung mußten von der einheimischen Bevölkerung aber auch immer mehr Kinder für Arbeiten herangezogen werden, die vorher von Erwachsenen, die nun Lohnarbeit leisten mußten, verrichtet wurden. Die Missionen lehnten die Kinderarbeit nicht ab – schließlich praktizierten sie diese in ihren Schulen ja selbst –, sondern begannen, aus offensichtlich eigennützigen Gründen etwas gegen das Fernbleiben der Schulkinder zu unternehmen: es gab zwar keine direkte Schulpflicht, angewandt wurde nunmehr oder vermehrt, und unter Duldung der Kolonialbehörden, der Schulzwang.[183] Anfangs gab es für den Schulbesuch kleine Geschenke an die Eltern oder die Kinder selbst, bald jedoch wurde die Belohnung zur Bestrafung: den Eltern wurden Ziegen, Bananen, andere Früchte oder Hacken zur Feldbestellung weggenommen.

Bei Frey findet sich z. B. auch folgende Beschreibung: „So bemüht man sich, die Schuljugend nicht bloß in den Anfangsgründen des Abc, sondern auch in der Arbeit in Garten und Feld zu unterrichten. Es sind zunächst nur einfache und leichte Arbeiten, zu denen man sie anleitet; ein kleiner Lohn spornt ihren Eifer an. Um sie noch mehr zur Arbeit anzutreiben, wird ihnen nichts umsonst gegeben, keine Nadel, keine Glasperle, kein Stoff, kein Buch; alles muß redlich verdient werden. – Außerdem verlangt die Mission, daß die Neger

---

[180] Niesel, H.-J., a.a.O., S. 146
[181] Berger, H., a.a.O., S. 283
[182] ebenda
[183] Vgl. hierzu: Niesel, H.-J., a.a.O., S. 193ff; Niesel führt viele Beispiele dafür an, wie sich die Konflikte zwischen Eltern und Missionaren über die Verwaltung aktenkundig machten.

sich anständig kleiden und nicht im einfachen Lendenschurz zur Kirche kommen. Um sich diese Kleidung zu verschaffen, müssen sie wieder arbeiten."[184]

Andererseits war sich die Mission durchaus im klaren, daß sie durch ihre Arbeit die autochthone Ordnung umstürzte: „Da die Eingeborenen – besonders aber die bekehrten Christen – durch die Zivilisierung aus dem traditionellen Sozialgefüge herausgerissen wurden, trug nun die Mission die soziale Verantwortung für ihre Gemeinden. Es herrschte die allgemeine Auffassung, daß nur die Erziehung zur selbständigen Arbeit oder zur Lohnarbeit die Eingeborenen befähigen könne, für sich selbst zu sorgen und auch zum Unterhalt ihrer Kirche beizutragen. So versuchten die Missionen die Unabhängigkeit des Einzelnen zu erreichen, indem sie ihm beibrachten, daß Lohnarbeit keine Schande, sondern ‚Zeichen des freien Mannes' sei."[185]

In diesem Zusammenhang sind auch die Bestrebungen der Missionare zu sehen, das Prinzip des Privateigentums bei den kolonisierten Völkern zu verankern: „Der Gedanke, daß der einzelne das, was er erarbeitet hat, auch wirklich als *sein Eigentum* ansehen kann, ist kulturell und missionarisch besonders bei jenen Stämmen wertvoll, die kein Privateigentum zulassen"[186], schreibt Berg und zitiert zum Beleg einen P. Digmann S.J., der offensichtlich in den USA über die Einführung des Privateigentums ein Machtmittel gegen die Feudalherrschaft der traditionellen Elite gefunden hatte: „Die Mitglieder unserer St. Josephs-Gilde entschlossen sich alle ohne Ausnahme, ihr Land als Grundbesitzer in Empfang zu nehmen. Die Opposition von seiten einiger alter Häuptlinge und ihrer nichtfortschrittlichen Sippe war groß, wurde aber nicht beachtet. Die ersteren fühlten wohl instinktiv, daß ihr alter patriarchalischer Einfluß gebrochen werde, sobald der Gemeindebesitz aufhöre und jedermann auf ‚seinem' Grundstück eigener Herr sei. Das früher sehr beschränkte und verschwommene Rechtsbewußtsein von Privateigentum nimmt auf einmal viel schärfere Gestalt an ... Die Tatsache aber, daß sie jetzt *Eigentümer* sind und Rechte haben, stärkt sie in ihrer *sozialen* Stellung gegenüber ihrem Häuptling und macht sie frei, auch in *religiöser* Beziehung sich in Gegensatz zu dem Häuptling, dem religiösen Haupte des Stammes, zu stellen."[187]

Hier zieht sich eine konsequente Linie durch die Bemühungen der Mission: Einführung und Durchsetzung der Geldwirtschaft, Zwang zur Aufnahme von Lohnarbeit, Anerkennung von Privateigentum und Einführung des Leistungsprinzips. Die katholischen Missionsgesellschaften hatten auf diesem

---

[184] Frey, T., a.a.O., S. 60
[185] Niesel, H.-J., a.a.O., S. 146
[186] Berg, L., a.a.O., S. 297
[187] P. Digmann S.J., ohne Quellenangabe, zitiert nach Berg, L., a.a.O., S. 297f

Gebiet entscheidende Vorteile, weil sie über mehr entsprechend vorgebildete Brüder verfügten und im größeren Umfang Kultivierung des Missionslandes betrieben und damit auch sichtbare Erfolge der Arbeitserziehung aufzuweisen hatten. Aus diesen Gründen ist es erklärlich, daß sie sowohl den kolonialen Kreise, als auch der Verwaltung hoch willkommen waren. Sie stellten den Bedarf sicher.

Bei Arbeitsverweigerung wurde von seiten dieser Missionare sofort streng durchgegriffen, der Akkordlohn eingeführt, weitere Verschärfungen durch Ausbezahlung des halben Lohnes angedroht. „Sie zögerten also keineswegs, zu härteren Sanktionen zu greifen, um das europäische Leistungsprinzip einzuführen, wenn das eigene Beispiel, gutes Zureden und ‚geheime Verführer‘ (Warenangebot) nicht helfen wollten."[188]

Vor diesem Hintergrund wird deutlich, was es heißt, Erziehung nach den Bedürfnissen der Eingeborenen zu leisten. Die Missionare stellten sich die Aufgabe, die afrikanische Bevölkerung auf die europäische Zivilisation vorzubereiten und wollten den Eingeborenen helfen, sich in der neuen Welt zurechtzufinden. So fordert z. B. Büttner: „Nur dann werden unserm Staate und Volke die neuen Kolonien wirklich nutzbar, wirklich ein *bleibendes* Eigentum werden, wenn wir sie und ihre Bewohner nicht *ausbeuten*, sondern *civilisieren*."[189] Diese „Zivilisierung" meint aber nichts anderes, als mit der Arbeitskraft dem Kolonialherrn zur Verfügung zu stehen.

Die Erfüllung der Aufgabe, Afrikaner als nützliche Arbeitskräfte heranzuziehen und sie für europäische Zwecke zu nutzen, führt dann auch zu der logischen Folgerung: „Die Entwicklung Afrikas und die Nutzbarmachung seiner vorhandenen und möglichen Werte sind wesentlich abhängig von einer gesunden und zahlreichen Eingeborenenbevölkerung."[190] Das verlange Bekämpfung der Sterblichkeit und Gesundheitsvorsorge, damit die Bevölkerung „den heutigen und künftigen Ansprüchen an ihre Arbeitskraft gewachsen" ist.[191] Oder, wie Büttner 1885 vorträgt: „Auch wenn man diese ‚Wilden‘ in den Kolonien nur als Arbeiter betrachten wollte, welche man so oder so, durch militärische Machtmittel oder durch kaufmännische Spekulation zwingen könnte, für uns zu arbeiten, so weiß doch schon die Klugheit der Welt, daß jede Verwahrlosung der Dienstboten und Arbeiter sich an dem *Hausherrn* selbst aufs bitterste rächt, wenn nicht anders, so durch die Verwahrlosung seiner eigenen Kinder."[192]

---

[188] Niesel, H.-J., a.a.O., S. 148
[189] Büttner, C.G., a.a.O., S. 107
[190] Feyer, U., u.a., a.a.O., S. 172
[191] ebenda
[192] Büttner, C.G., a.a.O., S. 106

Niesel bringt aufgrund seines umfangreichen Quellenstudiums die Aufgabe der Missionare auf folgende griffige Formel: „Ihre Aufgabe sahen sie darin, eine Entwicklung wie bei den Indianern in Amerika zu verhindern."[193] Diese Aussage schließt den Kreis zu der Feststellung, daß der größte Wert Afrikas der Mensch sei, und dies heißt zunächst, daß eine Ausrottung der afrikanischen Menschen aus der Sicht der Mission auf alle Fälle zu vermeiden war. Die Mission wollte in Afrika ein Gemeinwesen errichten, das, auf der Grundlage des damaligen Verständnisses des Christentums, den Betroffenen ein gewisses Auskommen ermöglichen sollte: „So erzieht der Missionar den arbeitsscheuen Eingeborenen nach und nach zur freiwilligen Arbeit und schafft ihm unaufdringlich ein menschenwürdiges Dasein."[194] Weiterführend heißt dies, daß das Arbeitskräftepotential Afrikas erhalten werden sollte, um der kolonialen Wirtschaft auf Zukunft hin entsprechendes Prosperieren zu ermöglichen. Schließlich mußte ja im Falle der Kolonisierung der beiden Amerikas und des karibischen Raumes afrikanische Arbeitskraft in Form von Sklaven zugeführt werden, weil einheimische Arbeitskraft nach der Ausrottung der Indianer nicht mehr zur Verfügung stand. Die Errichtung eines christlichen Gemeinwesens in Afrika sollte diesem Anliegen dienlich sein. Die Missionare wußten oder ahnten allerdings auch, daß dieses in einem gewissen Abstand zur kolonisierenden „Kulturnation" einzurichten sei, da sie den Druck der Siedler auf eine uneingeschränkte Ausbeutung schwarzer Arbeitskraft klar erkannt hatten.[195]

---

[193] Niesel, H.-J., a.a.O., S. 233
[194] Berg, L., a.a.O., S. 293
[195] In dieser Absicht waren die Missionare von den radikalen Siedlern unter Druck gesetzt. Das Verständnis der Siedler zum humanitären Ansatz der Missionare im Falle Südamerikas umreißt ein Kulturhistoriker Fr. von Hellwald 1875 so: „Die Vernichtung des Indianers bildet den einzigen Weg zu weiteren Kulturfortschritten. . . . Wir dürfen uns der Einsicht nicht verschließen, daß auch jetzt im gesamten lateinischen Amerika nur der *katholische Priester* der alleinige wahre Freund und Beschützer des Indianers ist, auf dessen *Ausbeutung, Hintansetzung, womöglich Unterdrückung und Vernichtung* alle weltlichen Gewalten es abgesehen haben. Damit soll gegen die letzteren, also gegen die weltlichen Gewalten, der leiseste Vorwurf ausgesprochen sein, denn möglicher Weise, in vielen Fällen ganz gewiß, wird der Civilisation mehr mit der *barbarischen Ausrottung* als mit der humanen Erhaltung der Eingeborenen gedient." Fr. v. Hellwald in „Unsere Zeit" Deutsche Revue der Gegenwart, 1875, S. 102, zitiert nach Berg, L., a.a.O., S. 82

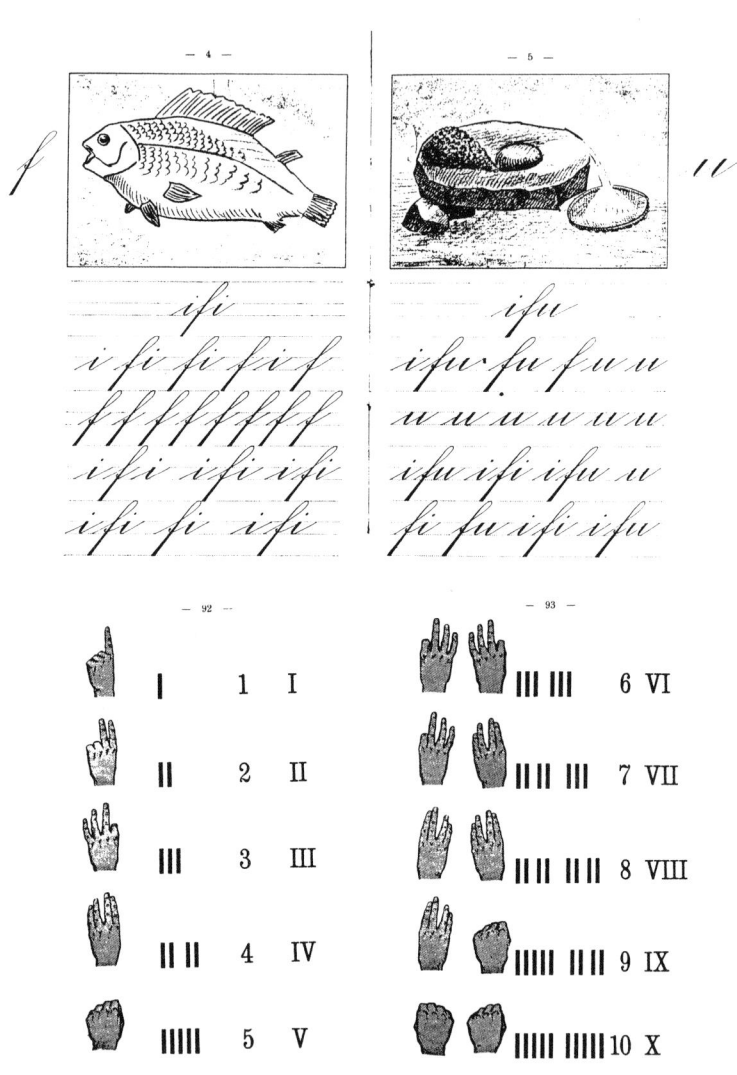

Abb. 6: Fibel der Bethelmission in Rwanda

Elitenbildung zur Stützung kolonialer Herrschaft

Schule als Instrument der Elitenbildung

Im kolonialen Afrika war die importierte weiße Oligarchie das eigentliche Machtzentrum, dazu gehörten die Beamten des kolonialen Verwaltungsapparates und die Manager der ausländischen Firmen. Kolonialverwaltung und Handelshäuser waren jedoch von Anfang an auf einheimische Mittelsmänner angewiesen: Dolmetscher, Schreibkräfte, Boten, Polizisten, Lehrer und niedere Beamte. Nur mit ihrer Hilfe konnte die Kommunikation zwischen Regierten und Regierenden hergestellt werden und der Warenumsatz zwischen Europa und Afrika auf- und ausgebaut werden.[1]

Unter diesem Vorzeichen entstand jene Gruppe von Leuten, die als „afrikanische Elite" bezeichnet wird. Zunächst rekrutierte sich diese Elite aus den reichen islamischen Familien an den Küstenstreifen, beim Vordringen in das Landesinnere stützten sich die Kolonisten zunächst auf die traditionelle Autorität der Häuptlinge und versuchten, diese für den Zweck der Kolonialverwaltung dienstbar zu machen. „Administration mit Hilfe der Häuptlinge war die billigste Form des Kolonialismus (,colonialism-on-the-cheap'), trotz der nicht unbedeutenden Geldzuwendungen an die Häuptlinge – in Form von Grundlöhnen, Provisionen auf den von ihnen eingesammelten Steuern und auf den Einzug von Bußen, die sie in den von ihnen präsidierten Gerichten verhängt hatten."[2] Die Häuptlinge profitierten von diesem System und wurden reich.

Eine Veränderung der internen Machtkonstellationen im kolonialen Afrika brachte erst die systematische Entwicklung des Bildungswesens: „in den Schulzimmern wurde so der Grundstein für eine neue Elite gelegt."[3] Dabei bestimmte von vornherein der Bedarf der Verwaltung die Zahl der Schüler wie auch der Grad der ökonomischen Ausbeutung die Verbreitung der Schulen überhaupt bestimmte. Schulen befanden sich überwiegend in den Gebieten, die wirtschaftlich intensiv genutzt wurden, während andere, für die Kolonialherren weniger interessante Gebiete über keine Bildungseinrichtungen verfügten.[4]

Während einer Rundfahrt „... sahen wir, von einer Häuptlingsschaft zur anderen, das unvergeßliche Bild unzähliger Kinder, die sich in ganzen Trauben an uns hängten und uns um Schulen bestürmten. ,Schulen, immer

---

[1] Vgl. hierzu: Traber, M., Das revolutionäre Afrika, Freiburg 1972, S. 13ff
[2] Traber, M., Das revolutionäre Afrika, a.a.O., S. 15
[3] ebenda, S. 16
[4] Vgl. hierzu: Kolodzig, G., Das Erziehungswesen in Tanzania, Saarbrücken 1978, S. 65

noch mehr Schulen', das bleibt die hauptsächlichste Forderung im gesamten schwarzen Afrika, und man muß sagen, daß sie noch nichts von ihrer Aktualität verloren hat."[5] Dies schrieb noch 1960 der französische Staatssekretär für das Erziehungswesen in den französischen Kolonien, Louis-Paul Aujoulat. Sehr bald war den Menschen in den Kolonien in ihrer Not klar geworden, daß der Zugang zu den von den Kolonialherren in Aussicht gestellten „Errungenschaften der Zivilisation" nur über die koloniale Schule erfolgen konnte, welche die traditionelle Erziehung und die regional noch existente islamische Erziehung entfunktionalisiert hatte. Schließlich waren es nicht mehr die Häuptlinge, sondern die Mitglieder der im Schulsystem großgewordenen neuen Elite, welche die Verwaltungsposten besetzten. Die von der kolonialen Schule institutionalisierten Selektionsmechanismen sorgten dabei für ein langfristiges Ausschalten der traditionellen Eliten wie auch für eine Isolation der neuen Kader in kultureller und politischer Hinsicht von der Masse der Bevölkerung. Diese Entfremdung vom autochthonen sozialen, kulturellen und politischen Kontext und die damit verbundene Übernahme „weißer" Werte, inklusive deren Begründungszusammenhängen, zeitigt ihre Auswirkungen bis heute.

Das angeführte Zitat Aujoulats weist aber noch in eine andere Richtung: Nur ein geringer Teil der Bevölkerung wurde durch das Schulwesen überhaupt erreicht und ein noch geringerer Teil davon absolvierte eine vollständige Elementarbildung, denn die meisten verließen die Schulen vorzeitig, d. h. ohne Qualifikation für die besser bezahlten Tätigkeiten in der Kolonialverwaltung und Kolonialwirtschaft. Mit denen, die tatsächlich alle vorhandenen Stufen des Bildungswesens erklommen hatten, wurde eine Elite geschaffen, die nicht mehr unbedingt die Interessen ihrer „rückständigen" Landsleute vertrat. Dies lag im eindeutigen Interesse der Kolonialherren und war nicht, wie es Kolodzig annimmt, auf die Unfähigkeit der Kolonialmächte zurückzuführen, „ein den Erfordernissen der afrikanischen Gesellschaft entsprechendes Erziehungswesen aufzubauen."[6]

Aujoulat bringt die Forderung nach nationalen Eliten auf folgenden Begriff: Um die Zusammenarbeit zwischen Europa und Afrika auf eine „fruchtbare" Basis zu stellen, müssen in Afrika Eliten ausgebildet werden. „Das Volk mag noch so viel Eifer und Entschlußkraft aufweisen, es bedarf eines Minimums an Kernpersonal. Eliten ohne Massen oder Massen ohne Eliten, das sind die beiden Hindernisse für eine harmonische Entwicklung. In beiden Fällen ist eine Quelle des gestörten Gleichgewichts gegeben, die bis zur

---

[5] Aujoulat, L.P., Afrika kommt. Werden und Zukunft eines Kontinents, Freiburg 1960, S. 366
[6] Kolodzig, G., a.a.O., S. 64

Unordnung führen kann."[7] Die in der Dependenztheorie vorgenommene Analyse einer vom Zentrum abhängigen Entwicklung in den peripheren Gebieten findet hier ihre nachdrückliche Bestätigung in der Praxis.

Neue Eliten für die Erschließung des Landes

Die ersten Schulen im Gebiet des ehemaligen Deutsch-Ostafrika wurden von den Missionsgesellschaften errichtet.[8] In der Aufbauphase standen in den Missionsschulen religiöse Unterweisung (im bereits geschilderten Sinne) im Mittelpunkt, doch schon sehr bald wurde diese ergänzt durch eine Einführung der einheimischen Bevölkerung in die Techniken des Lesens und Schreibens. Die Kolonialverwaltung war in diesen Anfangsjahren auf diese ausgebildeten Afrikaner angewiesen, ohne zunächst selbst ein Erziehungswesen für Afrikaner aufgebaut zu haben.

Den Missionsgesellschaften ging es zunächst um die Heranbildung von Kräften für die „Missionierung im großen Stil", also um die Ausbildung von Helfern.[9] Diese Helfer werden im Fortgang immer mehr zu den „Anwälten" der Europäer, sie wanderten in die Kolonialverwaltungen ein und wurden bei der Ausbreitung der Missionsgebiete mit herangezogen. Die Ausbildung schloß mit dem Katechisten ab, da die Missionare zunächst in den „Charakter der Afrikaner" kein Vertrauen setzten, sie durften also nicht Priester werden. Das Mißtrauen der Missionare stützte sich vor allem auf die „Zweifelhaftigkeit" der Afrikaner gegenüber dem Zölibats- und Keuschheitsgebot. „Es war ja menschlich gesprochen fast ein Ding der Unmöglichkeit, sofort christliche Reinheits- und Opferblüten im wirren, heidnischen Dornenfeld alter, eingewurzelter Laster und schlimmer Gewohnheiten heranzuziehen. . ."[10] Hertlein[11] schildert ausführlich den Katechisteneinsatz der einzelnen Missionsgesellschaften von den ersten Anfängen an bis zum kriegsbedingten Zusammenbruch 1917.

Die Missionare vom Heiligen Geist erstrebten die Heranbildung von drei Kategorien: Priester, Katechisten, Handwerk- und Ackerbauschüler. „Außer den Negern, die . . . in Zentralhäusern der Missionen als Priester oder

---

[7] Aujoulat, L.-P., a.a.O., S. 430
[8] Vgl. hierzu: Niesel, H.-J., a.a.O., S. 165ff; Kolodzig, G., a.a.O., S. 50ff; Ackermann, L., a.a.O., S. 10 und 21ff
[9] Vgl. hierzu: Niesel, H.-J., a.a.O., S. 165
[10] Engel, A., a.a.O., S. 256
[11] Vgl. hierzu: Hertlein, S., Wege christlicher Verkündigung, Bd. 1, a.a.O., S. 108ff

Katechisten herangebildet (werden sollen), soll noch eine dritte Art erzogen werden, solche, die weder Neigung noch Verstand, noch Tugend genug zum Katechisten- oder Priesterstand haben. Zwei Kategorien sollen bestehen, die Ackerbau- und die Handwerkschüler."[12] Die Weißen Väter erstrebten in ihren Schulen bewußt die Heranbildung einer christlichen Elite, einer Führungsschicht für den kirchlichen und weltlichen Raum. Die Konstitutionen bestimmten: „Es wird empfohlen, wenn es möglich ist, eine oder mehrere Schulen mit höheren Stufen zu gründen, um eine Elite für Zivilangestellte, für Verwaltung, Handel usw. zu bilden."[13]

Die Mission forderte von der Verwaltung, für ihre Dienste mehr christliche Unterbeamte einzustellen, war aber selbst zunächst nicht in der Lage, die nötigen Beamten auszubilden, weil sie sich den Forderungen nach entsprechenden Lehrplänen durch die Kolonialverwaltung in der Anfangsphase der Kolonisierung verschloß. Die Regierungsschulen, die nach der Errichtung der Missionsschulen eröffnet wurden, bildeten hauptsächlich islamische Beamte aus. Wollte die Mission also ihren Einfluß behalten, mußte sie die Lehrpläne an die Forderungen der Verwaltung anpassen.[14] Als direkte Folge dieses Abkommens erhielt die Mission unentgeltliche Schulbücher und Prämien für gute Leistungen nach einer Prüfung.[15] Für diese Zeit ist auch ein „durchgehend missionsfreundlicher Ton" in den Berichten der Bezirksämter festzustellen; vor allem die Schulen der Mission werden um ihrer Erfolge wegen hervorgehoben und mit „Schulprämien" belohnt.[16] Auf die Veränderung der Politik der Kolonialbehörden gegenüber islamischen Glaubensanhängern wurde bereits oben näher eingegangen.

Das staatliche Schulwesen gliederte sich in Haupt- oder Zentralschulen in den Städten und Verwaltungszentren sowie in Neben- oder Hinterlandschulen und war damit dem Missionsschulwesen ähnlich, das sich unterschied nach den effizienteren Schulen an den Hauptstationen der Missionen und dem weitgehend auf religiöse Unterweisung beschränkten Unterricht in den Buschschulen.[17] In den Hinterlandschulen wurden in dreijährigen Kursen die Grundtechniken des Lesens und Schreibens unterrichtet, an den Hauptschulen traten neben diese Vermittlung der Grundtechniken die Fächer Deutsch und Geographie, der Unterricht dauerte vier Jahre. Anschließend sollte eine „höhere Bildung" erfolgen, bis zum Ausbruch des 1. Weltkriegs waren aber nur eine

---

[12] Engel, A., a.a.O., S. 120
[13] Schäppi, F., a.a.O., S. 145
[14] Vgl. hierzu: Tetzlaff, R., a.a.O., S. 273ff
[15] Vgl. hierzu: Niesel, H.-J., a.a.O., S. 170
[16] Hertlein, S., Wege christlicher Verkündigung, Bd. 1, a.a.O., S. 37
[17] Vgl. hierzu: Kolodzig, G., a.a.O., S. 52

Oberschule und vier Handwerksschulen entsprechend ausgebaut.[18] In Relation zu den Missionsschulen wurden die Regierungsschulen bis zum Beginn des 1. Weltkriegs nur von einer geringen Anzahl von Schülern besucht, 90 000 Kinder in den Missionsschulen standen 6 000 Kindern in den Regierungsschulen gegenüber.[19] Trotzdem lieferten auch die Regierungsschulen wichtige Helfer für die Erschließung des Landes und die Aufrechterhaltung der kolonialen Ordnung: die Schulabgänger fanden Anstellung als Akiden, Walis, Schreiber, Steuereinnehmer, Post-, Zoll-, Eisenbahngehilfen, Berater für einheimische Sitten und Gebräuche, Beisitzer bei Gerichtsverhandlungen.[20]

Das koloniale Schulsystem war demnach dafür eingerichtet, die Werte der kolonialen Gesellschaft zu vermitteln und die Eingeborenen für den Dienst im Kolonialstaat auszubilden. Das Erziehungsinteresse der Kolonialverwaltung lag eindeutig auf der Ausbildung von Angestellten und unteren Beamten, die zunächst als Hilfskräfte zur Verfügung stehen und auf lange Sicht selbst die Rolle ihrer Erzieher übernehmen sollten: sukzessive sollte eine im europäischen Sinne erzogene Elite gebildet werden, um die Kolonien sozial einigermaßen erträglich und kostensparend durch abhängige Einheimische zu regieren. Die Selektion dieser Elite war äußerst hart, die allerdings in Aussicht gestellte Belohnung in Form von politisch-administrativer Macht und materiellem Wohlstand war Anreiz genug, die harte Ausbildung auf sich zu nehmen. Da diese neue Elite vorbei an den traditionellen Machthabern und Machtinstanzen entstand, kam es zu einer vollständigen Umstrukturierung des herkömmlichen Sozialgefüges, wobei die neuen Protagonisten ebenso wie die traditionellen eigentlich nur Figuren auf dem Schachbrett der Kolonialmacht waren.

Sprache als Transmissionsriemen für koloniale Wertevermittlung

Ein Problem bei der Unterweisung der Anwärter der neuen Elite stellte allerdings die Sprachenfrage dar, also, ob der Unterricht in der Volkssprache oder in der Sprache der kolonisierenden Macht erfolgen sollte.

---

[18] Einen vollständigen Überblick über den Stand des deutschen Kolonialschulwesens gibt Schlunk, M., Das Schulwesen in den deutschen Schutzgebieten, Hamburg 1914 und ders., Die Schulen für Eingeborene in den deutschen Schutzgebieten, Hamburg 1914
[19] Vgl. hierzu: Kolodzig, G., a.a.O., S. 53
[20] Vgl. hierzu: Tetzlaff, R., a.a.O., S. 273ff

Zunächst hatten die Sklavenhändler in ihrem ökonomischen Interesse die Annahme einer neuen einheitlichen Sprache durchgesetzt[21], nämlich des Kisuaheli. Es entstand in den Küstenstädten Ostafrikas, den Umschlageplätzen für Sklaven, auf der Grundstruktur der Bantu-Sprache, angereichert durch einen umfangreichen arabischen Wortschatz.[22] Es lag auf der Hand, daß auch die Mission zunächst diese Sprache als lingua franca übernahm, da man sich gegenüber den verschiedenen Stammessprachen, ganz zu schweigen von der ohnehin vorhandenen kulturellen Disparität, über das Kisuaheli den zunächst einzigen Zugang zu den im Missionsgebiet buchstäblich vorgefundenen Menschen versprach.

Für heutige Zusammenhänge erscheint der physische und psychische Verschleiß, der mit der Ankunft der Missionare im Missionsgebiet verbunden war, unverständlich. Dies gilt auch für das mühsame Erlernen der regionalen oder lokalen Sprache. Hierzu zwei Beispiele aus zeitgenössischen Quellen: „Die Kenntnis der eingeborenen Sprache ist unentbehrlich für die Verkündigung; es ist also notwendig, daß die Missionare diese Sprache (d. h. zu dem zitierten Zeitpunkt das Kisuaheli; andere Sprachen sollten folgen, d. Verf.) so gut und so rasch wie möglich lernen. . . . Ich wünsche, daß alle Missionare so bald wie möglich und spätestens sechs Monate nach Ankunft in der Mission unter sich nur die Sprache der Stämme sprechen, unter denen sie leben."[23] Die andere Seite beleuchtet ein Pater Dromeaux im Dezember 1879 aus Urundi: „Die Galle und das Fieber haben uns oft heimgesucht . . . Die Akklimatisierung geht nur langsam voran. Vielleicht ist es der Teufel, der uns das antut. Armer P. Pascal! Wir bedauern sehr, daß er nicht mehr da ist, um uns die kleinen Büchlein in Kiswaheli und anderen Sprachen zu verfassen. Es ist schwierig, darin große Fortschritte zu machen infolge dauernder Müdigkeit, Arbeitsüberlastung und, besonders bei mir, infolge mangelnder Begabung . . ."[24]

Gleichwohl ist die Verwendung einer auch islamisch geprägten Sprache durch die Mission nicht unproblematisch gesehen worden, und es kam nach langen Diskussionen schließlich zu einer getrennten Politik: Während sich die Missionare vom Heiligen Geist und die Missionsbenediktiner von Anfang an für die Übernahme des Kiswaheli als offizielle Sprache der Kirche aussprachen (was nicht ausschloß, daß sie lokal bedingt auch andere Sprachen erlernten und anwandten), betrachteten die Weißen Väter durchgehend die Stammes-

---

[21] Ein schönes Beispiel dafür, wie sich Bildungsinhalte ökonomischen Interessen nachordnen.
[22] Vgl. hierzu: Hertlein, S., Wege christlicher Verkündigung, Bd. 1, a.a.O., S. 66
[23] Instructions de S. Eminence le Cardinal Lavigerie à ses Missionnaires. Zit. nach Hertlein, S., Wege christlicher Verkündigung, Bd. 1, a.a.O., S. 66f.
[24] Chronique Trimestrielle de la Société des Missionaires d'Afrique. Zit. nach Hertlein, S., Wege christlicher Verkündigung, Bd. 1, a.a.O., S. 67

sprachen als Mittel der Unterweisung.[25] Erst mit dem Kampf um die Unabhängigkeit in den 50er Jahren und der Forderung, Kiswaheli zur Nationalsprache Tansanias zu machen, löste sich diese Problematik allmählich auf.

Becker bezeichnet die Sprachenfrage als eines der schwierigsten Probleme der Kolonialpädagogik überhaupt[26] und führt dies zum einen auf die Vielzahl der verschiedenen Stammessprachen, zum anderen auf die politischen Erwägungen des Mutterlandes zurück. Für Becker und Schlunk leitet sich die Eingeborenenpolitik in dieser Frage vom „obersten kolonialpädagogischen Grundsatz" her, der „Volkstumserhaltung" und Anpassung den Vorrang zu geben[27], denn: „in einer so wichtigen Frage wie der Sprachenfrage muß die letzte Entscheidung in den *pädagogischen* Motiven liegen."[28] Die Erkenntnis, daß Erziehung im kolonialen Interesse zunächst in der Muttersprache erfolgen mußte, sollte erst ab 1905 Platz greifen, nachdem der erste Bedarf an Hilfskräften für die Kolonialverwaltung gedeckt war und die Elitenbildung durch Massenbildung ergänzt wurde.

Regierungsziel war es zunächst, Deutsch und Kisuaheli zu lehren, wobei an den Regierungsschulen Deutsch Hauptunterrichtsgegenstand war.[29] Von dieser Unterrichtung versprach man sich den schnelleren und besseren Ausbau der Verwaltung mit Hilfe deutschsprechender Einheimischer. Deutsche Verwaltungskräfte konnten durch Afrikaner ersetzt werden, was zu der gewünschten wesentlichen Entlastung des Budgets der Kolonialverwaltung führte. Gleichzeitig sah man die deutsche Sprache als geeignetes Mittel an, die Beziehungen zwischen Bevölkerung und Verwaltung zu verbessern, woran die deutschsprechenden Afrikaner arbeiten sollten. Die Bevölkerung sollte über das Vorbild der „zivilisierten" Afrikaner an „deutsche Gesinnung und deutsche Anschauung" gewöhnt werden.[30]

In Deutsch-Ostafrika wurde der Deutschunterricht allerdings schnell durch Unterricht in Kisuaheli verdrängt, nur die fortgeschrittensten Klassen lernten 2 Stunden Deutsch pro Woche. Da im Küstengebiet Kisuaheli die Geschäftssprache der islamischen Händlerschicht war, erwies sich die Einführung des Deutschen als Amtssprache als nicht praktikabel.

---

[25] Hertlein berichtet ausführlich über die Erörterungen innerhalb der Missionsgesellschaften zum Problem der Sprache. ebenda, S. 66ff
[26] Vgl. hierzu: Becker, H. Th., Die Kolonialpädagogik der großen Mächte, a.a.O., S. 238
[27] ebenda
[28] Schlunk, M., Das Schulwesen in den deutschen Schutzgebieten, a.a.O., S. 93
[29] Vgl. hierzu: Eggert, J., a.a.O., S. 63ff
[30] Vgl. hierzu: ebenda, S. 64

Die Missionsschulen wurden durch die Kolonialverwaltung aufgefordert, Kisuaheli zu unterrichten, wobei Geldprämien für diesen Unterricht ausgesetzt wurden. Für den Unterricht in den Stammessprachen gab es keine Prämien.[31] Unabhängig davon hatten die Missionare von Beginn ihrer Tätigkeit an in Afrika ohnehin umfangreiche Sprachstudien auf sich genommen, um sich mit der Bevölkerung der Gebiete verständigen zu können, in die sie im Laufe der Zeit vordrangen.[32] „Sie lernten nicht nur Kisuaheli, die Küsten- und Handelssprache Ostafrikas, und schrieben Wörterbücher und Hunderte von kleinen Traktaten in dieser Sprache. Sobald sie ins Inland vorstießen, wurden sie nicht müde, immer wieder neu zu beginnen mit den weit über hundert verschiedenen Stammessprachen des Landes. Männer, die im Laufe ihres Lebens zwei-, drei- und viermal neu ein solches Studium auf sich nahmen, sind keine Seltenheit."[33]

Die Mission stellte fest, daß ihr Ziel der „Volksbildung" nur durch Unterricht in der Muttersprache verwirklicht werden konnte. Auch Suaheli war keine Hilfe, da es im Inland eine Fremdsprache war. „Volksbildung" umfaßte für die Mission zwei Schwerpunkte: zum einen sollte die „Volkschristianisierung" über die Pflege der Volkssprache erreicht werden, da das Christentum nach Meinung der Missionare als fremde Religion nur über die Sprache des Volkes heimisch werden konnte; zum anderen wollte die Mission die Bewahrung des afrikanischen Volkstums mit der Sprache als integrierenden Faktor erreichen. Die Missionare sahen sich als Bewahrer der traditionellen Ordnung, „stellvertretend für die Afrikaner".[34] Hinter dieser „Volksbildung" stand ein romantischer Volksbegriff, der mit Herder Sprache, Sitte, Dichtung und Recht als Ausdrucksformen eines Volkes verstand.

Die Mission führte gegen das Erlernen der deutschen Sprache aber noch ein anderes Argument an. Mirbt schreibt: „Die allgemeinere Kenntnis der deutschen Sprache wird die Distanz zwischen den Eingeborenen und der weißen Bevölkerung in einer vielleicht nicht immer heilsamen Weise aufheben und den Nimbus der Überlegenheit des Europäers beseitigen helfen, der für die Behauptung der Herrschaft durch eine kleine Minderheit nicht ohne Bedeutung ist. Auch ist es nicht zu vermeiden, daß die sich verbreitende Kenntnis des Deutschen zugleich das Medium sein wird, mancherlei Dinge den Afrikanern bekannt zu machen, die ihnen, vom kolonialen Standpunkt aus beurteilt, besser verborgen blieben. Ebenso ist das Anwachsen der Zahl der deutsch sprechenden Eingeborenen nicht geeignet, die Neigung zum Erlernen der Lan-

---

[31] ebenda
[32] Hertlein, S., Wege christlicher Verkündigung, Bd. 1, a.a.O., S. 14
[33] Hertlein, S., Wege christlicher Verkündigung, Bd. 1, a.a.O, S. 14
[34] Vgl. hierzu: Eggert, J., a.a.O., S. 42ff

dessprachen auf Seiten der Europäer zu stärken. Damit aber wird die Macht-
stellung des Dolmetschers verantwortungs- und bedeutungsvoller, als zu wünschen ist."[35]

Nach der Einführung der deutschen Sprache zunächst an den Regierungsschulen ergingen entsprechende Aufforderungen an die Missionen, wohl
einer patriotischen Stimmung folgend. Dadurch fanden die Argumente der
Missionare im weiteren Verlauf zunehmend Gehör. Das Erlernen der deutschen Sprache wurde über die Selektionsfunktion des Bildungswesens an eine
kleine, ausgewählte Elite gebunden. So stellt Becker fest: „Schul- und Unterrichtssprache in den dörflichen Elementarschulen darf daher nur die Muttersprache oder – wenn das aus Zweckmäßigkeitsgründen erforderlich ist – eine
dialektverwandte Sprache sein; in der gehobenen Schule tritt daneben als
fremdsprachlicher Unterrichtsgegenstand das Deutsche auf."[36] Die „Zweck-
mäßigkeitsgründe" liegen hier auf der Hand: die kleine Elite muß fremd-
sprachlich ausgebildet werden, um so den Interessen der Kolonialherren dienen zu können. Dies belegt auch ein Schreiben der Kolonialabteilung des
Auswärtigen Amtes vom 3. Oktober 1905 an den Ausschuß der deutschen
evangelischen Missionen: „Die Kolonialverwaltung erkennt an, daß als Regel
die Aufgabe des Unterrichts der Eingeborenen in einer elementaren Bildung in
der Landessprache zu bestehen hat, da nur so die Vorbedingungen geschaffen
werden können, bei deren Vorhandensein der Unterricht in der deutschen
Sprache mit Erfolg erteilt werden kann. Daneben muß die Kolonialverwaltung
allerdings Wert darauf legen, daß die eingeborene Bevölkerung eben durch
Unterricht in der deutschen Sprache weiter erzogen und gebildet wird. Dabei
hat sie, da die Regierungsschulen genügend zahlreiches Personal heranzubilden nicht in der Lage sind, ein besonderes Interesse daran, aus den Zöglingen
der Privatschulen (in erster Linie den Missionsschulen) den stetig wachsenden
Bedarf des Kaiserlichen Gouvernements an eingeborenen, der deutschen Sprache mächtigen Hilfskräften zu decken."[37]

In der Praxis richtete sich die Spracherziehung ohnehin nach der am
jeweiligen Ort verfolgten Kolonisierungspolitik und nicht nach irgendwelchen
übergeordneten Bildungsidealen. So stellt Schlunk vier typische „Lösungsmög-
lichkeiten" des Sprachproblems zusammen: in den Südsee-Kolonien Nebeneinander der Eingeborenensprache und der Sprache des kolonisierenden Landes; eine lingua franca wie etwa das Suaheli in Ostafrika; Auseinandersetzung
zwischen Deutsch und Englisch in Gebieten, wo beide Kolonialmächte in
Konkurrenz standen (Kamerun, Togo, Neuguinea); Deutsch als herrschende

---

[35] Mirbt, C., a.a.O., S. 149
[36] Becker, H. Th., Die Kolonialpädagogik der großen Mächte, a.a.O., S. 238f
[37] Zitiert nach Eggert, J., a.a.O., S. 304

Sprache und Schulsprache in Deutsch-Südwestafrika, das als Siedlungskolonie gedacht war und wo der Schwerpunkt der Kolonisierung auf Plantagenbestellung lag.[38]

Vom traditionellen Sozialverband zum Christendorf

Angesichts der relativ großen Freiheit, die die ersten Kindheitsjahre der Afrikaner in der traditionellen Gesellschaft kennzeichnete, bedeutete der Schulbesuch einen außerordentlich scharfen Einschnitt. Die Schule hatte neben der Ausrichtung auf westliche technisch-wissenschaftliche Zivilisation noch einen weiteren Aspekt, denn sie war als Missionsschule eine religiöse Einrichtung, die sich ausdrücklich gegen die einheimische „heidnische" Kultur richtete. Der Anreiz, lesen und schreiben zu lernen, löste offenbar bei den Afrikanern einen bedeutenden motivationalen Schub aus, da die Überlegenheit der Europäer auf diese Fähigkeit zurückgeführt wurde. „Später, als man mit den Europäern näher in Kontakt gekommen war, erkannte man, daß durch die Schulbildung eine Chance gegeben wurde, Geld zu verdienen und einen dem der Europäer vergleichbaren Lebensstandard zu erreichen."[39]

Die Schule setzte die Kinder Einflüssen aus, die der bisherigen Erziehung völlig fremd waren. Sie mußten pünktlich zur Schule kommen und stillsitzen, sie lernten Dinge, die in keinem sinnvollen Zusammenhang mit den Dingen und Vorgängen standen, die ihnen vertraut waren; von den Lehrern wurden sie veranlaßt, mit den anderen Schülern in Wettbewerb zu treten und wurden ermahnt und bestraft. Über die morgendlichen Übungen in einem Internat berichtet Häuptlingssohn Obafemi Awolowo: „Nach der Ankunft in der Schule stellten wir uns in einer Reihe draußen auf und marschierten dann zur Melodie eines Schulliedes herein. Dann – Gebet . . . Nach dem Gebet waren Körperübungen . . . Die ganze Schule stellte sich nach der Größe auf, und der Lehrer stand allein vor uns und rief seine Befehle aus: ‚Achtung! Dreht rechts! Dreht links! Drehung au-s! Hände hoch! Hände runter! Aus-strecken! Faust! Brust! Rechts dreht! – Marschiert ab!'"[40]

---

[38] Vgl. hierzu: Schlunk, M., Das Schulwesen in den deutschen Schutzgebieten, a.a.O., S. 93ff
[39] Grohs, G., Stufen afrikanischer Emanzipation. Studien zum Selbstverständnis westafrikanischer Eliten, Stuttgart 1967, S. 43.
  Grohs berichtet von mehreren Beispielen, wie Missionare mit Lesen und Schreiben Häuptlinge beeindruckt haben. Die Arbeit von Grohs ist zwar auf Westafrika bezogen, ihre Schlüsse können aber ebenso auf das restliche Afrika bezogen werden; Ackermann berichtet ähnliches für Rwanda.
[40] Zitiert nach Grohs, G., Stufen afrikanischer Emanzipation, a.a.O., S. 45

186

Über den Unterricht berichtet Ndabaningi Sithole, ein rhodesischer Lehrer und späterer Prediger: „1932 begann ich zur Schule zu gehen. Ich ging hin, weil ich sonst nichts zu tun hatte und dachte, es wäre doch gut, es den anderen Kindern nachzumachen. Der Unterrichtsplan umfaßte Lesen, Schreiben, Rechnen, Biblische Geschichten, Hygiene, Gartenbau, Modellieren in Ton und leichte Holzarbeiten. Wir hatten einen sehr strengen Lehrer, der mit dem Stock nicht sparte, wenn er meinte, wir hätten ihn nötig ... Unseres Lehrers Stock war ein Zauberstab. Er brachte genau das zustande, was jener wollte."[41] Gegen die vorgenommene Prügelstrafe in den Internaten und Schulen gab es immer wieder Hausrevolten, oder die Schüler liefen fort und ließen sich in einer anderen Schule anmelden, die oft auch einer anderen Konfession angehörte.[42] Aber: „Trotz der vielen Schläge hatten wir die Schule gern. Lernen und Verhauenwerden wurden für uns untrennbar. Wir erkannten alle an, daß es ohne Schläge kein richtiges Lernen gäbe. Prügel gehörten zum Tagesablauf."[43]

Die Missionsgesellschaften betrieben mit ihrer Arbeit die systematische Herauslösung der Afrikaner aus den bisherigen Bindungen und Beziehungen. Die Umgebung, in denen die Kinder lebten, so faßt es Engel, sei tatsächlich für sie die schlimmste Gefahr, die Kinder müßten unbedingt aus den Familien heraus, da sie dort sittlich völlig verdorben würden. „Man sammelte sie deshalb in den *Internaten* auf den einzelnen Stationen und bemühte sich, die heidnischen Laster und Gewohnheiten zu bannen und ihnen christliche Gesinnung einzupflanzen."[44] Die Zusammenfassung von Kindern in Internaten war ein erster Schritt, zu christlichen Familien zu kommen: „Bevor man an christliche Familien denken konnte, war es in den meisten Gebieten eine unbedingte Notwendigkeit, die Kinder nach Geschlechtern getrennt, fern von ihrer heidnischen, sittenlosen Umgebung heranzuziehen."[45]

Der nächste Schritt war die Einrichtung zusammenhängender Gemeinschaften. So gründeten die evangelischen Missionare „festansässige Landgemeinden", d. h., Neuchristen wurden auf Stationsland angesiedelt, damit der Aufenthalt auf der Station und der tägliche Umgang mit dem Missionar und die Ausbildung in der Stationsschule entsprechend erzieherisch wirken konnte.

---

[41] Sithole, N., Der Gott der Brot ißt, Stuttgart 1962, S. 11
   Eine Einschätzung zu Sitholes Denken und Wirken aus zeitgenössischer Sicht findet sich bei von Haller, a.a.O., S. 197ff
[42] Vgl. hierzu: Grohs, G., Stufen afrikanischer Emanzipation, a.a.O., S. 45
[43] Sithole, N., a.a.O., S. 12
[44] Engel, A., a.a.O., S. 156
[45] ebenda

Dabei rückt ein Phänomen ins Blickfeld, das für die Wirksamkeit der Missionierung nicht zu unterschätzen ist. Es ist das der sogenannten Eingeborenendörfer, die hauptsächlich mit den aufgekauften Sklaven und Sklavenkindern aufgebaut wurden. Vor allem die Benediktiner widmeten sich der Erziehung von befreiten Sklaven, kauften in der Anfangsphase selbst Kinder auf den Sklavenmärkten und stellten ihnen Hausrat zur Heimgründung in der Nähe neuer Stationen zur Verfügung. Doch auch die anderen Missionsgesellschaften waren über diesen „Umweg" bestrebt, zunächst das Los der Sklaven zu vermindern: „Tag für Tag und Jahr für Jahr gingen sie auf die Sklavenmärkte und kauften Menschen für die Freiheit, soviel ihnen die Gaben aus der Heimat ermöglichten."[46] Hertlein nennt auf der Grundlage der Missionszeitschrift „Kreuz und Schwert" des Jahres 1895 auch die Preise: „Der Preis für ein Sklavenkind betrug an der Küste etwa DM 50,-. Für Propagandazwecke in der Heimat nannte man als Grundbetrag ein engliches Pfund = DM 21,-. Der jeweilige Spender einer solchen Freikaufgabe übernahm damit eine gewisse Patenschaft und durfte den späteren Taufnamen des Kindes bestimmen. Hier liegt der Ursprung der heute noch weitverbreiteten Sitte der Taufgaben für ‚Heidenkinder'."[47]

Berg beschreibt, daß durch „strenges Zugreifen" der Kolonialverwaltungen den Sklavenjägern in West- und Ostafrika vielfach ihre Beute entrissen und Missionsstationen übereignet wurde. „Diese Sklaven sich selbst überlassen oder einem weißen Kolonisten zu einer vielfach neuen Sklaverei ausliefern, oder sie in die ferne Heimat senden, geht nicht an. Die Mission sorgt daher für geordnete Beschäftigung dieser Neger in Ackerbau oder Handwerk, öfters auch durch Gründung von Sklavenfreistätten."[48]

Diese Überstellungen von befreiten Sklaven und die sogenannten Loskäufe auf dem Sklavenmarkt gingen in den Jahren vor der Jahrhundertwende in die Tausende und wurden aus naheliegenden Propagandazwecken in den heimatlichen Missionszeitschriften aufgelistet.[49]

Über Art und Weise des Unterrichts für diese Entwurzelten wird in den Quellen wenig berichtet. Hertlein faßt für die Zöglinge in den Internaten der Missionare vom Heiligen Geist zusammen: „Sie alle besuchten eine einfache Volksschule. Die Jungen lernten zusätzlich schmieden und schreinern, schustern und schneidern und vor allem systematischen Feldanbau. Die Mädchen unter der Obhut der Schwestern wurden in die Pflichten einer christlichen Hausfrau eingeführt. Ziel dieser Arbeit waren von Anfang an und ganz bewußt

---

[46] Hertlein, S., Wege christlicher Verkündigung, Bd. 1, a.a.O., S. 63
[47] ebenda (Fußnote, zitiert nach „Kreuz und Schwert", Münster 1893 ff, Nr. 3, 1895, S. 112)
[48] Berg, L., a.a.O., S. 289
[49] Vgl. hierzu z. B. AMZ, Gütersloh, 1894, S. 345

Bekehrung und Taufe."[50] Im Anschluß an das Internat boten die geschlossenen christlichen Dorfsiedlungen das soziale Umfeld der Missionszöglinge. Diese Dörfer sollten den aus der Sklaverei losgekauften und im Internat erzogenen christlichen Familien einen neuen sozialen Rahmen, ein christliches Milieu schaffen, in dem sich die von den Missionaren in der Schule angelegten Wertvorstellungen und Haltungen entwickeln sollten. Gleichzeitig erfüllten diese Dörfer auch die Funktion einer Auffangstation für die der traditionellen Sozialisation und Absicherung entzogenen Afrikaner. Da darüber hinaus das herkömmliche soziale Bezugssystem aufgrund der kolonialen Einwirkungen nicht mehr funktionieren konnte, kam dem von den Missionaren angebotenen neuen Modell eine für künftige Sozialstrukturen und deren Belohnungsmechanismen tragende Rolle zu.[51]

Prototyp für eine ganze Serie von ähnlichen Dörfern war das Christendorf in Bagamoyo. Hertlein umreißt das Leben in diesem Dorf: „Das Leben im ersten Christendorf von Bagamoyo, das 1879 schon siebzig christliche Familien zählte, war streng militärisch oder auch klösterlich geordnet. Um 5.45 Uhr versammelten sich alle in der Kirche zum Morgengebet, gefolgt von heiliger Messe und anschließendem Rosenkranz. Dann hielten sie daheim Frühstück und bereiteten sich auf die Arbeit in den Werkstätten und auf den Feldern der Mission vor. Arbeitsbeginn war 7.00 Uhr, und zwar für Männer und Frauen gemeinsam. Die Arbeit der Frauen endete um 11 Uhr, damit sie das Mittagessen bereiten konnten. Die Männer schafften bis 11.30 Uhr. Um 2 Uhr hatten sich alle in der Kirche einzufinden für eine Katechismusstunde oder zum Lernen von Kirchenliedern. Anschließend war wieder Arbeitseinsatz bis 5 Uhr. Abends um 8 Uhr war gemeinsames Abendgebet, anschließend Bettruhe. Donnerstags und samstags war frei für die Arbeit auf den eigenen Feldern."[52] Für das Zusammenleben gab es einen umfangreichen und äußerst strengen „Code de Discipline", aus dem Hertlein ausführlich zitiert.[53] Die Gründung

---

[50] Hertlein, S., Wege christlicher Verkündigung, a.a.O., Bd. 1, S. 86
[51] Auch der Isalm hat erkannt, daß die durch die Kolonisierung veränderten sozialen Gegebenheiten neue Strukturen erfordern: „Die Entwicklung der islamischen Bruderschaften folgt sehr genau der Ausbreitung der Erdnusskulturen. Die Marabout-Gemeinschaften mit ihren sozialen Hilfs- und Verbindungsnetzen präsentierten sich als Lösung für die Probleme, die aus dem Zerfall der traditionellen Gesellschaft entstanden waren." Dies belegt Christian Coulan in dem Buch „Le Marabout et le Prince" für den Senegal. Vgl. hierzu Hörler, E., a.a.O.
[52] Hertlein, S., Wege christlicher Verkündigung, a.a.O, Bd. 1, S. 88
[53] Vgl. hierzu ebenda, S. 88f: „Zur Aufrechterhaltung der Ordnung und Sittlichkeit ist es den Verheirateten verboten, das Dorf zu verlassen und in ein anderes zu gehen, sowohl vor dem Morgengebet als auch nach der Arbeit am Abend und erst recht während der Nacht. Nach dem gleichen Prinzip der Ordnung sind die Leute von draußen während der verbotenen Zeiten vom Dorf ausgeschlossen. Es ist Frauen untersagt, Dörfer, wo es Tanz und Bier gibt, zu besuchen. Mann oder Frau, welche mit einer Person von außen in der Hütte angetroffen werden, machen sich strafbar. Die Verheirateten dürfen keine andere Hütte zum Plaudern betreten; das muß immer außerhalb der Hütte gemacht werden. Die Frauen dürfen nicht in die Nachbardörfer gehen zum Spaziergang oder Geschäfte halber, es sei denn am Sonntag. Abwesenheit von der Arbeit nur nach Erlaubnis."

weiterer Dörfer erfolgte nach dem Schema, daß in den Internaten in Sansibar und Bagamoyo jeweils eine Gruppe heiratsfähiger junger Menschen zusammengefaßt wurden, die für ein bestimmtes Siedlungsgebiet ausersehen waren. Nach Vorbereitung des Siedlungsortes und der Heirat begannen die jungen Ehepaare das Gemeinwesen aufzubauen. Die Mission stellte dabei Lebensmittel, Werkzeuge, Saatgut und Kleintiere zur Verfügung. Jede Familie hatte neben dem eigenen Grundstück auch die große Missionsplantage in Gemeinschaftsarbeit zu bearbeiten. Für die direkte Aufsicht setzten die Missionare „eingeborene Ortsvorsteher" ein. Dagegen organisierten und überwachten die Missionare das gesamte Programm und machten es sich zur Aufgabe, „durch feierliche Gestaltung der Liturgie und durch regelmäßige Unterweisung den guten Geist der Siedlung zu unterhalten und zu fördern."[54]

Offensichtlich muß die Anbindung der Christendörfer und deren Bewohner an die Mission zunächst erheblich und damit einer eigenständigen Entwicklung abträglich gewesen sein. Denn Hertlein berichtet für das Jahr 1892, daß den Dörfern eine neue Regelung gegeben wurde, die mehr auf Selbstverwaltung abzielte und gleichzeitig mehr Zeit für die Arbeit auf den eigenen Feldern ermöglichte.[55]

Diese christlichen Eingeborenendörfer wurden in der erklärten Absicht gegründet, die Eingeborenen „schädlichen Einflüssen zu entziehen."[56] „Wir können wirklich nicht zulassen, daß diese Jungen bloß die Schulen besuchen und ein Handwerk erlernen, in der Zwischenzeit aber wieder nach Hause zurückkehren. Wir schauen vor allem darauf, sie von jedem Verkehr mit den Heiden fernzuhalten", schreibt Pater Amrhein von den Missionsbenediktinern.[57] Die Unterbringung in Internatsschulen sollte die Kinder nach Ansicht der Missionare vom „heidnischen" Milieu loslösen: „Ihr Grundproblem war die bestmögliche Isolierung und Loslösung des Afrikaners von seinem Stammesleben. Alle Planung und Ausbildung, die folgte, zielte hin auf eine Art ‚Gehirnwäsche' der Männer und – wenn vorhanden – der Frauen in einem Ausmaß, daß die jungen afrikanischen Anwärter ihre ganze ihnen bisher lieb gewesene Lebensweise aufgaben, einschließlich ihres ganzen häuslichen und religiösen Lebens mit den dazugehörigen Freizeitbeschäftigungen und Fest-

[54] ebenda, S. 89
An anderer Stelle, nämlich S. 87f, verweist Hertlein auf die Pflege der Liturgie mit den Zöglingen, die als ein „vorzügliches Mittel zur Vertiefung des christlichen Lebens der Internatskinder und der christlichen Familien" angesehen wird.
[55] ebenda, S. 91
[56] Niesel, H.-J., a.a.O., S. 63ff
[57] Amrhein, A., Compte rendu de l'etat des Missions OSB dans la Préfecture Apostolique de Zanzibar méridional, München 1895, zitiert nach Hertlein, S., Wege christlicher Verkündigung, a.a.O., Bd. 1, S. 93

lichkeiten"[58], bewertet der Afrikaner J.C. Kamau die Tätigkeit der Missionare. Die Missionare sahen in dieser Erziehung eine direkte Hinführung des Einzelnen auf die neue Gemeinschaft der Christen: „Man muß ihn also in zunehmendem Maße in die christliche Gemeinschaft einführen, die ihm von da an Antrieb gibt und so langsam in seinem Herzen die heidnischen Gewohnheiten durch christliche ersetzt, bis die Gewohnheiten eine ‚desturi‘ sind, über die man sich nicht mehr hinwegsetzt, genauso wenig wie man sich in heidnischen Lehren über heidnische desturi hinweggesetzt hat."[59]

Teil dieses Versuchs, die „heidnischen" Bräuche und Verhaltensweisen durch christliche zu ersetzen und damit den Getauften und von ihrer bisherigen Sozialstruktur Entwurzelten ein neues Leben im Umfeld der Mission zu ermöglichen, war die von den Missionaren auch in den Eingeborenendörfern bewußt betriebene Erziehung zur Arbeit.[60] Kleinbürgerlich sozialisierte und denkende europäische Missionare wirkten damit als Schrittmacher einer Neuordnung eines ganzen Kontinents.

Die Arbeitserziehung im kolonialen Kontext leistete demnach zweierlei: zum einen bereitete sie auf abhängige Lohnarbeit und die Indienststellung für einen fernen Kolonialherrn psychisch vor und vermittelte das hierzu notwendige technische und intellektuelle Instrumentarium, zum anderen eröffnete sie neuen Eliten Aufstiegs- und Bestätigungsmöglichkeiten, wobei diese Eliten sich gerade aus Kreisen rekrutieren, die aufgrund ihrer Nähe zur Mission und/oder Kolonialmacht den traditionellen Eliten obsolet erschienen und dies faktisch auch waren.

Anfangs widersetzten sich die Eltern dem Einbruch der Schule in das familiäre und dörfliche Leben: „Meine Eltern waren dagegen, daß ich zur Missionsschule ging, da ich dadurch davon abgehalten wurde, mit ihnen zusammen am sozialen Leben des Dorfes teilzunehmen."[61] Das bisher Gelernte und die Traditionen des Stammes wurden als entsprechend minderwertig eingestuft: „Was wir wußten, war keine Bildung; Bildung war, was wir nicht wußten. Wenn es nach uns gegangen wäre, wir hätten einstimmig nur Klassenarbeit und keine Außenarbeit gewählt. Wir wollten ‚das Buch lernen, bis es in unserem Kopf blieb‘, und ‚Englisch sprechen lernen, bis wir es durch die Nase

---

[58] Kamau, J.C., in: v. Bismarck, K., Karrenberg, F. (Hrsg.), Kontinente wachsen zusammen, Stuttgart 1961, S. 100

[59] Réglement du Tanganyika II (1928), 13f zit. nach Hertlein, S., Wege christlicher Verkündigung, a.a.O., Bd. 1, S. 172f

[60] Vgl. Frey, T., a.a.O.

[61] Dargestellt werden die Bemühungen der Weißen Väter in den Vikariaten Deutsch-Ostafrikas. Parmenas Mockerie in: Perham, M., Ten Africans, London 1963, S. 162, zitiert nach Grohs, G., Stufen afrikanischer Emanzipation, S. 54

sprechen konnten'."[62] Verbindendes Element zwischen traditioneller Gesellschaft und moderner Schule war damit der Missionar, der den Zugang zu der neuen Welt öffnen konnte.

Die Vermittler der neuen Ethik: fromm und rückständig, aber pragmatisch

Ethik und Moral der Missionare, die sie in den Schulen lehrten, lag nach Grohs meistens „einige Jahre hinter der neuesten Entwicklung zurück"[63] und entsprang zudem der Ethik des einfachen Bürgertums. Dies lag daran, daß sich die Missionare vor allem aus diesen Schichten rekrutierten und notwendigerweise nicht Menschen waren, die das tiefste Verständnis ihrer eigenen kulturellen Werte hatten. Schließlich waren sie oft nicht wirklich gebildet in den philosophischen Grundlagen der Kultur, die sie repräsentierten. Sithole berichtet: Der Missionar „legte gute Grundlagen für meine literarischen Kenntnisse. Unter seiner Anleitung und Anregung las ich in den zwei Jahren in Waddilove über fünfzig Bücher, zumeist englische Klassiker: *David Copperfield, Oliver Twist, Silas Marner*, den *Landprediger von Wakefield*, die *Letzten Tage von Pompeji, Prester John* und andere in vereinfachter und gekürzter Form."[64]

Auch Hertlein beschreibt die katholischen Missionare, die in der Zeit vor 1914 nach Ostafrika ausreisten, als junge Menschen im Alter von 25 bis 30 Jahren, die zunächst aus Frankreich und Elsaß-Lothringen, später aus Deutschland und der Schweiz kamen.[65] „Sie stammten im allgemeinen aus einfachen bäuerlichen Verhältnissen mit einer unkomplizierten Religiosität. Durch mehrjährige Probezeit in Noviziat, Klerikat und theologischem Studium waren sie religiös geformt. Das Ziel ihrer Sendung, der Osten Afrikas, war ihnen nur in vagen Umrissen bekannt. Die Landkarte zeigte noch große weiße Flecken, die Berichte der Entdeckungsreisenden und Seefahrer sprachen von mörderischem Klima und wilden Völkerschaften. Die Geisteswelt der Afrikaner, Sitte und Brauchtum, Weltbild und religiöse Vorstellungen waren ein Buch mit sieben Siegeln."[66] Dafür waren sie jedoch mit einem „religiösen Sendungsbewußtsein beseelt", welches Hertlein als ein Merkmal von besonderer Bedeutung für die missionarische Verkündigung bezeichnet. Dabei fühlten sie sich auf den Spuren der Apostel des Urchristentums. Im Tagebuch der

[62] Sithole, N., a.a.O., S. 13
[63] Grohs, G., Stufen afrikanischer Emanzipation, S. 45ff
[64] Sithole, N., a.a.O., S. 16
[65] Hertlein, S., Wege christlicher Verkündigung, a.a.O., Bd. 1, S. 12
[66] ebenda

ersten Weißen Väter in Ostafrika heißt es: wir sind „jetzt auf dem Wege nach unserer Mission. Ein neues Leben beginnt. Es ist das Apostolat, so wie es die Apostel gekannt haben. Wir sind ungeachtet unseres Unvermögens und unserer Unwürdigkeit die ersten, welche seit dem Ursprung des Christentums in dieser barbarischen und noch fast unbekannten Welt unseren Herrn und seine Kirche vertreten werden. Hundert und vielleicht zweihundert Millionen Seelen strecken uns unsichtbar die Arme entgegen . . .'[67]

Dabei fehlte den ersten Missionaren allerdings auch eine eigentliche katechetische Vorbildung, da sich nach Hertlein in den Studienplänen der Missionshäuser jener Zeit weder das Fach Katechese noch eine Theologie der Glaubensverkündigung findet.[68] Dies änderte sich erst mit der fortschreitenden Missionierung und der erforderlichen logistischen Absicherung durch das jeweilige Mutterhaus. Zunächst konstatierte noch 1912 ein Pater Pietsch zur Vorbildung der katholischen Missionare: „Man glaubt, um in den Heidenländern wirken zu können, sei wenig Studium erforderlich, und nicht selten wird an die Leiter der Missionsanstalten die Zumutung gestellt, den Jüngling, der auf dem Gymnasium nicht mehr mitkommen kann und zur akademischen Laufbahn in der Welt nicht die nötigen Fähigkeiten besitzt, zum Missionar heranzubilden."[69]

Bleibt die Situation vor Ort. Hertlein unterstellt, daß eine Klärung all der drängenden Fragen in der ungewohnten, fremden und feindlichen Situation Afrikas leichter gewesen wäre, wenn es zu einer Kommunikation mit einer adäquaten lokalen Elite gekommen wäre: „Es galt doch, die Menschen zu verstehen, ein Gesamtbild zu gewinnen von ihrer geistigen Welt, vom Unter- und Urgrund ihrer Kultur. An wen sollte man sich wenden, mit wem sich besprechen, wo Rat und Hilfe suchen? Ein afrikanischer Partner, mit dem man von gleich zu gleich hätte reden und diskutieren können, fand sich nicht. Es gab keine afrikanische Universität, keine Klöster oder andere Orte für religiöse Begegnungen. Es gab nur die ‚Alten', die ‚Weisen', Medizinmänner, Regenmacher, Führer der Geheimbünde usw. Aber diese waren entweder durch Tabus und heilige Eide gebunden, ihre Geheimnisse nicht preiszugeben, oder aber sie waren nicht in der Lage, einem europäischen Partner gegenüber ihre Glaubens- und Weltanschauung zu formulieren."[70]

[67] Annalen zur Verbreitung des Glaubens, München, 1848 ff, Nr. 49 (1881), S. 275, zitiert nach Hertlein, ebenda S. 13

[68] Hertlein, S., Wege christlicher Verkündigung, a.a.O., Band 1, S. 16; Der erste Lehrstuhl für katholische Missionswissenschaft wurde 1911 in Münster errichtet.

[69] Pietsch, J., Die Vorbildung der katholischen Missionare. in: ZM 2. Jg. 1912, S. 128
Pietsch schildert im folgenden dann den Stand der wissenschaftlichen Ausbildung der katholischen Missionare in Theologie, Philosophie und in Grundkenntnissen der Naturwissenschaft und geht kurz auf die Ausbildung der evangelischen Missionare ein. ebenda, S. 128–138

[70] Hertlein, S. Wege christlicher Verkündigung, a.a.O., Band 1, S. 76

Hertlein versucht hier mit einem Rückgriff auf Bedingungen, wie sie in Kolonien nun wirklich nicht vorzufinden waren (Klöster, Bildungseinrichtungen usw.) – sonst hätte es ja keiner Kolonisierung und Missionierung aus europäischem Geist heraus bedurft – das Handeln der Missionare zu legitimieren. Gleichzeitig trägt er mit seinen Gegenüberstellungen von Universität und Medizinmann, Kloster und Geheimbund aber auch im Nachhinein seinen Teil bei zur kolonial behaupteten Inferiorität der einheimischen afrikanischen und der Superiorität der kolonialen weißen Kultur.[71] Diese Ethik der Überlegenheit, verbunden mit dem alles bestimmenden Sendungsauftrag der Christianisierung, zum Aufbau einer „bodenständigen Volkskirche" und zur „Hebung und Entwicklung des Landes", fand ihren Niederschlag auch im praktischen Beispiel der Missionare gegenüber den Zöglingen und führte zu den bereits benannten Verschiebungen in der Sozialstruktur dergestalt, daß sich die Anhänger der „neuen Lehre" plötzlich als die Erfolgreicheren herauskristallisierten.

Unabhängig von ethischen Vorstellungen wurden die Schüler vor allem mit Forderungen wie Sauberkeit und Ordnung konfrontiert, diese wurden als besonders wichtige christliche Eigenschaften, als Kardinaltugenden hingestellt. „Die Christen kultivieren die Gewohnheit, ein wirklich gutes Bad zu nehmen und wenigstens am Sonntag ihre beste Kleidung anzulegen. Christliche Männer und Frauen mußten gemeinsam Kirche und Missionsstation in vollkommener Sauberkeit halten. Allmählich sahen die Christen sauberer aus, weil sie hygienischer lebten. Viele von ihnen und ihre Kinder wurden daher immun gegen manche Krankheiten, . . . , worin sie einen Beweis für den Triumph ihres Glaubens sahen."[72]

Diese Entwicklung blieb bei den traditionellen Eliten natürlich nicht unbemerkt: „Hellhörig und achtsam auf die Zeichen der Zeit sah KABARE (königlicher Regent in Rwanda, der Verf.), daß sich die materielle und soziale Situation der bisher Einflußlosen und Nichtadeligen ständig verbesserte, da sie als erste mit den Missionaren zusammengearbeitet hatten und bereits als Lehrer und Angestellte fungierten. Diese neue politische Konstellation brach ausschließlich zum Nachteil der traditionellen Aristokratie durch."[73]

Dieser Vorgang hatte sich von Anfang der Missionierung an schon abgezeichnet: „Schon auf den langen Safaris ins Inland nutzten sie (die Missio-

[71] Dies immerhin noch 1975.
[72] Awolowo, zitiert nach Grohs, G., Stufen afrikanischer Emanzipation, a.a.O., S. 47
[73] Ackermann, L., a.a.O., S. 68f
Der Zeitpunkt der gänzlichen Abschüttelung der traditionellen Hierarchie ist in den einzelnen Ländern unterschiedlich anzusetzen, in Rwanda gelang dies erst nach einem Bürgerkrieg im Jahre 1959.

nare, d.Verf.) die Gelegenheit, mit ihren Trägern und Dienern religiöse Gespräche zu beginnen. Bei der Ankunft am Hofe von Häuptlingen und Landesfürsten führten sie sich regelmäßig ein als Männer Gottes, als Träger einer Gottesbotschaft und Bringer einer neuen Heilslehre. Es war ihnen ein Bedürfnis, diese ersten Kontakte zu weiteren religiösen Gesprächen auszuweiten und die Erlaubnis zu systematischer Glaubensunterweisung zu erhalten. Sobald wie möglich besuchten sie auch umliegende Gehöfte und Dörfer und versuchten durch Gespräch, Predigt und Unterricht die Botschaft von Gott und Christus bekannt zu machen."[74]

Hertlein charakterisiert in einer Abwägung zwischen der Anlage von Missionssiedlungen einerseits und der Volksbekehrung durch Gewinnung der herrschenden Elite andererseits die erstere Missionsmethode als ein Anfangsprodukt der Missionierung und weist ihr einen großen Wert für den Aufbau einer Volkskirche zu. Jedoch: „Um das Land, die angestammte Bevölkerung wirklich zu gewinnen, mußte man deren soziale Strukturen durchdringen. Das heißt, man mußte die Sippen, Dörfer, Stammesverbände christlich erfassen. Das war aber nicht denkbar ohne die Gewinnung der Häuptlinge und Stammesgroßen."[75] Dieser Ansatz brachte aber über lange Jahre hinweg kaum Erfolge, sondern teilweise empfindliche Rückschläge.[76]

Damit trat allerdings eine neue Phase der Missionierung ein: da die Häuptlinge offensichtlich für die Taufe nicht zu gewinnen waren, machten die Weißen Väter den Versuch, an ihrer Stelle die Kinder der herrschenden Schichten für den Glauben zu gewinnen, um so wenigstens in der zweiten Generation die ersehnte christliche Führungsschicht zu erhalten. Aufgrund der politischen Verhältnisse unter der deutschen Kolonialherrschaft war es für die Missionen nicht schwierig, die Häuptlinge dazu zu bewegen, ihre Kinder der Mission zur Erziehung zu übergeben. Hertlein berichtet von einem Wamakua-Häuptling, der auf die Bitte eines Missionars, in seinem Dorf eine Missionsschule einzurichten, antwortet: „Deine Worte sind schön, und mit Freude haben sie meine Ohren vernommen, und daß du gut bist und die schwarzen Leute liebst, das weiß ich, und ich werde tun, wie du verlangst. Ich bin alt und kenne die vergangenen und die jetzigen Tage. Die Zeit von heute gehört den Europäern. . . . Selbst die Wangoni haben den Mut verloren. Wenn sie kommen, so kommen sie wie die Heuschrecken, zahllos und plötzlich, niemand kämpft mit ihnen, alles flieht in die Berge oder ins dunkelste Dickicht; gegen die Deutschen wagen sie aber nicht Krieg zu machen. Ja, wer nicht einsieht, daß die jetzigen Tage den Europäern gehören, der hat den Verstand eines Kindes.

---

[74] Hertlein, S., Wege christlicher Verkündigung, a.a.O., Bd. 1, S. 14
[75] ebenda, S. 94f
[76] Hertlein schildert ausführlich die Entwicklung ebenda, S. 95ff

Darum sage ich, meine Kinder können zu Dir kommen und europäisch lernen; ich halte sie nicht ab."[77]

Hertlein kommt zu dem Schluß, daß es für die alten Häuptlinge aus zwei Gründen schwierig gewesen sei, den Schritt aus der traditionellen Gesellschaft in eine neue zu tun: erstens aufgrund der Konfrontation der christlichen Familienethik mit dem System der Polygamie, das aus politischen (Statusverlust) und sozialen (ökonomische Schlechterstellung) Gründen nicht einfach aufzugeben war; zweitens aufgrund der Bedeutung des Häuptlingsamtes als ein religiös-sakrales Amt im Dienste der autochthonen Gesellschaft. Und Hertlein folgert: „Erst wenn diese Gesellschaft ins Wanken geriet, wenn eine sozial-politische Neuordnung sich durchsetzte, entstand auch Raum für einen neuen, christlichen Typus des Herrschers."[78]

Aber auch in der ökonomischen Konkurrenz ihrer Klientel zu religiös anders fundierten Gruppen wußten die Missionare das ihnen zur Verfügung stehende Potential anzuwenden: „Um die Christen gegen die Unterdrückung der Mohammedaner zu schützen, erzogen die ‚Weißen Väter' am *Tanganjika in Deutsch-Ostafrika* die christlichen Neger zu konkurrenzfähigen Händlern und Gewerbetreibenden. Die christlichen Bewohner der *Insel Kerenge* konnten die kostspieligen Dagaa-Netze nicht kaufen und gerieten daher in Abhängigkeit von den Mohammedanern. Die ‚Weißen Väter' lieferten die Netze oder liehen Geld zum Ankauf und sicherten so die Selbständigkeit der christlichen Fischerbevölkerung."[79]

Elitenbildung im Wechsel der kolonialen Mächte

Die Grundlagen für das in dieser Missionierungsarbeit angelegte Aufbrechen der traditionellen Strukturen wurden durch die koloniale Schule gelegt und Sithole schildert euphorisch diesen Aufbruch: „Der einzelne wurde praktisch vollkommen von der Furcht vor der Gruppe beherrscht, ganz zu schweigen von der Furcht aus Unwissenheit, Aberglauben und Angst vor bösen Geistern. Gesellschaftlich, geistig und verstandesmäßig bewegte sich der einzelne in Fesseln, was sicher nicht den Fortschritt förderte. Einzelinitiative war verkrüp-

---

[77] ebenda, S. 97f
[78] ebenda, S. 99
[79] Keysser, Mission und Volkserziehung, Beiblatt zur AMZ, 1913, Nr. 2, S. 19

pelt. Jetzt aber wird der Afrikaner von diesen Fesseln frei. Dem einzelnen wird ein neuer Standort verliehen."[80] Einzelnen wird es nach Sithole nun möglich, über die Gruppe hinaus zum „wahren Führer" vorzustoßen, und sie werden von der Gruppe auch als solcher anerkannt. Gleichzeitig weist diese Entwicklung über den Kolonialismus hinaus, er ist durch ein anderes System zu ersetzen: „Es ist logisch ausgeschlossen, daß die Bibel den Afrikaner von der Herrschaft der Tradition befreien sollte, ohne ihn gleichzeitig von der Kolonialherrschaft zu befreien."[81] Über die Führerschaft der neuen Eliten erwacht der afrikanische Nationalismus und die Überwindung des Kolonialismus, das System peripherer Gesellschaften in Zuordnung zu einem Zentrum entsteht.

In diesem Kontext wird der Kolonialismus durchaus positiv verstanden: „Ein primitives Volk zu zivilisieren bedeutet die Überbrückung der Kluft zwischen dem Zivilisierten und dem Unzivilisierten, das heißt die Hebung des Primitiven auf das Niveau des zivilisierten Menschen. . . . Der Vorgang der Zivilisierung eines primitiven Volkes ist ein Vorgang der Aufhebung der Monolpolstellung derer, die sich der Zivilisierung widmen. Der logische Schluß, daß der Zivilisierer und der Zivilisierte Partner werden, ist . . . unausweichlich . . ."[82] Der afrikanische Nationalismus läge demnach im Interesse der Kolonialherren, weil ihre Motivation die Zivilisierung des primitiven Afrikas war und nach Sithole die Kolonisierung ein Anstoß gewesen sei, die Kluft zwischen Europa und Afrika zu überwinden. Der Kolonialismus brachte zudem die Überwindung der Stammesfehden. „Dennoch bleibt unbestreitbar, daß die europäischen Mächte auf Grund ihrer besseren Waffen den afrikanischen Völkern den Frieden aufzwingen konnten, was sich für den afrikanischen Kontinent allgemein als segensreich erwiesen hat. Von Stammeskriegen befreit, fanden die Männer bald anderes zu tun."[83] Zwar verlor der Afrikaner die Herrschaft über sein Land, aber er gewann Frieden und Ordnung und damit den „wirklichen Fortschritt". Die Vorteile des europäischen Systems liegen nach Sithole im Zusammenkommen verschiedener Stämme und der Aufhebung des Stammesdenkens, in der besseren Infrastruktur und dem neuen Wirtschaftssystem: „Millionen Menschen brauchen nicht mehr durch Viehhaltung ihr Leben fristen. Sie können ihre Arbeitskraft verkaufen, und diese neue geldbesitzende Klasse ist sehr mächtig."[84] Unter den Afrikanern entstünden auf diese Weise neue Klassen: eine Kapitalistenklasse und die Klasse der arbeitenden Afrikaner, die stolz sei, daß sie den Fortschritt ermöglicht habe. „Viele verstädterte Afrikaner haben gelernt, daß auf die Dauer gesehen nicht die Zugehörigkeit zu

---

[80] Sithole, N., a.a.O., S. 58
[81] ebenda
[82] ebenda, S. 70
[83] ebenda
[84] ebenda, S. 71

diesem oder jenem Stamm wichtig ist, sondern ... hartes Arbeiten. Der Afrikaner sah sich schließlich nicht so sehr als Stammesangehöriger, sondern als Arbeiter", die Auflösung des Stammeswesens dränge automatisch zum Nationalismus mit der entsprechenden Elite der Gebildeten.[85]

Soweit zur Elitenbildung aus afrikanischer Sicht. Daß dieser gedankliche Höhenflug in der Realität der nachkolonialen Zeit eine schmerzhafte Bauchlandung erleben mußte, ist aus der neueren Geschichte bekannt.

Die Übernahme der deutschen Kolonien nach dem 1. Weltkrieg durch Großbritannien (Tansania) und Belgien (Rwanda und Burundi) änderte an der Politik der Schaffung neuer Eliten nichts. Großbritannien übernahm zunächst die Struktur des deutschen Regierungsschulwesens; wo bisher die deutsche Sprache Unterrichtssprache war, führte man stattdessen Englisch ein. Die Loyalität zum Deutschen Kaiser wurde durch die zur britischen Krone ersetzt. Den Missionsschulen stand die britische Verwaltung zu Beginn des Mandats allerdings skeptisch gegenüber.[86] Eine Neuordnung des Erziehungssystems wurde durch die Untersuchungen der amerikanischen Phelps-Stokes-Fund-Kommission 1924 angestoßen.[87] Für das politische Ziel Großbritanniens, ein Commonwealth of Nations anzustreben, war zur Durchsetzung des „Selfgovernement's" ebenfalls eine kleine, loyale und britisch denkende Elite notwendig.

Als Belgien 1916 Rwanda besetzte, übernahm es zunächst das deutsche Schulwesen, übergab es dann 1925 vollständig an die Mission, die von diesem Zeitpunkt an vom Staat finanziell getragen und unterstützt und deshalb auch kontrolliert wurde.[88] Die Trennung zwischen Massenbildung und Elitenbildung wurde beibehalten, wobei für die Massenbildung zweijährige Schulen 1. Grades gedacht waren: Schon die dreijährigen Schulen 2. Grades, die weniger als ein Viertel der Schüler aus den Schulen 1. Grades aufnahmen, sind im wesentlichen als Ausleseinstrument für die ganz wenigen Schüler zu werten, die anschließend gehobene Schulen, Mittelschulen, Lehrerbildungsanstalten usw. besuchen durften. Der Anfangsunterricht erfolgte in der einheimischen Sprache, dann wurde Französisch gelehrt, was wiederum mit der ökonomischen Bedarfslage einherging. „Sie (die Belgier, der Verf.) gehen sehr viel vorsichtiger in ihrer Elitebildung zu Werke als die Franzosen, indem sie nur jeweils so viele Schüler zu den gehobenen Schulen mit französischer Unterrichtssprache zulassen, wie die Wirtschaft und die Verwaltung der Kolonie

---

[85] ebenda, S. 73
[86] Vgl. hierzu: Dias, P.V., u.a., a.a.O., S. 105
[87] Zur britischen Kolonialpädagogik vgl. Becker, H. Th., Die Kolonialpädagogik der großen Mächte, a.a.O.
[88] Vgl. hierzu: Ackermann, L., a.a.O., S. 10ff

ihrer voraussichtlich bedürfen. Dabei spielen nicht wie bei den Franzosen die Bedürfnisse der verschiedenen Regierungsdienste die erste Rolle, sondern vielmehr die Notwendigkeiten der wirtschaftlichen Erschließung . . ."[89]

Diese Linie läßt sich in den entsprechenden Veröffentlichungen zum nachkolonialen Bildungswesen weiterverfolgen. Der bereits zitierte Aujoulat fordert: „So muß man also einerseits die Jugend darauf vorbereiten, sowohl durch eine stets bessere Kenntnis ihrer Werte als auch durch eine praktische Ausbildung, die genau auf ihre Bedürfnisse abgestimmt ist, in wirksamer Weise den autochthonen Gemeinschaften zu dienen. Andererseits muß eine afrikanische Elite zu modernen Berufen zugelassen werden, was unanfechtbare Diplome und eine qualifizierte intellektuelle Ausbildung voraussetzt."[90] Um zu vermeiden, daß zu viele in Verwaltung, Industrie und Handel strömten, müsse dafür gesorgt werden, daß der Grundschulunterricht die entsprechende Selektion vornimmt: „. . . die Sorge um eine endgültige Orientierung der Schulbildung der Massen zwingt den Grundunterricht dazu, etwas anderes zu sein als die erste Stufe in der Vorbereitung zum Büroangestellten oder zum Beamten. Er muß unverzüglich das sehr umfangreiche Reservoir werden, aus dem ohne jede Benachteiligung für die weiteren, höheren Stufen, ebensowohl die zukünftigen Gymnasiasten wie die zukünftigen Lehrlinge oder die zukünftigen Bauern hervorgehen können."[91] Für die Kinder, die sich nicht für eine Mittelschule oder technische Schule „entscheiden" könnten, müsse die Grundschule in praktische bäuerliche und handwerkliche Abteilungen auslaufen, der Unterricht würde das Kind damit wieder in sein „natürliches Milieu" zurückführen. „Kurz, es darf gar nicht die Rede davon sein, an Niveau und Charakter des Grundschulunterrichts auch nur zu rühren, denn er muß imstande sein, eine tüchtige Auslese für die höheren Stufen vorzubereiten."[92]

Festzuhalten bleibt, daß sich bereits im kolonialen Bildungssystem eine Tendenz abzeichnete, die Bildungsplanung im Primarschulsektor an einem Social-demand-Ansatz auszurichten, um damit auf die Aufstiegswünsche der unterprivilegierten Massen zu antworten; andererseits die Bildungsplanung im sekundären und tertiären Sektor streng nach Manpower-Bedarfsansätzen zu orientieren, also nach der voraussichtlichen Arbeitskräftenachfrage auf dem Arbeitsmarkt. Bezeichnend ist dabei, daß diese Tendenz auch in ausgespro-

---

[89] Becker, H. Th., Das Schulwesen in Afrika, a.a.O., S. 282.
Becker liefert hier eine gute Darstellung der afrikanischen Schulverhältnisse für europäische, farbige und eingeborene Kinder zum Stand von 1939. Weitere Angaben zur Kolonialpädagogik Belgiens siehe auch Becker, H. Th., Die Kolonialpädagogik der großen Mächte, a.a.O.
[90] Aujoulat, L.-P., a.a.O., S. 219
[91] ebenda, S. 220
[92] Aujoulat, L.P., a.a.O., S. 223

chen reformpolitischen Ansätzen, wie beispielsweise im nachkolonialen Bildungssystem von Tansania, nicht überwunden werden kann.[93]

Abschließend ist auch festzustellen, daß eine systematische Auseinandersetzung mit dem Problem der Arbeitserziehung im Rahmen der kolonialen Schule in der Literatur, die sich der Aufarbeitung der Beziehungen zwischen Mission und Kolonialpolitik und der verschiedenen damit verbundenen missionsgeschichtlichen oder erziehungswissenschaftlichen Zusammenhänge zuwendet, nicht stattgefunden hat. Die „Erziehung des Negers zur Arbeit" wird entweder mit der notwendigen Unterhaltung der kolonialen Schulen durch die zu Unterrichtenden selbst begründet oder als wirksames Mittel zur Bekämpfung eines im Zuge der Ausbildung vermeintlich entstehenden Dünkels der Zöglinge, „schwarze Europäer" zu sein, gepriesen. Angesichts der in der zeitgenössischen Literatur breit gefächerten Debatte zur „Lösung der Arbeitsfrage" durch systematische Erziehung zur Arbeit und ihrer Konsequenz der Absicherung des Kolonialismus erscheint dies mehr als leichtfertig.

---

[93] Vgl. hierzu: Kolodzig, G., a.a.O.; und Hundsdörfer, V., a.a.O.; die verschiedenen Schriften von Julius Nyerere, Bibliographie in: Hundsdörfer, V., a.a.O., S. 283ff; sowie das Kapitel „Widersprüche im nachkolonialen Bildungssystem und der Widerspruch im Subjekt: Das Beispiel Tansania" in: Bosse, H., Diebe, Lügner, Faulenzer, a.a.O., S. 76–90

Abb. 7: Missionare und ihre Zöglinge, um 1890

Exkurs: Ein Vorläufer der kolonialen Arbeitserziehung

„Die Emporentwicklung der Neger" nach den Methoden Dr. Booker T. Washingtons

Ab etwa 1900 wurde die Diskussion zur kolonialen Arbeitserziehung ganz offensichtlich durch die Ideen des amerikanischen „Pädagogen, Negerführers und Wohltäters der schwarzen Rasse", so die zeitgenössische Charakterisierung, Booker T. Washington beeinflußt, dessen Schriften Anfang des Jahrhunderts zunächst in den USA und später dann auch in Deutschland erschienen.[1] Für die Missionstheoretiker waren aus diesem Gedankengut zwei Aspekte bedeutend: zum einen widmete sich B.T.Washington der „Emporentwicklung der niederen schwarzen Rasse", also der Problematik, die im Zuge der Kolonialisierung gerade in Deutschland äußerst virulent war, zum anderen setzte er dazu ein ausführliches Konzept der Arbeitserziehung in seinem Wirkungskreis in den USA ein. So findet sich eine ausführliche Darstellung bei Größer, der ausdrücklich darauf hinweist, daß die Entwicklung der amerikanischen Neger nach der Methode B.T.Washingtons einen hilfreichen Einfluß auf die koloniale Arbeitserziehung haben könne.[2] Auch Berg[3], Mirbt[4] und Schwager[5] beziehen sich explizit darauf. Gemein ist diesen Darstellungen, daß sie aus den durch Washington gemachten Erfahrungen einer schwarzen Volksbildung Erziehungsmethoden zur praktischen Anwendung in den Kolonien ableiten.

Washington wurde um die Mitte des 19. Jh.s als Sklave in Virginia geboren und konnte nach widrigen Umständen aufgrund seiner Hartnäckigkeit eine landwirtschaftliche und gewerbliche Schule für Schwarze besuchen. Über das im Entstehen begriffene Bildungswesen für Schwarze in der Folge des Bürgerkrieges und der Sklavenbefreiung in den USA bildete er sich zum engagierten Lehrer für Indianer und Schwarze aus, bis er schließlich die Bildungsanstalt Tuskegee übernahm und zur bedeutendsten Einrichtung dieser Art im Süden der USA ausbaute.

Washington beschreibt sein Konzept der „Emporentwicklung der schwarzen Rasse" als einen „langsamen, aber sicheren Vorgang, der darin

---

[1] Washington, B.T., Vom Sklaven empor, Berlin 1902; ders., Charakterbildung, Berlin 1910; ders., Handarbeit, Berlin 1913
[2] Vgl. hierzu: Größer, M., Die Emporentwicklung der Neger nach den Methoden Dr. Booker T. Washingtons. in: ZM Bd. 8 1918, S. 113–130
[3] Berg, L., a.a.O., S. 93ff
[4] Mirbt, C., a.a.O., S. 102–105
[5] Schwager, F., a.a.O., S. 282ff

besteht, schrittweise aufzusteigen durch alle Stufen gewerblicher, geistiger, sittlicher und sozialer Entwicklung, die jede Rasse durchgemacht haben muß, welche unabhängig und stark geworden ist."[6] Damit kennzeichnet er sein Programm als eine Heranführung der Schwarzen an die Kultur der Weißen im Sinne einer nachholenden Entwicklung, ein Gedanke, der gerade auch der modernisierungstheoretischen Bildungspolitik nicht fremd ist. 1918 schreibt der Missionstheoretiker Größer: „Innerlich hat er wohl auch die ihm oft entgegengehaltene *Inferiorität seiner Rasse* nur als zeitweiligen Defekt aufgefaßt und zu überwinden gehofft."[7] Dieser Ansatz ist aus der Sicht der Zeitgenossen einsehbar, da in den USA ein mindergebildeter Teil der Nation – die Schwarzen – nicht existieren konnte, ohne einen erheblichen sozialen Sprengstoff abzugeben. Eine Annäherung und Eingliederung der Schwarzen in das soziale und politische Gefüge der Vereinigten Staaten war deshalb nicht nur für Booker T. Washington notwendiges Programm. Für den kolonialen Kontext stellte sich dies allerdings ganz anders dar, wie weiter unten ausgeführt werden wird.

Die von Washington entwickelte pädagogische Praxis kann als ein Ansatz von breiter schwarzer Volkserziehung beschrieben werden. Hierfür spricht vor allem, daß die Absolventen der Einrichtung als Lehrer weiterwirken sollten, um somit den Bildungsansatz auf eine sich immer mehr verbreiternde Basis zu stellen. Was für die deutschen Kolonialpädagogen für das Bildungssystem in Afrika als besonders nachahmenswert erschien, war die Ausfächerung des Programms in drei Gebieten: körperliche Arbeit, akademischer Unterricht und sittlicher oder religiöser Unterricht.[8] Der Erziehung zu körperlicher Arbeit wird dabei der größte Stellenwert beigemessen und der positive Einfluß der Handarbeit auf Charakter, Selbständigkeit, Lebensglück und Zivilisation gepriesen. Erziehung zur Handarbeit vermittelt sich in diesem Kontext in der landwirtschaftlichen Ausbildung, da Washington in der landwirtschaftlichen Arbeit die Zukunft der Schwarzen in den USA sah: „Ich wünschte, daß während der nächsten 50 Jahre jeder schwarze Prediger oder Lehrer, dessen Arbeitsgebiet außerhalb der Großstädte liegt, sich neben seiner theologischen und akademischen Ausbildung eine gründliche Kenntnis der theoretischen und praktischen Landwirtschaft aneignet. Das ist meines Erachtens nötig, weil wir eine ackerbautreibende Rasse sind und hoffentlich auch bleiben werden. Fast jede Rasse in der Welt ist ursprünglich von dieser Grundlage ausgegangen. Mit unserm wohlfeilen Boden, unserm guten Klima und unserm fruchtbaren Erdreich können wir den Grund zu einem großen und starken Volksstamm legen."[9] Landwirtschaftliche Arbeit hält Washington schon deshalb für unerläß-

---

[6] Washington, B.T., Handarbeit, a.a.O., S. 223
[7] Größer, M., a.a.O., S. 118
[8] Washington, B.T., Charakterbildung, a.a.O., S. 12
[9] ebenda, S. 206

lich, da er der Ansicht ist, daß in der Heimat der schwarzen Menschen Amerikas, in Afrika, eine solche aufgrund der üppigen und alle Subsistenzmittel bereitstellenden Natur nicht notwendig gewesen sei. Umso mehr sei es jetzt nach Ablösung der versklavten Arbeit erforderlich, eine Hinführung zu freier und selbstbestimmter Arbeit zu leisten. Die Lehrpläne seiner Anstalt nennen im Rahmen der landwirtschaftlichen Ausbildung vor allem Milchwirtschaft, Hühnerzucht und Gärtnerei. Ein weiterer Schwerpunkt der Arbeitserziehung lag bei der handwerklichen Ausbildung, die sich allen zeitgenössischen Handarbeitstechniken zuwandte. Für Frauen bedeutete handwerkliche Unterweisung die Einführung in Hausarbeitstechniken. Verbindet sich in den beiden kurz geschilderten Bereichen landwirtschaftlicher und handwerklicher Ausbildung theoretischer und praktischer Unterricht fachbezogen, so fällt doch auf, daß Washington der „akademischen" oder „intellektuellen" Ausbildung geringeren Stellenwert zuweist. Alle geisteswissenschaftlichen Ausbildungsbereiche sind dem zugeordnet, was eingangs als „Lebensberuf" ausgemacht worden ist: der Landwirtschaft.

Mit dieser Konzeption war Washington offensichtlich für die Kolonialpädagogen des Deutschen Reiches eine willkommene Fundgrube: „Seine Auffassungen sind wert, auch in Afrika bedacht zu werden, um so mehr, als dort die Rücksichtnahme auf höher kultivierte Menschen, denen man etwa (wie in Amerika) durch die intellektuelle Ausbildung nahe rücken muß, nicht sehr in Frage kommt. Die Negerschulen Afrikas haben als einzige Rücksicht nur die Bedürfnisse des späteren praktischen Berufs der Schüler. Die Gleichstellung der afrikanischen Lehrziele mit jenen der europäischen Elementarschulen verbietet sich dadurch einstweilen sofort."[10] Dies heißt nichts anderes, als daß auf eine soziale Eingliederung keine Rücksicht genommen werden muß. Erziehungsziel bleibt alleinig die Verwertbarkeit der Arbeitskraft. Größer führt diese Absicht gerade auch für die Mädchenbildung auf den Punkt: „Speziell für die Lehrpläne der Mädchenschulen ergeben sich ebenfalls auf diese Weise höchst nüchterne und den gegenwärtigen Betrieb vielfach korrigierende Urteile."[11] Und in der Fußnote fährt Größer fort: „Die Pläne der Missionsschulen für Mädchen zeigen vielfach das Bestreben, möglichst das Lehrziel europäischer Mädchenschulen zu erreichen. Während aber bei den Knabenschulen das entsprechende Bestreben in Rücksicht auf den Beruf verständlich ist, kann gerade für die Mädchen einstweilen dieser Grund nicht Geltung sein. Eine Beschränkung an Lehrziel und Stoff wäre darum für die Mädchenschulen sehr wohl empfehlenswert. Die Prämien zahlende Regierung müßte an erster Stelle einen Unterschied zwischen Knaben- und Mädchenschulen machen."[12]

[10] Größer, M., a.a.O., S. 123
[11] ebenda
[12] ebenda, Text und Fußnote 4

Für Größer lag der Vorteil des „Washington'schen Modells" klar auf der Hand, da es für die „Emporentwicklung der Farbigen" gut geeignet zu sein schien. Allenfalls beklagt er, daß gewisse katholische Erziehungsinhalte aufgrund der protestantischen Ausrichtung der Lehranstalten keinen Eingang finden konnten: „Es ist schade, daß gewisse Vorzüge der katholischen Religion, wie die Verpflichtung zum strikten, gehorsamen Glauben, die das Naturkind anspricht, die Zeremonien und andere Kulthandlungen in dem großen Erziehungswerk von Tuskegee scheinbar keine Aufgabe zu erfüllen haben."[13]

Der Einfluß, den Booker T. Washingtons Erziehungsmethoden auf die Diskussion des kolonialen Bildungswesens in den missionspädagogischen Zirkeln des Deutschen Reiches hatte, läßt sich vor allem bei Schwager nachvollziehen.[14] Schwager greift Washingtons' Argument von der aus der Natur ohne Anstrengungen heraus alimentierten traditionellen Gesellschaft Afrikas auf und konstatiert im Hinblick auf eine notwendige Erziehung zur Arbeit: „Enger ist der Kreis der Völker, deren Zustand eine *Erziehung zur Arbeit* als *conditio sine qua non* für ihre sittliche und kulturelle Entwicklung fordert. Es handelt sich hier vornehmlich um jene *primitiven* Rassen, denen eine üppige Tropennatur vielfach das Füllhorn ihrer Früchte in den Schoß schüttet, ohne daß es sie ernste Anstrengungen gekostet hätte."[15] In der Konsequenz dieser Feststellung kommt Schwager zu dem Schluß: „Die Entwicklung der zurückgebliebenen Völker ist eine *pädagogische* Frage, die eine unleugbare Ähnlichkeit mit dem Problem der Erziehung mangelhaft veranlagter Kinder hat."[16] Sein Problem löst Schwager über die Willensbildung: „Gewohnheit muß Gewohnheit brechen! So ist die *Willensbildung* noch weit mehr als in unseren heimischen Verhältnissen *das eigentliche Problem der Erziehung der primitiven Massen.*"[17] Diese Willensbildung will Schwager ebenso wie Washington in der umfassenden Erziehung zur Arbeit organisieren: „*Körperliche* Arbeit ist diejenige berufliche Betätigung, die *jeder*, auch der roheste Wilde leisten kann. Zugleich gewährt sie den Vorteil, daß sie an die Willenskraft des Eingebornen nicht geringe Anforderungen stellt und bei geregelter Wiederkehr eine tiefgreifende Umwandlung in seinem Seelenleben vorbereitet. Die Erziehung zu regelmäßiger Handarbeit ist somit die erste grundlegende Stufe in dem Entwicklungsprozeß der Primitiven, die unter Zuhilfenahme aller pädagogisch zulässigen Mittel anzustreben ist."[18]

---

[13] ebenda, S. 126
[14] Schwager, F., a.a.O., S. 278–298
[15] ebenda, S. 278
[16] ebenda, S. 280
[17] ebenda, S. 280f
[18] ebenda, S. 281

Für Schwager sind diese Mittel genauso wie für Washington Landwirtschaft und Handarbeit, „da gerade die Beschäftigung mit einem Handwerk geeignet ist, die Intelligenz der Eingebornen zu wecken und in gesunde Bahnen zu lenken. ... Allerdings wird die Ausbildung im Handwerk wie in allen anderen körperlichen Arbeiten nur dann erweckend wirken, wenn sie in derselben wohldurchdachten, pädagogischen Art vor sich geht, wie Booker Washington sie in seinem Institut pflegt und zur Belehrung anderer in seinen Schriften geschildert hat."[19]

Mirbt lobt an Washingtons Konzept vor allem, daß es helfe, die Vorurteile des Schwarzen gegen körperliche Arbeit zu überwinden. So schreibt Washington: „Ich verfolgte von vornherein den Grundsatz, die Schüler nicht bloß zum Ackerbau und zur häuslichen Arbeit heranzuziehen, sondern auch sie alle Gebäude selbst errichten zu lassen. Mein Zweck dabei war der, sie auf diesem Wege mit den modernsten technischen Methoden vertraut zu machen, damit nicht bloß die Anstalt Vorteil von ihrer Mühe habe, sondern damit sie selbst neben der Nützlichkeit der Arbeit auch ihre Schönheit und Würde erkennen möchten; damit sie lernen möchten, in der Arbeit nicht bloß eine Mühsal und Beschwerde zu sehen, sondern sie auch um ihrer selbst willen zu lieben."[20] Dieser Auffassung tritt Mirbt bei, wenn er der Mission bescheinigt, Arbeitslust und Arbeitsfreude zu erzeugen. Die Mission „wirkt darauf hin, weil dann die Arbeit für den, der sie aus diesen Beweggründen ausübt, zur Erzieherin wird; aber auch vom kolonialen Standpunkt aus ist nur eine von dieser Stimmung getragene Arbeit vollwertig. Die Qualität der Arbeitsleistung steigt mit dieser ethischen Stellung zur Arbeit, nicht mit dem Aufsteigen des Lohnes, denn wenn nur um seinetwillen gearbeitet wird, dann wird er, wie es oft der Fall ist, für Nichtigkeiten vergeudet oder dazu benutzt, dem Arbeiten eine Zeit des Nichtstuns folgen zu lassen."[21]

Die zeitgenössische Rezeption der Schriften des Booker T. Washington zeigt deutlich, daß das Problem der Arbeitserziehung als eine wesentliche und schwierige Aufgabe der Missionierung im Zuge der Kolonisierung gesehen wurde. Schwager faßt zusammen: „Die Missionen werden darum gut tun, diesem Problem auch weiterhin ihre besondere Aufmerksamkeit zu widmen und ihre Erfahrungen darüber systematisch auszutauschen, um ihre Aktion auch auf diesem Gebiete möglichst planvoll und einheitlich zu gestalten."[22] Einen Versuch hierzu unternimmt schon Mirbt, wenn er „Die praktische Einführung der Eingeborenen in die Arbeit" in einem eigenen Kapitel nach Kolo-

---

[19] ebenda, S. 298
[20] Washington, B.T., Vom Sklaven empor, a.a.O., S. 122
[21] Mirbt, C., a.a.O., S. 105
[22] Schwager, F., a.a.O., S. 298

nien geordnet darstellt.[23] Gleichzeitig stellt er fest, daß sich die verschiedenen Ansätze und Anfänge der Arbeitserziehung zu weit größeren Veranstaltungen entwickeln würden, da beide Kirchen die Erziehung zur praktischen Arbeit planmäßig betreiben und ausbauen würden. Ebenso wie Washington empfiehlt Mirbt zunächst die Einführung in Handfertigkeiten und gewerbliche Arbeiten und in einer zweiten Stufe die Anlernung geeigneter und disponibler Lehrkräfte für die Erteilung eines regelmäßigen und methodischen Unterrichts bis hin zur Gründung von gehobenen Handwerkerschulen. Ebenso sorgt er sich um die praktische Anwendung des erworbenen Könnens in einer Kolonie, die über adäquat ausgebaute Verkehrswege zum wirtschaftlichen Austausch verfügt.

Booker T. Washington steht damit als Pate an der Wiege der planmäßigen Arbeitserziehung in den deutschen Kolonien, wie es auch Mirbt feststellt: „Dieser Wohltäter seiner Rasse spricht von seinen Beobachtungen und Versuchen in den Vereinigten Staaten, aber sie enthalten Lehren, die nicht nur für dieses Land Geltung haben."[24]

Nur der schon zitierte Rohrbach reitet gegen Washington eine seiner rassistischen Attacken: In der Diskussion um die Bildungsfähigkeit der Afrikaner habe man angeführt, „daß gewisse Beispiele unter den nordamerikanischen Negern den Beweis auch für die sittliche Ausbildungsfähigkeit der schwarzen Rasse als solcher lieferten. Diese Ausführungen sind zum Teil sicher gut gemeint, aber sie fallen von vornherein durch die unwiderlegliche und unbezweifelbare Tatsache dahin, daß es bei solchen Verhältnissen, wie sie während der Sklavenzeit in den amerikanischen Südstaaten in Bezug auf die Bluteinfuhr aus der weißen in die schwarze Rasse geherrscht haben, so gut wie ausgeschlossen ist, heute bei irgend einem Farbigen in Nordamerika den Beweis reiner Negerabstammung zu führen. Gerade von denjenigen nordamerikanischen Farbigen, die immer wieder als lebendige Beispiele für die Entwicklungsmöglichkeiten des Negers angeführt werden, steht es fest, *daß sie keine reinen Neger sind*, sondern zum Teil stark hellfarbige Kreuzungsprodukte der schwarzen und der weißen Rasse. Wo aber eine derartige Blutmischung mit Sicherheit oder auch nur mit Wahrscheinlichkeit angenommen werden kann, da ist es natürlich unmöglich, irgend welche tatsächlichen oder angeblichen Leistungen der betreffenden farbigen Individuen als Beweis für Behauptungen zu benutzen, die gerade auch für die unvermischte Negerrasse gelten sollen."[25] Da Rohrbach's Thema aber die unverhohlene Ausbeutung der afrikanischen Menschen ist, kann diese Replik auf die zeitgenössische Rezeption der Theorien und Methoden B. T. Washingtons nicht weiter verwundern.

---

[23] Mirbt, C., a.a.O., S. 106ff
[24] ebenda, S. 102
[25] Rohrbach, P., a.a.O., S. 8f

Abb. 8: Adolph Friedländer, Völkerschauplakat, um 1890

Rassismus als ideologische Rechtfertigung der Ausbeutung

„Superiorität und Inferiorität"

Die Verwendung des Afrikaners als Lohnarbeiter und seine konsequente Ausbildung zu dieser Verwendung wurde durch die Kolonisatoren über rassen-
und kulturtheoretische Argumente aus dem „unumstößlichen Gesetz von der
Superiorität der europäischen Rasse und der Inferiorität der afrikanischen
Rasse" legitimiert,[1] das „für alle Zeiten" eine moralische Gleichberechtigung
von Schwarz und Weiß ausschließen wollte. Über die Proklamation eines
biologischen Unterschiedes zwischen Schwarz und Weiß, demzufolge die Minderwertigkeit des Afrikaners genetisch programmiert sei, sollte deren angebliche geistige und kulturelle Unterentwicklung quasi natürlich erklärt werden. In
dieser kurz gefaßten Sequenz rassischer „Superiorität und Inferiorität" läßt
sich bereits die Begründung des Herrschaftsanspruchs der weißen Kolonisatoren in Afrika beschreiben. Erst durch die strenge und unnachsichtige Behandlung seitens der Weißen sollte der Afrikaner – unter Umständen – auf die Stufe
des eigentlichen Menschseins gehoben werden.

Der Begriff der „Rasse" wurde im Zuge der europäischen Kolonisation
und Eroberung als pseudowissenschaftlicher Begriff einer Erklärungs- und
Rechtfertigungsideologie gebraucht, um ökonomische Ausbeutungsverhältnisse und politische Herrschaft sowie deren gewaltsame Durchsetzung über die
Kategorien von überlegenen und unterlegenen Rassen zu legitimieren. Praktische, intellektuelle und moralische Fähigkeiten wurden dabei den über grobe
Erkennungsmuster, wie z. B. Hautfarbe oder Physiognomie vom Mitteleuro-
päer unterschiedenen und als minderwertig klassifizierten Menschen abge-
sprochen, deren Lebensweise und eigenständige Kultur nicht nur als rückstän-
dig, sondern überwiegend als animalisch und verderbt gekennzeichnet.

So schreibt Major Boshart 1898: „Drei Eigenschaften sind allen Neger-
stämmen ohne Ausnahme gemein: Kulturunfähigkeit, Grausamkeit und na-
menlose Faulheit. . . . Der Neger ist ein blutdürstiges, grausames Raubtier, das
nur durch das Auge und die Peitsche des Bändigers in Respekt gehalten werden
kann. . . . Wollen wir die Schwarzen zur Arbeit heranziehen, so hätte man sich
nicht so beeilen müssen, die Sklaverei aufzuheben. Sie ist wohl überhaupt nur
eingeführt worden, weil der Neger auf andere Weise zur Arbeit nicht zu haben
war. . . . Darüber herrscht unter den Kennern Afrikas keine Meinungsverschie-
denheit, daß der Neger nur durch Zwangsmittel zur Arbeit gebracht werden
kann. . . . An dem großen welthistorischen Tage (wo den Atlantischen Ozean

---

[1] Tetzlaff, R., a.a.O., S. 200

ein Verkehrsweg mit dem Indischen Ozean verbindet) läutet dem Schwarzen die Totenglocke."[2]

Die weißen Siedler diskriminierten den Afrikaner als „Quintessenz des Bösen" und totale „Negation abendländischer Kulturwerte"[3], um vor sich selbst und vor allem vor dem heimischen Publikum die Notwendigkeit der Unterwerfung zu belegen. Die „Eingeborenen"[4] werden in zeitgenössischen Publikationen als faul, roh, stumpfsinnig und zu eigener Anstrengung unfähig beschrieben; die Darwin'sche Lehre wird herangezogen, um das aus der vermeintlichen Rassenungleichheit resultierende Herrenrecht zu begründen. Durch Züchtigungen sollte ihren Seelen Moral eingeimpft und ihre angeblich unberechenbare Aggressivität gezügelt werden. In den Hamburger Nachrichten vom 15.8.1899 schreibt J. Scharlach, Direktoriumsvorsitzender der Gesellschaft Süd-Kamerun: „Kolonisieren, das zeigt die Geschichte aller Kolonien, bedeutet nicht, die Eingeborenen zu zivilisieren, sondern sie zurückzudrängen und schließlich zu vernichten. Der Wilde verträgt die Kultur nicht; auf ihn wirken nur ihre schlimmen Seiten; sie vernichtet rücksichtslos den Widerstrebenden oder Schwachen (...). Die Verschiedenheit der Rasse ist entscheidend. Der Neger ist seiner Natur nach ein Sklave, wie der Europäer seiner Natur nach ein Freier ist (...). Wo immer ein mächtiges Herrenvolk auf ein Sklavenvolk trifft und die Herrschaft über dasselbe erwirbt, ist das letztere dem Untergang geweiht."[5]

Die Ideologie vom Herrenmenschentum vertrat vor allem Paul Rohrbach, der ehemalige Ansiedlungskommissar für „Deutsch-Südwest" in seinen kulturpolitischen Grundsätzen für die Rassen- und Missionsfragen. Rohrbach beschreibt das von ihm ausgemachte „Wesen der Eingeborenen" so: „Die hervortretenden Eigenschaften des Durchschnittsnegers sind vor allen Dingen eine unbezähmbare, sein ganzes Sinnen- und Triebleben als Dauerzustand ausfüllende Sinnlichkeit; dazu Eitelkeit und Mangel an Voraussicht für die Zukunft. Dagegen hat sich gezeigt, daß seine formale Intelligenz und seine Fähigkeit zur Aneignung äußerer Fertigkeiten unter Umständen sehr entwicklungsfähig sind. Die Grundzüge seines Charakters, die Sinnlichkeit, die Eitelkeit und der Leichtsinn, sind aber, wie jedermann bezeugen kann, der die Verhältnisse unter den afrikanischen wie den amerikanischen Negern kennt,

---

[2] Zitiert nach Giesebrecht, F., Die Behandlung der Eingeborenen in den deutschen Kolonien, Berlin 1898, S. 39
Die Arbeit enthält die Antworten von „Kolonialkennern" auf die Frage: „Welches ist die beste Methode der Behandlung der Eingebornen in den deutschen Kolonien?"
[3] ebenda, S. 202
[4] Der Begriff „Eingeborener" suggeriert nichtzivilisierte, im Vergleich zum Europäer inferiore Menschen. Insofern ist der Begriff diskrimierend.
[5] Zitiert nach Hücking u.a., a.a.O., S. 138

durch jene Art von Erziehung nicht tiefer verändert worden."[6] Zur Konstruktion einer Inferiorität der Schwarzen ist da nur ein kleiner Schritt: „Mit dem Problem der Minderwertigkeit der Negerrasse steht es also so, daß alle Beobachtungen und Erfahrungen, sowohl auf ihrem ursprünglichen Heimatsboden Afrikas als auch außerhalb desselben, dafür sprechen, daß bezüglich der moralischen Entwicklungshöhe eine Inferiorität gegenüber der weißen Rasse tatsächlich vorhanden ist. Es ist unmöglich, sei es auf welchem Gebiet auch immer, irgend eine kulturelle Leistung der afrikanischen Rasse aufzuführen, die es ermöglichen würde, sie im entferntesten an die Seite derjenigen Rassen zu stellen, die bisher einen positiven Beitrag zu dem dauernden geistigen oder materiellen Kulturbesitz der Menschheit geliefert haben."[7] Das heißt nichts anderes, als daß Rohrbach der schwarzen Rasse eine Annäherung an die von ihm postulierte Superiorität der weißen Rasse aufgrund der von ihm ebenfalls festgestellten begrenzten biologischen Entwicklungsfähigkeit absprach und daraus den Herrschaftsanspruch der Weißen ableitete.

„Ein Recht der Eingeborenen, welches nur um den Preis verwirklicht werden könnte, daß die Entwicklung der weißen Rasse darüber in irgendeinem Punkt verkümmern müßte, existiert nicht", führt Rohrbach aus.[8] Er konstatiert weiterhin: „Die Idee, daß die Bantus, die Sudanneger und die Hottentotten in Afrika ein Recht darauf hätten, nach ihrer eigenen Facon zu leben und zu sterben, selbst wenn darüber unzählige Existenzen bei den Kulturvölkern Europas in einem proletarischen Kümmerdasein stecken bleiben, anstatt daß sie durch eine Vollausnutzung der Produktionsfähigkeit unseres Kolonialbesitzes sowohl selbst zu einem reicheren Dasein emporsteigen, als auch den Gesamtbau der humanen und nationalen Wohlfahrt freier in die Höhe richten helfen (sei es in Afrika, sei es in Europa) – diese Idee ist absurd. Als Gegengewicht zu diesem Prinzip erfordert die ideale Durchführung dieses Standpunktes in der praktischen Kolonialpolitik neben der konsequenten Einsicht in das Wesen der historischen Gerechtigkeit im Dasein der Völker und Rassen, wie wir bereits betont haben, freilich auch ein hohes Maß von Gefühl für diejenige ethische Verantwortlichkeit, die eine höherstehende Rasse gegenüber einem minder zur Entwicklung gelangten Typus der eigenen Gattung unter allen Umständen behält." Ein Daseinsrecht hätten sich die Afrikaner erst zu erwerben: „Die Notwendigkeit, ihr freiheitliches nationales Barbarentum zu verlieren und zu einer Klasse von Dienstbaren in Lohn und Brot der Weißen zu werden, schafft aber für die Eingeborenen überhaupt erst, weltgeschichtlich betrachtet, ein dauerndes Existenzrecht."[9]

---

[6] Rohrbach, P., a.a.O., S. 5
[7] ebenda, S. 9f
[8] ebenda, S. 44
[9] ebenda, S. 20

Die praktische Anwendung der definierten Inferiorität

Aus diesen Feststellungen ist der Schluß zu ziehen, daß die geplante Umwandlung der afrikanischen Gesellschaften zum Ziel hatte, eine proletarische Klasse im Dienste der weißen Unternehmer zu schaffen. Dies stellt Rohrbach auch unumwunden fest: „. . .müssen wir uns darüber klar sein, daß das Ziel jeder praktischen Kolonisationsarbeit die wirtschaftliche Nutzbarmachung der in Besitz genommenen Gebiete zugunsten der besitzenden Nation bildet. Die beiden *Grundfragen der Kolonialwirtschaft* in diesem Sinne sind die der *Bodennutzung* auf der einen, der *Eingeborenennutzung* auf der anderen Seite."[10] Und: „Für die Völker gilt so gut wie für die Individuen, daß die nutzlosen Existenzen kein Recht aufs Dasein haben und daß eine Existenz um so berechtigter erscheint, je nützlicher sie für den Gang der allgemeinen Entwicklung ist. Mit keinem Argument der Welt kann es gelingen etwa zu beweisen, daß die Aufrechterhaltung irgend eines Maßes von nationaler Selbständigkeit, nationalem Besitz und politischer Organisation unter den Bantu- und Namastämmen Südafrikas einen größeren Gewinn für die Entwicklung der Menschheit im allgemeinen oder des deutschen und englischen Volkes im besonderen bedeute, als ihre Dienstbarmachung zugunsten der Ausnutzung ihres einstigen Herrschaftsgebiets durch die weiße Rasse."[11]

In diesem Kontext wird Erziehung zur Abrichtung zur Arbeit unter dem Diktat des Kolonialherrn, der noch dazu für kontrollierte Aufzucht zuständig ist: „Während man im Altertum wie im Mittelalter die Erfahrung gemacht hatte, daß es unmöglich war, ein weißes Sklaventum auf Grund des physischen Fortpflanzungsprinzips zu züchten, gelang dieses Experiment mit der schwarzen afrikanischen Rasse vollständig. Auch nachdem die Negereinfuhr aus Afrika nach Nord- und Südamerika aufgehört hatte, während Prinzip und Praxis der Sklaverei dort noch weiter bestanden, nahm die Zahl der Neger in Amerika auf dem Wege der natürlichen Vermehrung der Sklavenbevölkerung fortdauernd zu. Im Unterschied zu der weißen hat sich also die schwarze Rasse auch im Zustande haustierähnlicher Unfreiheit ohne jede Schwierigkeit ziehen lassen."[12] Mission macht den Afrikaner dann zwar zum „guten Christen", der in einem Gemeinwesen die für ihn definierte Rolle zu erfüllen habe, aber nicht zum Bruder des Weißen. Rohrbach: „Es muß genügen, sie bis zur Stufe von

---

[10] ebenda, S. 12; Zur Situation der Arbeiter vgl. Tetzlaff, R. a.a.O., S. 233–251
[11] Rohrbach, P., a.a.O., S. 20f
[12] ebenda, S. 5

Schutzverwandten des Christentums zu heben, denen durch ihre Naturanlage ein volles christliches Selbstbestimmungsrecht nicht zugänglich ist."[13] Diese Einschätzung machten Rohrbach und andere daran fest, daß nach ihrer Ansicht bei der afrikanischen Bevölkerung ein bestimmter Typus des Menschengeschlechts vorläge, „dem es bisher nicht gelungen ist und dem es seiner ursprünglichen Veranlagung nach auch nicht bestimmt zu sein scheint, die oberste ideale Krone des Menschentums und das kostbarste aller dem Menschen zugänglichen Güter zu erlangen: die freie und absolute Willensbestimmung nach geistig-sittlichen Motiven."[14] Wird einerseits die Ausweitung der Kolonisierung als Mittel ausgegeben, die „Barbarei" und den „kulturellen Tiefstand" der Afrikaner in einem gewissen Sinne zu heben, so leitet sich andererseits der Auftrag zur Zivilisierung der Welt direkt aus der hervorragenden Stellung der weißen Völker her. Diese Herleitung rassischer Überlegenheit und das ökonomische Argument z. B. der Siedler, je besser das Geschäft der Weißen sei, desto besser sei dies für den Afrikaner, führt direkt zu den zentralen Thesen der Modernisierungstheoretiker: starke Industrienationen wirken sich positiv auf unterentwickelte Länder aus. Der Modernisierungstheorie darf daher getrost ein rassistisches Moment zugeordnet werden.

Das unvermeidliche Szenarium kolonialer Geschichte, wie Nilpferdpeitsche als „wirksamstes Erziehungsmittel", „Primitive", Schutztruppe, Prügelstrafe, „väterliches Züchtigungsrecht" durch die Missionare macht es offensichtlich, daß die weißen Kolonisatoren den Afrikaner als Menschen ansahen, der sich nach europäischen Maßstäben auf einer primitiven Daseinsform befand, sie empfanden deshalb Verachtung. Aufgrund dieser Einschätzung meinten die Kolonisatoren, daß sich der Afrikaner nie zu einer ebenbürtigen autonomen Persönlichkeit entwickeln könne, wobei diese Einschätzung bereits die Zweckmäßigkeit in sich trägt, daß es zu einer solchen ebenbürtigen autonomen Persönlichkeit gar nicht kommen dürfe. Trotzdem mußte man irgendwie mit dem Phänomen umgehen, daß da plötzlich Menschen auftauchten, die einer wie auch immer gearteten staatlichen und religiösen Fürsorge bedurften und sei es in erster Hinsicht vor allem als Risikofaktor oder als Erziehungsproblem.

Für Rohrbach beziehen sich Risikofaktor und Erziehungsproblem wie folgt aufeinander: „Die religiös-erzieherische Beeinflussung des Negers wird also mit Erfolg überall erst dort einsetzen können, wo in politisch-materieller Beziehung die auf moderne Verkehrsmittel und überlegene Waffengewalt fundierte Herrschaft eines europäischen Kulturvolks bereits fest stabilisiert ist. Dann, wenn dem Neger aus genügend eindrucksvoller eigener Erfahrung heraus der eine Satz feststeht, daß er der weißen Herrschaft als solcher unbedingt

---

[13] ebenda, S. 96
[14] ebenda, S. 95

zu gehorchen hat und daß jeder Versuch zu ihrer Abschüttelung zu unerbittlicher strenger Strafe führt, dann erst ist die Hauptvoraussetzung dafür gegeben, die schwarze Rasse nun in einer viele Generationen und Jahrhunderte langen Arbeit in unserem Sinne zu erziehen."[15]

Den Rahmen für die Einfügung der plötzlich neuen „Nächsten" nach Staatsgebiet, jedoch nicht nach Personen beschreibt Büttner bei seinem Vortrag auf der sächsischen Missionskonferenz in Halle 1885 so: „So werden *nun* diese Heiden im vollsten Sinne unsere *Nächsten*; denn wiewohl bisher ein jeder, welcher ein koloniales Produkt gebrauchte, seinen Thee oder Kaffee trank, den Gummischuh anzog, die Elfenbeintaste des Klaviers berührte, Dinge gebrauchte, welche Heiden für ihn erarbeitet, gesammelt, erjagt hatten, so blieben sie uns darum doch noch immer etwas fern, da die vermittelnden Engländer und Holländer in unserer Phantasie dazwischen zu treten schienen. Nun aber hat auch Deutschland seine Kolonien, und die Heiden, welche nun die Straußfedern erjagen, mit denen unsere Damen ihre Hüte schmücken, welche das Palmöl sammeln, aus welchem wir Seife zur Reinigung unserer Wäsche bereiten, sie werden jetzt im vollsten Sinne des Wortes unsere Nächsten. Kein fremder Staat steht zwischen uns und ihnen. Niemand kann jetzt mehr sagen, was gehen uns jene Schwarzen an! Denn an der Küste ihres Landes sind, unter dem unfraglichen Beifall der großen Majorität unseres Volkes, die schwarzweißroten Pfähle aufgerichtet mit der Tafel: *Kaiserlich deutsches Protektorat*. Sie stehen nunmehr unter deutschem Schutze und unabweislich wird für jeden ernsthafter denkenden, vor allem für jeden gläubigen Christen die Frage: Wie stellen wir uns ihnen gegenüber auf dem Gebiete der sittlichen Einwirkung?"[16]

Das Ansehen der einheimischen Bevölkerung als „minderwertig" wurde durch die Einschätzung der Missionsgesellschaften hinsichtlich der kolonialen Abenteuer der Reichsregierung verstärkt. Weder die katholischen noch die evangelischen Missionen kritisierten die deutschen Kolonialerwerbungen, im Gegenteil. Kardinal Lavigerie begründete die Erwerbungen mit der Überlegenheit der europäischen Kultur, die die Inferiorität der Eingeborenen überwinden könne.[17] Der Verlust der Freiheit der unterworfenen Völker werde durch

---

[15] ebenda, S. 96
[16] Büttner, C.G., a.a.O., S. 98f
[17] z. B. auch für die Mission in Japan: „Beruht ja doch z. B. der enorme Fortschritt zur Christianisierung hin, welchen Japan in unseren Tagen macht, nicht allein und vielleicht zum wenigsten darauf, daß dort im Lande selbst von etlichen Missionaren das Evangelium gepredigt wird, sondern der Eindruck solcher Predigt wird ins übermächtige durch die Einsicht verstärkt, wie weit die europäischen Nationen, vor allem die evangelischen, den Asiaten überlegen sind und daß die hervorragenden Staatsmänner dieser Nationen selbst immer wieder, auch den japanischen Gesandten und Reisenden gegenüber, auf das Evangelium als die Quelle unserer ganzen Kultur hinweisen." ebenda, S. 105

die „Gegengabe der höheren Kultur, der sittlichen Begriffe und der besseren Arbeitsmethoden" kompensiert, argumentiert Schmidlin.[18] D. v. Schwartz schreibt, „daß es nach geistlicher Ordnung nicht schlechthin und unter allen Umständen verwerflich ist, wenn Völker, die dessen bedürfen, Länder in Besitz nehmen, in welchen für sie Milch und Honig fließt, in denen sie den Überschuß ihrer Bevölkerung ansiedeln, in denen sie Rohstoffe für ihre Industrien und Absatzgebiete für deren Produkte gewinnen können."[19] Was von den Missionsgesellschaften kritisiert wurde, waren allenfalls die Methoden des Erwerbs der Kolonialgebiete (so vor allem durch Carl Peters), diese Bedenken wurden jedoch alle aufgehoben mit der Tröstung, daß andernfalls andere Nationen die Unterwerfung vorgenommen hätten.

Der Widerstand der solchermaßen unterworfenen Bevölkerungen wird aus kolonialer Sicht mit einer Modernisierungsfeindlichkeit erklärt und damit als primitiv diskriminiert: „Denn die junge Generation (. . .) sah nicht ein, warum man Jahr für Jahr 3 Rupie Steuern zahlte und an der Instandsetzung 5 Meter breiter Straßen arbeitete, während doch von alters her der ausgetretene Fußpfad genügt hatte. Warum sollte man Baumwollfelder anlegen, warum dem steten Drängen nachgeben, auf den europäischen Pflanzungen zur Arbeit zu gehen? Landfriede? Ja, hatte denn der Starke Frieden im eigenen Lande nicht immer gehabt? Die Väter waren vielfach anderer Meinung. Sie hatten gelitten unter feindlichen Plünderungen. Dann waren sie eben schlapp gewesen! Aber wir, die Jugend, fühlen Kraft im Arm; warum sollen wir zwei Jahre um Lohn arbeiten, um die Braut kaufen zu können? Warum sollen wir nicht, wie früher, sengend und brandschatzend über die Nachbarstämme herfallen, um Weiber und Vieh zu rauben statt zu erarbeiten?"[20] Eine solche Auffassung von den kolonialen Segnungen konnte im geistigen Kontext der Kolonisierenden nur über die Konstruktion der Inferiorität der schwarzen Rasse erklärt werden und rechtfertigte deshalb alle Mittel des massiven oder subtilen physischen und psychischen Zwangs, der von der kolonisierenden Nation ausgeübt wurde.

Für die Missionsgesellschaften leitete sich die behauptete Inferiorität der afrikanischen Gesellschaften aus der Gegenüberstellung von „Kultur-" und „Naturreligionen" her. Der evangelische Missionstheoretiker Dammann stellt fest, daß keine der Universalreligionen ihre Heimat in Afrika habe. Nirgends sei in vergangener Zeit ein Religionsstifter aufgetreten, der eine Religion neuen Inhalts und zeitlicher Dauer begründet hätte. Ebenso gäbe es keine „religiöse

[18] Zitiert nach Niesel, H.-J., a.a.O., S. 114
[19] v. Schwartz, Mission und Kolonisation in ihrem gegenseitigen Verhältnis, Leipzig 1908, S. 4f, zitiert nach Niesel, H.-J., a.a.O., S. 114f
[20] Zache, H., Deutschlands koloniale Eingeborenenpolitik, a.a.O., S. 43

Urkunde", auf die sich eine Religion hätte gründen können. „Wir sprechen daher in Afrika südlich der Sahara nur von Naturreligionen. Diese Bezeichnung will zum Ausdruck bringen, daß Naturvölker Träger der Religionen sind."[21] Im Gegensatz zu Naturvölkern stünden „Kulturvölker", wobei der Naturmensch „natürlich" durchaus über „Kultur" verfüge, verstanden als Fähigkeit das Leben in der Umwelt zu meistern, „er bedient sich auch Erfindungen und besitzt in hohem Maße eine musische Befähigung."[22] Die Unterscheidung liegt nach Dammann darin, „daß der Naturmensch noch in seiner Ganzheit in seiner Umwelt zu Hause ist." Und: „All dies ist bei dem Kulturmenschen anders. Er lebt weder aus noch in der Ganzheit. Der Naturmensch steht also noch auf einer früheren Stufe der geschichtlichen Entwicklung".[23]

Ein Beispiel einer ersten Begegnung eines Missionars mit afrikanischer Kultur schildert Hertlein: „Meine Laufbahn als Afrikamissionar hat 1877 an der Ostküste begonnen. Ich brachte dorthin noch alle die damals landläufigen Ideen über die Schwarzen mit: ‚Fetischisten ohne Religion, ohne Moral, ohne Familie; sie beteten in ihrer Dummheit Tiere, Bäume und Steine an"[24] Zwischen den Zeilen dieser Aussage steht deutlich lesbar, daß es sich nach Ansicht des Schreibers bei „Naturreligionen" um primitive Glaubensvorstellungen handle, die sich mit den großen Religionen der zivilisierten Welt nicht messen könnten.

Für Rohrbach steht bereits die Unmöglichkeit der Aneignung des Christentums durch die zu Missionierenden außer Frage. „Die gegenwärtige Praxis der evangelischen Missionen in Afrika rechnet (...) auch zu wenig mit der Tatsache, daß unterhalb einer gewissen materiellen Kulturstufe keine verständnisvolle Aneignung der christlichen Grundwahrheiten möglich ist. Das Christentum ist sowohl historisch als auch seinem Wesen nach nicht eine Religion für Barbaren, sondern nur für Kulturnationen..." Denn: „Der Neger ist ein Mensch, bei dem das sinnliche Element so schlechthin vorherrscht, daß er ein religiöses Prinzip, dessen Kraft gerade in der Unterordnung der Sinnenwelt unter die geistige Welt besteht, unmöglich fassen und innerlich sich aneignen kann."[25]

Der Abwertung der geistigen und religiösen Welt der Afrikaner folgt schlüssig die Idealisierung der „anderen Entwicklung" in der sogenannten zivilisierten Welt, was z.B. beim Charakteristikum der Institution Schule

[21] Dammann, E., Die Religionen Afrikas, Stuttgart 1969, S. 5
[22] ebenda
[23] ebenda
[24] Le Roy, La Religion I., (ohne nähere Angabe), zitiert nach Hertlein, S., Wege christlicher Verkündigung, a.a.O., Bd. 1, S. 74
[25] Rohrbach, P., a.a.O, S. 90f

deutlich wird. Sowohl in der Konzeption der Erziehungsbemühungen der katholischen als auch der evangelischen Mission zeigt sich, worauf sich das von den Missionaren vermittelte „Vorbild Europa" wesentlich stützte: nämlich auf die Kirche als anerkannter Bildungsträger und Wertevermittler im Mittelalter, als Ausgangspunkt einer zivilisatorisch überlegenen, weil eben an den Werten des Christentums orientierten Gesellschaftsform.

Als pragmatische Begründung für die Verbindung von Mission und Schule zum Zwecke der „Anhebung der afrikanischen Kultur" nennt z. B. Dammann stellvertretend für alle anderen Missionstheoretiker:
– Kolonialniederlassungen brauchten für die Wirtschaftsbetriebe Hilfskräfte, die lesen, schreiben und rechnen konnten,
– die Kolonialregierungen konnten für Schulen keine Lehrer zur Verfügung stellen,
– die Missionen „sprangen ein" und übernahmen dieseAufgabe,
– dadurch wurde „die Jugend mit dem Christentum bekannt".[26]

Die Missionare erkannten sehr bald, daß „die Jugend" an dieser Ausbildung interessiert war, „daß nur eine gute, weitgehende Ausbildung ihr helfen könne, eine befriedigende Stellung in der modernen Gesellschaft einzunehmen. So entstanden weiterführende Schulen."[27] Die Mission verschaffte sich in der Folgezeit weitere Einflußmöglichkeiten über Internate, Hochschulen und Universitäten. Von staatlicher Seite wurde das Missionsschulwesen, wie bereits dargestellt, weitgehend unterstützt, weil eigene Anstrengungen hinter den Leistungen der Missionsgesellschaften weit zurückblieben, der Bedarf an Hilfspersonal aber dringlich war und der befriedende Einfluß der Mission bei der Unterwerfung der kolonisierten Gebiete schließlich erkannt worden war. Das Argument der Minderwertigkeit – rassisch, intellektuell, moralisch – und das damit verbundene potentielle Sicherheitsrisiko für die Kolonisatoren öffnete einer planmäßigen Unterwerfung im Sinne der bereits dargestellten Symbiose zwischen Kolonialmacht und Mission alle Pforten.

Auch aus einem anderen Blickwinkel heraus lohnt es sich, die behauptete Inferiorität der afrikanischen Rasse zu betrachten. Die Missionsgesellschaften waren darauf angewiesen, von heimatlichen Kreisen finanzielle Unterstützung für ihre Arbeit zu erhalten. Aus diesem Grunde wurden im Deutschen Reich sogenannte Missionsvereine gegründet und wurde das Spendenwesen entsprechend organisiert.

Das Anliegen der Missionsvereine transportierten zahlreiche „Missionsblätter" und verankerten es in den Köpfen einer kolonialpolitisch und/

---

[26] Dammann, E., Das Christentum in Afrika, München 1968, S. 118
[27] ebenda, S. 119

oder missionarisch begeisterten Öffentlichkeit. Sogar Hertlein, der in seiner Arbeit ein ungebrochenes Bild der Missionierung Ostafrikas vorführt, leistet Kritik an „geradezu grotesken Berichten, in denen vor allem Missionsschwestern erzählen, wie es ihnen gelungen ist, sterbende Kinder und Erwachsene unmittelbar vor dem Tode ‚dem Rachen des Teufels zu entreißen' und ihnen durch Spendung der Nottaufe die Seligkeit des Himmels zu erschließen."[28]

Leibhaftige Afrikaner hatten zu Beginn der Kolonisation die wenigsten Deutschen gesehen, die meisten kannten Schwarze nur als exotische Wilde, als die sie in Salonzeitschriften abgebildet waren. Zur Beförderung der Spendenfreudigkeit wurden deshalb auch afrikanische Menschen in Deutschland vorgeführt, bzw. deren Vorführung bei allfälligen Jahrmärkten durch Schausteller dem interessierten Publikum zur Anschauung empfohlen: „Ich denke noch daran, wie mir der alte Herr Miller in Elberfeld, der langjährige Präses der rheinischen Mission erzählte, welchen Eindruck es auf die Wupperthaler Missionsfreunde gemacht, als sie zum ersten Male einen wirklichen Buschmann auf dem Jahrmarkte zu sehen bekommen, und wie nahe hiermit die Begründung der dortigen Missionsgesellschaft zusammenhing. Gelegenheit macht Diebe, sagt man; und so wird auch in einem frommen Herzen der Missionssinn desto mehr erweckt und auch zu wirklichen Thaten getrieben, je mehr es mit dem wirklichen Heidentum bekannt, ja mit demselben in Berührung gebracht wird."[29] Die Zurschaustellungen setzten bewußt auf die den Afrikanern angedichtete Primitivität. Ein afrikanischer Sklave war Anfang des 19. Jh.s am Rhein eine Jahrmarkts-Attraktion: „Da mußte er, um recht wild zu erscheinen, lebendige Tauben zerreißen und blutig verschlingen, rohes Fleisch essen, vor einem Ochsenkopf niederknien und ihn anbeten, mit einer Keule herumtoben und tun, als ob er in seinem wilden Land auf der Jagd wäre oder in den Krieg zöge."[30]

Die Einschätzung des afrikanischen Menschen, als auf einer primitiven Stufe des Daseins stehend, leistet einen legitimatorischen Sinn für die von Anfang an angestrebten Ausbeutungsverhältnisse. Der Einsatz des Mittels Schule als ein Instrument zur Herausführung aus „steinzeitlichen Verhältnis-

---

[28] Hertlein, S., Wege christlicher Verkündigung, a.a.O., Bd. 1, S. 14
[29] Büttner, C.G., a.a.O., S. 100
    Warneck wendet in einer Fußnote zur missionssteigernden Wirkung von Zurschaustellungen ein: „Gott gebe es. Ich bin aber etwas skeptisch. In den zoologischen Gärten sind jetzt Heiden genug ausgestellt – *ja leider ausgestellt!!* – und von vielen Tausenden gesehen worden, ich habe aber nicht gehört, daß das irgenwo zur Vertiefung des Missionssinnes gedient." ebenda
    Bezüglich des Marketing-Effektes dieser Zurschaustellungen mag Warneck recht haben. Seine Anmerkung stützt aber die hier vertretene These, daß die in zoologischen Gärten oder auf Jahrmärkten vorgeführten „Exoten" die Inferiorität der schwarzen Rasse an sich belegen sollten.
[30] Aus einem Missionsblatt, zitiert nach Hücking u.a., a.a.O., S. 94
    Das Zitat fährt fort: „Damit dies alles, was gegen seine Natur war, ihm nicht schade und er dabei guten Mut behielt, bekam er Branntwein im Überfluß und lebte so im Rausch und Elend sein Leben wie ein Tier dahin."

sen" der afrikanischen Menschen kann mit der behaupteten Inferiorität derselben nicht begründet werden: die Erschließungspolitik der Kolonialmächte und das dabei eingesetzte Erziehungssystem der Missionsgesellschaften konnte die traditionellen Lebensformen der afrikanischen Bauern und Händler gar nicht berücksichtigen, weil jede Einzelheit dieser Lebensform der zu errichtenden kapitalistischen Produktionsweise entgegenstand. Sie mußte – und sie wollte – von Anfang an ein völlig anderes und allein auf ihre Zwecke ausgerichtetes Bildungswesen implantieren.

Die traditionelle Gesellschaft Afrikas war für die Europäer ausschließlich als unerwünschter Störfaktor im Prozeß der Kolonisierung relevant. Kurz gefaßt erschließt sich dieser Störfaktor entlang folgender Elemente: Da ist zunächst der traditionelle Familienverband, die Großfamilie unter einem patriarchalischen Alten. Zu ihr gehören meist einige Hundert Personen, die sich alle als Einheit fühlen und in fester Ordnung leben, gemeinsam die Felder bestellen, Feste feiern und religiöse Zeremonien vollziehen. In diesen Familienverband ist das gesamte Leben von Geburt bis zum Tode und darüber hinaus eingebettet, und niemand kann sich diesem Verband entziehen. Diese Konzeption schließt bereits die Welt der Ahnen mit ein, die das Denken und Reden, den gesamten Alltag beeinflussen. Der Ahnen ist zu gedenken, ihnen sind Opfer zu bringen, bei wichtigen Entscheidungen ist ihre Stellungnahme einzuholen, ihren Anordnungen und Wünschen kann man sich nicht entziehen. Hinzu kommt der Bereich der Initiationsriten, die als ein vermutlich letzter geschützter Bereich vor den Kolonisatoren, speziell den Missionaren verborgen wurde. Schließlich ist der Bereich der Magie, der Geheimbünde und der verschiedenen Kulte zu berücksichtigen.

Demgegenüber etablierte sich die koloniale Schule in den afrikanischen Gesellschaften als Realität einer externen Kontrolle dieser Gesellschaften und zum Zwecke der Selektion einer schmalen Elite.[31] Um aber die genannten Störfaktoren auszuschließen, war eine grundlegende „Umstellung des Denkens" bei den Kolonisierten von Nöten.[32]

Dammann verweist bezeichnenderweise im Kapitel „Probleme der Christianisierung" auf das völlig andere Denken der Afrikaner, welches sich als magisches und zyklisches Denken der Modernisierung entgegenstelle. Das magische Denken halte grundsätzlich nichts für unmöglich, Raum und Zeit, lo-

---

[31] Bosse zeigt an drei Beispielen auf, wie das „Leiden an der weißen Schule" und das „Leiden an der Stammestradition" psychologisch verarbeitet werden. Vgl. hierzu: Bosse, H., Krankheit, Widerstand, Anpassung. Drei Wege aus dem Konflikt zwischen „weißer" und „schwarzer" Identität. in: Politische Bildung, Schwarzafrika. Entfremdung und Aufgabe, Jg. 13/1980, Band 2, Stuttgart 1980
[32] Dammann, E., Das Christentum in Afrika, a.a.O., S. 133ff

gisch-rationale Verknüpfung von Ursache und Wirkung spielten keine Rolle. Das Vorhandensein magischer Kräfte anzunehmen und sich durch sie bestimmen zu lassen, verstößt nach Dammann gegen das erste Gebot „Du sollst keine fremden Götter neben mir haben", erweise sich aber vor allem beim Begreifen physikalischer Vorgänge als hinderlich: „Die Afrikaner müssen lernen, daß auf unserer Erde bestimmte Gesetze gelten, die man feststellen kann und befolgen muß."[33] Das zyklische Denken ist nach Dammann als solches geschichtslos, weil es annimmt, daß alles Gewesene wiederkehrt. Mit dem Denken der Bibel sei es unvereinbar, weil es keinen Anfang und kein Ende kenne. Das europäische lineare Denken sei christlich in dem Sinne, daß es eine Entwicklung mit darauf folgendem Abschluß kenne. Afrikaner müßten demnach eine Unterweisung über geschichtliche Vorgänge erhalten: Vermittlung der Geschichte der Kolonialmächte. Allerdings: „Wenn von dem afrikanischen Denken gesprochen wurde, wird dadurch nicht behauptet, daß alle Afrikaner wirkliche Denker sind."[34] Von den pragmatischen Trägern der „Umstellung des Denkens", den Missionaren, wurde klar gesehen, daß durch die Christianisierung der Afrikaner eine Loslösung von der bisherigen Gemeinschaft in Familie, Clan usw. erfolgte.

Dem damit sowohl geistesgeschichtlichen, aber auch sozial „heimatlos" gewordenen Afrikaner bot die Kirche eine neue Gemeinschaft an. Neben der neuen Heimat der Christendörfer der Seßhaften geschah dies vor allem vor dem Hintergrund, daß der zur Wanderarbeit gezwungene Afrikaner in anderen Stammesgebieten soziale Einbindung erfahren sollte. „Auch in Zukunft wird die Kirche die Aufgabe haben, den Menschen, die aus beruflichen oder anderen Gründen ihre bisherigen Bindungen verloren haben, zu einem Gemeinschaftsleben zu verhelfen."[35] Die Afrikaner sollten über den neuen Erziehungsansatz ihre in der traditionellen Erziehung erworbenen frühkindlichen Orientierungsmuster und Denkschemata aufgeben, erhielten sie doch dafür ausreichende Entschädigung: „Für die Zerstörung seiner Identität, die oft als kulturelle Entfremdung beschrieben worden ist, wird er (der Afrikaner, d. Verf.) allerdings entschädigt durch die soziale Integration, durch seine Teilhabe an den Privilegien einer mit den Industriegesellschaften direkt zusammenarbeitenden ‚modernen' Elite."[36] Die beabsichtigte Zerstörung der Identität der kolonisierten afrikanischen Bevölkerung drückten die Erziehungstheoretiker, wie oben dargestellt, eindrücklich aus und entwarfen in den verschiedenen Lehrplänen und Lehrabläufen ein Instrumentarium, das diese Zerstörung in die Praxis umsetzte.

---

[33] ebenda, S. 134
[34] ebenda, S. 136
[35] ebenda, S. 139
[36] Bosse, H., Diebe, Lügner, Faulenzer, a.a.O., S. 103

Die Übernahme der kolonialen Wertmuster durch die Domestizierten und das Problem mit dem Rassismus

Aus der Sicht des Domestizierten sah die Übernahme der Wertmuster der kolonisierenden Nationen dann so aus: „Meine höhere Schulbildung und den Grad des B.A. erwarb ich nur durch Selbststudium und Fernstudium. Im Rückblick auf die äußerst entmutigenden Umstände, unter denen ich aufwuchs, kann ich dem Gefühl nicht entgehen, ein ‚auserwähltes Gefäß‘ zu sein."[37]

Schiere Auswirkung und entsprechende Effizienz der Kolonisierung führten bei den Afrikanern zur Anerkennung der Überlegenheit der weißen Rasse: „An einem kalten Morgen begleitete ich meinen Onkel zur Wasserstelle. Meine einzige Absicht dabei war, den weißen Mann zu sehen, von dem man sagte, er brenne dort das Vieh. Ich hatte noch nie ein weißes Gesicht gesehen. Ich war neugierig darauf. Es war ein großer, kräftiger, furchterregender Mann. Ich klammerte mich beim Anblick dieses außergewöhnlichen menschlichen Wesens fest an meines Onkels Arm. Seine Augen blickten flink umher wie bei dem Leoparden, den wir einmal gesehen hatten. Jedermann achtete auf ihn. Er beherrschte die Lage."[38] Dieses Zitat verweist auf die zunehmende Verinnerlichung der Unterdrückung durch die Unterdrückten. Die innere Unterwerfung unter die äußerliche führt aber dazu, daß die Unterdrückten sich so sehen, wie die Unterdrücker sie sehen. Bewußtsein und Unterbewußtsein werden besetzt von Konzeptionen des Unterdrückers: die zugedachte Rolle wird auch übernommen.

Dies wird auch deutlich in den Zitaten, die in dem Band „Das deutsche Kolonialbuch" von 1925 zur Fragestellung, ob Deutschland wieder Kolonien haben solle, „aus Negermund" zusammengestellt sind. So z. B. aus dem „Brief eines Togonegers, 1920": „Ich habe eine große Sehnsucht nach Ihnen. Ich habe in meinem letzten Schreiben zum Ausdruck gebracht, daß ich Sie und Ihre Nation zeitlebens nie vergessen werde. Das wiederhole ich hier von neuem. *Ich bin deutsch, ich lebe deutsch, ich sterbe deutsch.*"[39] Oder aus einem ähnlichen

---

[37] Sithole, N., a.a.O., S. 23
[38] Sithole, N., a.a.O., S. 9f
[39] „Brief eines Togonegers, 1920", zit. nach Zache, H., Deutschlands koloniale Ehrentafel, in: ders. (Hrsg.) Das deutsche Kolonialbuch, a.a.O., S. 247

Schreiben 1921: „Wenn ich in die vergangene Zeit zurückblicke, so sehe ich, daß die Deutschen mir und dem lieben Togolande nur große Wohltaten erwiesen haben. Ich weiß, daß die Deutschen streng sind; aber *Barmherzigkeit, Gerechtigkeit und Wohltätigkeit sind bei ihnen zu finden*. Haben die anderen Nationen auch diese Eigenschaften? Nein, gar nicht! Sie sind heimtückisch, böse, geizig und lieben die farbigen Angestellten nur in dem Auge. Von der deutschen Zucht ist nur Gutes zu reden. Ein strenger, guter und wohltätiger Herr ist tausendmal besser als ein heimtückischer, böser und geiziger."[40] Oder wie schließlich in einem Brief aus Deutsch-Südwestafrika 1923: „Stolz setzte der Hereró hinzu: ,*Wir sind doch auch Deutsche, genauso wie ihr!*' Das ist keine Spielerei, keine Negerlaune; das ist aufrichtiges Bekenntnis, das ist Ernst! Sogar zur Ruhrspende haben Eingeborene aus freien Stücken selbständig und unbeeinflußt beigetragen. Vor ein paar Tagen brachte noch ein Heréroweib einem hiesigen Kaufmann zehn Schilling mit dem ausdrücklichen Bemerken, *das sei für die Deutschen, die unter den Franzosen leiden müßten*. Mehr könne sie leider nicht geben."[41] Sind diese Zitate – und die zahlreichen anderen an der zitierten Stelle – sicherlich vor dem Hintergrund der Propaganda für den Wiederbesitz von Kolonien zu werten, so reihen sie sich doch ein in eine Tradition geistiger Unterwerfung, die auch noch heute in den ehemaligen Kolonien vorzufinden ist. Manchmal wurde das allerdings auch den strammen Kolonisten zuviel. So berichtet 1925 ein Breslauer Oberlehrer Dr. phil. Richter aus einem Schulbesuch: „In der Gesangsstunde berühren die Melodien unserer Volkslieder mit Suahelitexten zunächst recht eigenartig. Ihr Wanderlied ,Safari tajari. . .' bringen die Jungens als unser Mailied und eins ihrer Vaterlandslieder als unsern ,Hohenfriedberger' mit einer Begeisterung zu Gehör, daß man gut tut, etwas Abstand zu nehmen. Immerhin ist es erstaunlich, den Neger, dessen monotone Lieder doch typisch sind, so melodiös singen zu hören."[42] Der durch den Kolonialismus ausgelöste Deformationsprozeß arbeitete offensichtlich gründlich und langfristig.

Ein weiteres Beispiel hierzu sind die von den Missionaren eingeführten Formen und Bräuche, die vor allem in der Liturgie den Zweck erfüllten, traditionelle Rituale als minderwertig und dem Neuen unterlegen darzustellen. Dieser Funktion kommt insofern Bedeutung zu, wenn man berücksichtigt, daß sich der afrikanische Mensch in seinem Sozialleben über eben diese Rituale definiert. Ein Chronist aus Morogoro beschreibt 1896 eine pompöse Erstkommunionsfeier und fährt dann fort: „Diese schöne und von allen bewunderte Zeremonie soll allmählich das unsittliche Fest, welches für die jungen Leute

---

[40] „Ein Togoneger, März 1921", zitiert nach ebenda
[41] „Aus einem Briefe aus Deutsch-Südwestafrika, Oktober 1923", zitiert nach ebenda, S. 248
[42] Zit. nach Blank, P., a.a.O., S.382

zur Zeit der geschlechtlichen Reife gefeiert wird, zerstören und ersetzen. Wir hoffen auf guten Erfolg. Jung und Alt schätzen jetzt schon diese Zeremonie (der feierlichen Erstkommunion) als ihren heidnischen Bräuchen unvergleichlich überlegen ein."[43]

Die Betrachtung der Eingeborenen in Afrika als aus der Sicht der Europäer minderwertig und die Übernahme dieser Einschätzung durch die Afrikaner selbst auf der Grundlage der aktuellen Erfahrung mit den Europäern, führt einige Autoren zu dem Versuch, die Situation in den abhängigen Gesellschaften über das Phänomen des Rassismus zu erklären.[44] Nach Traber ist Rassismus als ethnische Sozialkategorie nichts Neues: als solcher manifestiert er sich über die Beziehungen zwischen verschiedenen ethnischen Gruppen und polarisiert diese Gruppen in einer Verkürzung der Merkmale auf körperliche. Die Hautfarbe wird dabei zum Symbol für Superiorität bzw. Inferiorität, die Unterwerfung und Ausbeutung der Menschen afrikanischer Herkunft durch „Weiße" wird aus dem Glauben an die eingeborene Minderwertigkeit aller Farbiger gerechtfertigt.

Für die Missionare leitete sich dieser Rassismus über die Polarisation „Erwählte – Verworfene" her, wobei die schwarze Hautfarbe des Negers auch als Kennzeichen der diabolischen Abkunft verstanden wurde. Nach Traber war demnach der Hauptimpuls der Missionsgesellschaften das Motiv der „Seelenrettung". Diese Einschätzung der Missionstätigkeit aber kann widerlegt werden, weil die missionarische Sendung von Anfang an auch auf ökonomischer Basis wirksam wurde.

Als weitere Komponente meint Traber eine Polarisierung der industrialisierten weißen Welt versus der nichtindustrialisierten farbigen Welt ausmachen zu können. Der Glaube an die kulturelle Überlegenheit der weißen Rasse diene zur Legitimation des Kolonialismus als zivilisatorische Aufgabe. Daraus meint Traber auch die europäische Bildungsarbeit in Afrika legitim ableiten zu können. Im Hintergrund stehe die Überzeugung, nur über den Bruch mit der lokalen Tradition im europäisch konzipierten Internatsbetrieb sei ein „voller Mensch und guter Christ" zu schaffen. Auch diese Kategorie kann nach der hier geführten Analyse keinen Bestand haben, denn es ging ja gar nicht um den „vollen Menschen" oder „guten Christen", sondern um willige Arbeitskräfte und eine kleine Elite: „Die kapitalistische Produktionsweise sieht den Menschen als Arbeitskraft, nicht als Ziel an",[45] Ziel war vielmehr die Verminderung der Kosten dieser Arbeitskraft und die Maximierung der Mehrwertrate.

---

[43] Zit. nach Hertlein, S., Wege christlicher Verkündigung, Bd. 1, S. 209
[44] Vgl. hierzu: Traber, M., Rassismus und weiße Vorherrschaft, Freiburg 1971, S. 42ff
[45] Amin, S., Die ungleiche Entwicklung, a.a.O., S. 55

Auch die Polarisierung nach Klassen von Industrie- und Rohstofflän-
dern, z. B. in der Imperialismustheorie, worin das Wirtschaftspotential nach
rassischen Kriterien festgelegt sei (weltweites Proletariat der Farbigen), greift
zu kurz. Diese Polarisierung übersieht die Harmonie der Interessen der industriellen Zentren und der nationalen Brückenköpfe in den abhängigen Ländern. Lassen sich aber internationale Arbeitsteilungen nicht nach rassischen
Merkmalen bestimmen, so ergibt auch die daraus resultierende politische Polarisierung „Herrscher – Untergebene" keinen rechten Sinn.

Vor dem Hintergrund der ökonomisch begründeten Ausbeutung der
afrikanischen Gesellschaften zum Zwecke der Profitmaximierung im kolonialen System erweist sich der Rassismus vielmehr als ideologische Rechtfertigung und Stütze der Ausbeutung. Die vermeintliche „Rassenwürde" der Kolonisatoren diktiert den unterworfenen Völkern das nunmehr gültige Recht. Die
Kolonialisten wollten schnelle Profite aus der afrikanischen Arbeitskraft ziehen und interpretierten Arbeitsverweigerung und Widerstand gegen die erfolgte Ausbeutung als „Faulheit".[46] Diese vermeintliche „Faulheit" der afrikanischen Menschen bildet eines der Vorurteile, die sich bis zum heutigen Tage
in den Köpfen auch jener Menschen festgesetzt haben, die zunächst von der
kolonialen Ausbeutung keinen Vorteil hatten. Garniert mit anderen Einschät-
zungen über „primitives Leben" in „wilden Stämmen" in einem „exotischen
Dschungel", geplagt vom Klima, von Seuchen und Krankheiten, verdichtet es
sich zu einer Bewußtseinshaltung über die Minderwertigkeit „des Negers", die
sich bis heute in der Einschätzung der Vergeudung von Geldern in der „Entwicklungshilfe" einerseits und in der Hatz auf farbige Ausländer andererseits
in der bundesrepublikanischen Wirklichkeit ausdrückt.[47]

Wie wirksam diese Denkstrukturen in den Köpfen von Real- und Gym-
nasialschülern immer noch sind, belegen Zitate aus einer Untersuchung von
1980, bei der Jugendliche ihre Vorstellungen über Afrika und die Menschen
dort in Schulaufsätzen darlegen sollten: „Ich als Starreporter in Afrika – Ich
erzähle: Als ich aus dem Flugzeug stieg, kamen mir viele Indianermänner
entgegen und tanzten mir einen Tanz vor. Ich wußte, warum sie mir vortanz-
ten, sie verdienen ja so wenig und sie wollten mehr verdienen. Ich gab jedem
Tänzer 2 Dollar, insgesamt waren es 40 Dollar. Sie bissen gleich hinein."
(5. Klasse, Realschule)[48] Oder: „Die anderen Schwarzen leben im Dschungel.

---

[46] Vgl. hierzu: Mamozai, M., a.a.O., S. 58
[47] Während ich dies schreibe, brennen in Deutschland Wohnheime von Asylbewerbern und Mahnmale
der Ausrottung von Minderheiten durch das Naziregime, angegriffen und angesteckt von jungen
Leuten, die es nicht besser wissen – unter dem Beifall und der stillschweigenden Duldung der Alten,
die es besser wissen müßten. Der Protest und der Kampf gegen diese Entwicklung dürfen keine
Fußnote bleiben.
[48] Blätter des iz3w, Die armen Primitiven – Schüler schreiben über Afrika, Informationszentrum
Dritte Welt, Freiburg, Heft 99, 2/1982, S. 25

Diese haben sowieso keine Ahnung von Europa. Sie leben noch wie im Mittelalter, zum Teil jedenfalls. Natürlich haben auch diese von den Weißen schon sehr viel angenommen. Aber sie lassen sich auch nicht von heute auf morgen zivilisieren. ... Den Schwarzen wird langsam das Leben der sogenannten zivilisierten Welt beigebracht. Sie sollen lernen, richtig zu pflügen, also Feldarbeit lernen, das richtige Verhalten bei Krankheitsfällen und auch für Büro und sonstige Arbeiten werden sie ausgebildet. Anstatt wie die Kinder es früher taten, die Herden zu hüten, werden sie nun zur Schule geschickt, um dem Land zu helfen, den westlichen Industriestaaten nachzukommen." (9. Klasse, Realschule)[49] Und: „In den großen Urwäldern, dort wo man nicht hervorgedrungen ist, ist der Kannibalismus weit verbreitet." (7. Klasse, Gymnasium)[50]

Meillassoux führt zwei Funktionen des Rassismus an, die diese Analyse unterstreichen. Zum einen beschreibt er den Rassismus als eine Methode, andersrassigen Menschen eine minderwertige Arbeit zuzuweisen, sie a priori als unqualifiziert zu betrachten und sie damit mit schlecht bezahlten und unsicheren Arbeitsplätzen abzuspeisen. Zum anderen erfülle der Rassismus auch die Funktion bei den als minderwertig definierten Personengruppen Angst zu schüren, die, überausgebeutet, genug Gründe hätten, sich aufzulehnen und zur Gewalt zu greifen.[51] So aber, und je mehr die Betroffenen die ihnen zugemutete Inferiorität internalisieren, verbleiben diese in einem sozialen Klima, das dem Ausdruck jeglicher Forderung abträglich sei. Die Unterwerfung und Ausbeutung der Menschen in Afrika stütze sich damit nicht auf den Glauben an eine angeborene Minderwertigkeit aller Farbigen, sondern auf das Ziel der Integration der Unterworfenen in den kapitalistischen Produktionsprozeß.

Diese Linie läßt sich bis heute ausziehen: die Bezeichnung „Dritte Welt" für die armen Länder steht als Synonym für Apathie, Primitivität, archaische Zustände, Unwissenheit, Korruption. Die moderne Industrialisierung soll einen „Fortschritt" verwirklichen, für den Immobilität und Analphabetismus die größten Hemmschuhe seien. Bei dieser ideologisierenden Gegenüberstellung von „Erster" und „Dritter Welt" wird den Bildungsbemühungen eine magisch-heilende Bedeutung zugewiesen, wobei außer Betracht bleibt, daß bei Bildung an Fachausbildung gedacht ist, die ohne strukturelle Veränderungen in den jeweiligen Gesellschaften immer noch die Macht der Habenden und Herrschenden verstärkt.

---

[49] ebenda, S. 34
[50] ebenda, S. 29
[51] Vgl. hierzu: Meillassoux, C., a.a.O., S. 139

Abb. 9: Tim im Kongo

Statt eines Schlußwortes

Bibel und Flinte

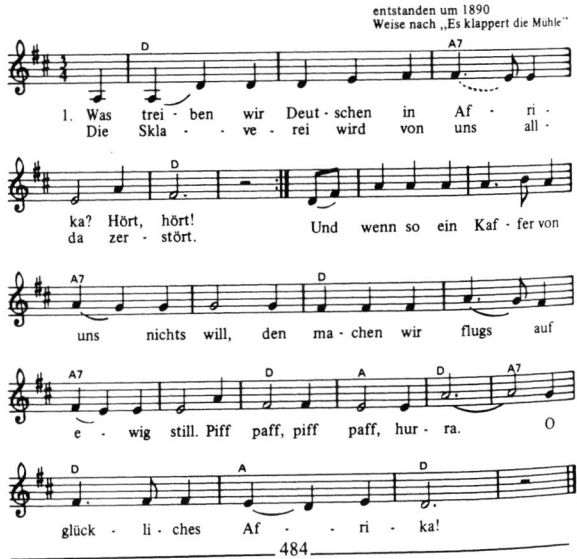

entstanden um 1890
Weise nach „Es klappert die Mühle"

1. Was trei - ben wir Deut - schen in Af - ri -
   Die Skla - - ve - rei wird von uns all -
   ka? Hört, hört!
   da zer - stört.
   Und wenn so ein Kaf - fer von
   uns nichts will, den ma - chen wir flugs auf
   e - wig still. Piff paff, piff paff, hur - ra.
   glück - li - ches Af - - ri - ka!

484

2. Wir pred'gen den Heiden das Christentum.
   Wie brav!
   Und wer's nicht will glauben, den bringen wir um.
   Piff paff!
   O selig die 'Wilden', die also man lehrt
   die christliche Liebe mit Feuer und Schwert.
   Piff paff, piff paff, hurra!
   O glückliches Afrika!

3. Wir haben gar schneidige Missionär.
   Juchhei!
   Den Branntwein, den Krupp und das Mausergewehr,
   die drei.
   So tragen Kultur wir nach Afrika;
   Geladen! Gebt Feuer! Halleluja!
   Piff paff, piff paff, hurra!
   O glückliches Afrika!

Abb. 10: Aus dem kolonialen Liederschatz

Anhang

Abb. 11: Die Kongokonferenz in Berlin nach einem zeitgenössischen Stich

237

General=Akte der Berliner Konferenz.

(Uebersetzung.)

Im Namen des Allmächtigen Gottes,

Seine Majestät der Deutsche Kaiser, König von Preußen, Seine Majestät der Kaiser von Oesterreich, König von Böhmen 2c. und Apostolischer König von Ungarn, Seine Majestät der König der Belgier, Seine Majestät der König von Dänemark, Seine Majestät der König von Spanien, der Präsident der Vereinigten Staaten von Amerika, der Präsident der Französischen Republik, Ihre Majestät die Königin des Vereinigten Königreichs von Großbritannien und Irland, Kaiserin von Indien, Seine Majestät der König von Italien, Seine Majestät der König der Niederlande, Großherzog von Luxemburg 2c., Seine Majestät der König von Portugal und Algarvien 2c., Seine Majestät der Kaiser aller Reußen, Seine Majestät der König von Schweden und Norwegen 2c. 2c. und Seine Majestät der Kaiser der Ottomanen,

in der Absicht, die für die Entwickelung des Handels und der Civilisation in gewissen Gegenden Afrikas günstigsten Bedingungen im Geiste guten gegenseitigen Einvernehmens zu regeln und allen Völkern die Vortheile der freien Schifffahrt auf den beiden hauptsächlichsten, in den Atlantischen Ocean mündenden Afrikanischen Strömen zu sichern; andererseits von dem Wunsche geleitet, Mißverständnissen und Streitigkeiten vorzubeugen, welche in Zukunft durch neue Besitzergreifungen an den Afrikanischen Küsten entstehen könnten und zugleich auf Mittel zur Hebung der sittlichen und materiellen Wohlfahrt der eingeborenen Völkerschaften bedacht, haben in Folge der von der Kaiserlich Deutschen Regierung im Einverständniß mit der Regierung der Französischen Republik an Sie ergangenen Einladung beschlossen, zu diesem Zweck eine Konferenz in Berlin zu versammeln und haben nach einander berathen und angenommen . . .

1) eine Erklärung, betreffend die Freiheit des Handels in dem Becken des Kongo, seinen Mündungen und den angrenzenden Ländern;
2) eine Erklärung, betreffend den Sklavenhandel und die Operationen, welche zu Lande oder zur See diesem Handel Sklaven zuführen;
3) eine Erklärung, betreffend die Neutralität der in den konventionellen Kongobecken einbegriffenen Gebiete;
4) eine Kongo=Schifffahrtsakte, welche, unter Berücksichtigung der örtlichen Verhältnisse, auf diesen Strom, seine Nebenflüsse und auf die denselben gleichgestellten Gewässer die in den Artikeln 108 bis 116 der Schlußakte des Wiener Kongresses enthaltenen allgemeinen Grundsätze ausdehnt, welche zum Zweck haben, zwischen den Signatarmächten jener Akte die freie Schifffahrt auf den mehrere Staaten trennenden oder durchschneidenden schiffbaren Wasserläufen zu regeln und welche seither vertragsmäßig auf Flüsse Europas und Amerikas, und namentlich auf die Donau, in den Verträgen von Paris 1856, von Berlin 1878 und London 1871 und 1883 vorgesehenen Veränderungen angewendet worden sind;
5) eine Niger=Schifffahrtsakte, welche gleichfalls unter Berücksichtigung der örtlichen Verhältnisse auf diesen Strom und seine Nebenflüsse die in den Artikeln 108 bis 116 der Schlußakte des Wiener Kongresses enthaltenen Grundsätze ausdehnt;
6) eine Erklärung, welche in die internationalen Beziehungen einheitliche Regeln für zukünftige Besitzergreifungen an den Küsten des Afrikanischen Festlandes einführt;

und, von der Ansicht ausgehend, diese verschiedenen Dokumente nützlicherweise in einer einzigen Urkunde miteinander zu verbinden seien, dieselben zu einer aus einzelnen Artikeln bestehenden General= akte vereinigt haben.

Kapitel I.

Erklärung, betreffend die Freiheit des Handels in dem Becken des Kongo, seinen Mündungen und den angrenzenden Ländern, nebst einigen damit zusammenhängenden Bestimmungen.

Artikel 1.

Der Handel aller Nationen soll vollständige Freiheit genießen:
1) In allen Gebieten, welche das Becken des Kongo und seiner

Nebenflüsse bilden. Dieses Becken wird begrenzt durch die Höhenzüge der daran grenzenden Becken, nämlich insbesondere die Becken des Niari, des Ogowe, des Schari und des Nils im Norden, durch die östliche Wasserscheide der Zuflüsse des Tanganyka=Sees im Osten, durch die Höhenzüge der Becken des Zambese und des Loge im Süden. Es umfaßt demnach alle Gebiete, welche von dem Kongo und seinen Nebenflüssen durchströmt werden, einschließlich des Tanganyka=Sees und seiner östlichen Zuflüsse.
2) In dem Seegebiete, welches sich an dem Atlantischen Ocean von dem unter 2° 30' südlicher Breite belegenen Breitengrade bis zu der Mündung des Loge erstreckt . . .
3) In dem Gebiete, welches sich östlich von dem Kongo=Becken in seinen oben beschriebenen Grenzen bis zu dem Indischen Ocean erstreckt, von dem fünften Grad nördlicher Breite bis zu der Mündung des Zambese im Süden; von letzterem Punkte aus folgt die Grenzlinie dem Zambese bis fünf Meilen aufwärts von der Mündung des Schire und sodann ihrer Fortsetzung in der Wasserscheide zwischen den Zuflüssen des Nyassa=Sees und des Nebenflüssen des Zambese, um endlich die Wasserscheidelinie zwischen dem Zambese und Kongo zu erreichen . . .

Artikel 2.

Alle Flaggen, ohne Unterschied der Nationalität, haben freien Zutritt zu der gesammten Küste der oben aufgeführten Gebiete, zu den Flüssen, die daselbst in das Meer einmünden, zu allen Gewässern des Kongo und seiner Nebenflüsse, einschließlich der Seen, zu allen Häfen an diesen Gewässern, sowie zu allen Kanälen, welche etwa in Zukunft zu dem Zwecke angelegt werden, um die Wasserstraßen oder Seen innerhalb der in dem Artikel 1 beschriebenen Gebiete zu verbinden. Sie dürfen jede Art von Beförderung unternehmen und die Küsten=, Fluß= und Kahnschifffahrt unter den gleichen Bedingungen wie die Landesangehörigen ausüben.

Artikel 6.

Bestimmungen hinsichtlich des Schutzes der Eingeborenen, der Missionare und Reisenden, sowie hinsichtlich der religiösen Freiheit.

Alle Mächte, welche in den gedachten Gebieten Souveränetäts= rechte oder einen Einfluß ausüben, verpflichten sich, die Erhaltung der eingeborenen Bevölkerung und die Verbesserung ihrer sittlichen und materiellen Lebenslage zu überwachen und der Unterdrückung der Sklaverei und insbesondere des Negerhandels beizuwirken; sie werden ohne Unterschied der Nationalität oder des Kultus alle religiösen, wissenschaftlichen und wohlthätigen Einrichtungen und Unternehmungen schützen und begünstigen, welche zu jenem Zwecke geschaffen und organisirt sind, oder dahin abzielen, die Eingeborenen zu unterrichten und ihnen die Vortheile der Civilisation verständlich und werth zu machen.

Christliche Missionare, Gelehrte, Forscher, sowie ihr Gefolge, ihre Habe und ihre Sammlungen bilden gleichfalls den Gegenstand eines besondern Schutzes.

Gewissensfreiheit und religiöse Duldung werden sowohl den Eingeborenen wie den Landesangehörigen und Fremden ausdrücklich gewährleistet. Die freie und öffentliche Ausübung aller Kulte, das Recht für Erbauung gottesdienstlicher Gebäude und die Einrichtung von Missionen, welcher Art Kultus dieselben angehören mögen, soll keinerlei Beschränkung noch Hinderung unterliegen.

Kapitel II.

Erklärung, betreffend den Sklavenhandel.

Artikel 9.

Da nach den Grundsätzen des Völkerrechts, wie solche von den Signatarmächten anerkannt werden, der Sklavenhandel verboten ist, und die Operationen, welche zu Lande oder zur See diesem Handel Sklaven zuführen, ebenfalls als verboten anzusehen sind, so erklären die Mächte, welche in den das konventionelle Kongobecken bildenden Gebieten Souveränetätsrechte oder einen Einfluß ausüben oder aus=

Abb. 12: Faksimile der Generalakte

238

Verzeichnis der Abbildungen

Abbildung 1
Flugblatt für eine Sklavenauktion aus dem Jahre 1769
aus: Hinz u. a. Weiss auf Schwarz, Berlin 1984, S. 24

Abbildung 2
Werbeplakat der Reederei Woermann, Hamburg, um 1910
aus: Theye, Th., Der geraubte Schatten, München 1989, S. 305

Abbildung 3
Deutsch-Ostafrika
aus: Israel, N., Die Deutschen Kolonien, Album 1901, Berlin 1901 (ohne Seitennumerierung)

Abbildung 4
Originalzeichnung von Kaiser Wilhelm II.
aus: Israel, N., Die Deutschen Kolonien, Album 1901, Berlin 1901 (ohne Seitennumerierung)

Abbildung 5
Titelblatt der Preisschrift „Wie erzieht man am besten den Neger zur Plantagen-Arbeit?" von
A. Merensky, Berlin 1886

Abbildung 6
Fibel der Bethelmission in Rwanda
aus: Honke, G., Als die Weißen kamen, Wuppertal 1990, S. 69

Abbildung 7
Missionare und ihre Zöglinge, um 1890
aus: Hinz u. a., Weiß auf Schwarz, Berlin 1984, S. 31

Abbildung 8
Adolph Friedländer, Völkerschauplakat, um 1890
aus: Theye, Th., Der Geraubte Schatten, München 1989, S. 307

Abbildung 9
Tim im Kongo
aus: Herge, Tim und Struppi, Band 21, Carlsen Verlag, Reinbek 1985, S. 36

Abbildung 10
Bibel und Flinte
aus: Markmiller, A., Unser dickes Liederbuch, Düsseldorf 1985

Abbildung 11
Die Kongokonferenz in Berlin nach einem zeitgenössischen Stich
aus: Der Überblick, Quartalsschrift der Arbeitsgemeinschaft Kirchlicher Entwicklungs-
dienst, Stuttgart 1984, U 1

Abbildung 12
Faksimileabdruck
aus: Banning, E., Die politische Teilung Afrikas, Berlin 1890, S. 194 ff

Literaturverzeichnis

Ackermann, L.	Erziehung und Bildung in Rwanda. Probleme und Möglichkeiten eines eigenständigen Weges Frankfurt 1978
Adam, E.	Der Kolonialismus und die „moderne Welt": sozio-ökonomische Transformation und Abhängigkeit in: Politische Bildung, Schwarzafrika. Entfremdung und Aufgabe, Band 2, Jg. 13/1980, S. 17 – 33, Stuttgart 1980
Adick, Große-Oetringhaus, Nestvogel	Bildungsprobleme Afrikas zwischen Kolonialismus und Emanzipation Berlin 1979
Alexander, M.	Erziehungsprobleme in Afrika in: Afrika heute, 3/1968, S. 39 – 42, Köln
Albertini, R.v.	Europäische Kolonialherrschaft 1880-1940 Zürich 1976
ders. (Hrsg.)	Moderne Kolonialgeschichte Köln 1970
Amin, S.	Die ungleiche Entwicklung. Essay über die Gesellschaftsformationen des peripheren Kapitalismus Hamburg 1975
ders.	Underdevelopment and Dependence in Black Africa in: Social and Economic Studies 22/1, 1973, S. 177 – 196
ders.	Neuere Beiträge zur Imperialismustheorie München 1971
Amrhein, A.	Die VII Grundgedanken der Eingabe zur Gründung der Congregation OSB pro missionibus exteris Stuttgart 1921
Amrhein, H.	Die deutsche Schule im Auslande Leipzig 1905
AMZ	Welches Interesse und welchen Anteil hat die Mission an der Erziehung der Naturvölker zur Arbeit? Referat Miss.-Sup. H. Merensky, Diskussionsbeiträge und Nachwort in: AMZ, Band 14, S. 147 – 184, Gütersloh

Anjoulat, L. P.	Afrika kommt. Werden und Zukunft eines Kontinents Freiburg 1960
Ansprenger, F.	Die Auflösung der Kolonialreiche München 1976
Anweiler, D.	Von der pädagogischen Auslandskunde zur Vergleichenden Erziehungswissenschaft in: Pädagogische Rundschau, 20/1966, S. 886 – 895, Ratingen
Arens, B.	Handbuch der katholischen Missionen 2. Aufl., Freiburg 1925
ders.	Die katholischen Missionsvereine: Darstellung ihres Werdens und Wirkens, ihrer Satzungen und Vorrechte Freiburg 1922
Arora, D.	Bildung in der Abhängigkeit. Strukturkrise des Bildungswesens im Kontext der neokolonialen Dependenzsituation. Das Beispiel Indien. Bensheim 1981
Banning, E.	Die politische Theilung Afrikas Berlin 1890
Baumhögger, G.	Grundzüge der Geschichte und politischen Entwicklung Ostafrikas. Eine Einführung an Hand der neueren Literatur. München 1971
Becker, H. Th.	Die Kolonialpädagogik der großen Mächte Berlin 1939
ders.	Das Schulwesen in Afrika in: Obst, E. (Hrsg.), Handbuch der praktischen Kolonialwissenschaft, Band 13, Berlin 1943
Behrendt, R. F.	Soziale Strategie für Entwicklungsländer Frankfurt 1968
Bendokat, R.	Der Beitrag der Bildungspolitik zur ländlichen Entwicklung – dargestellt am Beispiel Rwandas Berlin 1977
Benner, D.	Zur Fragestellung einer Pädagogik der Entwicklungsländer in: Internationales Afrika-Forum, Vol. VII, S. 473 – 483, München 1971
Berg, L.	Die katholische Heidenmission als Kulturträger 3 Bände, Aachen 1927

Berger, H.	Mission und Kolonialpolitik. Die Katholische Mission in Kamerun während der deutschen Kolonialzeit Immensee 1978
Berger, P. L., Berger, B., Kellner, H.	Das Unbehagen in der Modernität Frankfurt 1987
Bismarck, K., Karrenberg, F. (Hrsg.)	Kontinente wachsen zusammen Stuttgart 1961
Blank, P.	Ein Tag in der Schule von Tanga in: Zache, H. (Hrsg.), Das deutsche Kolonialbuch, S. 377 – 384, Berlin 1925
Blaschke, J. (Hrsg.)	Perspektiven des Weltsystems. Materialien zu Immanuel Wallerstein, „Das moderne Weltsystem" Frankfurt 1983
Bosse, H.	Bildungsforschung als Determinante von Unterentwicklung? in: Kahn, K.M., Matthies, V. (Hrsg.), „Hilfswissenschaft" für die Dritte Welt oder „Wissenschaftsimperialismus"? Hamburg 1976
ders.	Diebe, Lügner, Faulenzer. Zur Ethno-Hermeneutik von Abhängigkeit und Verweigerung in der Dritten Welt Frankfurt 1979
ders.	Sozio-kulturelle Faktoren von Unterentwicklung in: Deutsche Gesellschaft für Friedens- und Konfliktforschung (Hrsg.), Konflikte zwischen westeuropäischen Industriestaaten und Entwicklungsländern und deren friedliche Überwindung, S. 33 – 44, Bonn-Bad Godesberg 1974
ders.	Die „weiße Schule" macht die Afrikaner krank in: Materialien zur politischen Bildung, 4/1977, S. 54 – 59, Bonn
ders.	Krankheit, Widerstand, Anpassung. Drei Wege aus dem Konflikt zwischen „weißer" und „schwarzer" Identität in: Politische Bildung. Schwarzafrika, Entfremdung und Aufgabe, Jg. 13/1980, Band 2, Stuttgart 1980
ders.	Zur Ethno-Hermeneutik von Bildungstransfer und selbstbestimmten Bildungsprozessen in: Goldschmidt, D., Schöfthaler, T. (Hrsg.), Piaget und die vergleichende Bildungsforschung, Frankfurt 1980
ders.	Verwaltete Unterentwicklung. Funktionen und Verwertung der Bildungsforschung in der staatlichen Entwicklungspolitik, Frankfurt 1978
ders., Rudersdorf, K. H.	Erziehung und Abhängigkeit in: Leviathan, 1/1976, S. 14 – 52, Opladen 1976

von Brandis, C.	Afrika . . . heute! Berlin 1938
Brun, E., Hersch, J.	Der Kapitalismus im Weltsystem Frankfurt 1975
Büttner, C. G.	Mission und Kolonien in: AMZ, 12. Band 1885, S. 97 – 112, Gütersloh
Bundesministerium für wirtschaftliche Zusammenarbeit und Entwicklung (Hrsg.)	Journalisten-Handbuch Entwicklungspolitik 1991/92, Bonn
Busch, A., Busch, F.W., Krüger, B., Krüger- Potratz, M. (Hrsg.)	Vergleichende Erziehungswissenschaft Pullach 1974
Las Casas, B. de	Kurzgefaßter Bericht von der Verwüstung der Westindischen Länder, hrsg. von Hans Magnus Enzensberger, Frankfurt 1966
Clark, G.	The Balance Sheet of Imperialism. Facts and Figures on Colonies New York 1936
Cook, S.	The Obsolete „Anti-Market" Mentally: A Critique of the Sub- stantive Approach to Economic Anthropology in: Schneider, M. K., Le Clair jr., E.E., Economic Anthropo- logy: Readings in Theory and Analysis, New York 1968
Cordova, A.	Strukturelle Heterogenität und wirtschaftliches Wachstum Frankfurt 1973
Dabisch, J.	Pädagogische Auslandsarbeit der Bundesrepublik Deutschland in der Dritten Welt Saarbrücken 1979
Dammann, E.	Die Religionen Afrikas Stuttgart 1963
ders.	Das Christentum in Afrika München 1968
Darmstaedter, P.	Geschichte der Aufteilung und Kolonisation Afrikas seit dem Zeitalter der Entdeckungen, Bd. 1 und 2 Berlin und Leipzig 1913 bzw. 1920
Deutsche Afrikagesellschaft	Deutsche Dissertationen über Afrika Bonn 1962
Deutsche Gesellschaft für Friedens- und Konflikt- forschung	Konflikte zwischen westeuropäischen Industriestaaten und Ent- wicklungsländern und deren friedliche Überwindung (Sonderheft) Bonn-Bad Godesberg 1974

Deutsches Koloniales Jahrbuch	Kolonien, Großdeutschlands Anspruch Berlin-Wilmersdorf 1939
Deutsche Kolonial-gesellschaft (Hrsg.)	Deutscher Kolonialatlas. Mit illustriertem Jahrbuch, Ausgabe 1912, Berlin 1912
Deutsche Kolonial-gesellschaft	Fünfzig Jahre Deutsche Kolonialgesellschaft (ohne Ort) 1932
Deutsche Kolonialschule	Festschrift zum vierzigjährigen Bestehen der Deutschen Kolonialschule Witzenhausen: 1898–1938, Hrsg. Ohnen, J., Witzenhausen 1938
Dias, P. V.	Erziehungswissenschaft, Bildungsförderung und Entwicklung in der Dritten Welt in: Goldschmidt, D. (Hrsg.), Die 3. Welt als Gegenstand erziehungswissenschaftlicher Forschung, S. 33 – 47, Weinheim 1981
ders.	Kritische Überlegungen zur internationalen Strategie der Bildungshilfe in: DSE (Hrsg.), Entwicklung und Zusammenarbeit, 11/1970, S. 6 – 8
ders., Küper, W., Weiland, H.	Die entwicklungspolitische Bedeutung des christlichen allgemeinbildenden Schulwesens in Afrika Freiburg 1971
Eggert, J.	Missionsschule und sozialer Wandel in Ostafrika. Der Beitrag der deutschen evangelischen Missionsgesellschaften zur Entwicklung des Schulwesens in Tanganyika 1891 – 1941 Bielefeld 1970
Elwert, G., Fett, R. (Hrsg.)	Afrika zwischen Subsistenzökonomie und Imperialismus Frankfurt 1982
Engel, A.	Die Missionsmethode der Missionare vom Heiligen Geist auf dem afrikanischen Festland Knechtsteden 1932
Enzensberger, H. M.	Las Casas oder ein Rückblick in die Zukunft in: Las Casas, B.de, Kurzgefaßter Bericht von der Verwüstung der westindischen Länder, hrsg. von Hans Magnus Enzensberger, S. 124 – 150, Frankfurt 1966
Etzioni, A.	The Active Society. A Theorie of Societal and Political Processes London 1968
Evers, T. T., Wogau, P. V.	„Dependencia": Lateinamerikanische Beiträge zur Theorie der Unterentwicklung in: Das Argument, 15. Jg, Nr. 4-6/1973, S. 404 – 452, Berlin

Fabri, F.	Koloniale Aufgaben in: DKZ, 2.Bd. 1885, S. 536 – 551, Frankfurt
Fanon, F.	Die Verdammten dieser Erde Reinbek 1969
Feyer, U., Keller, E. *Sölken, H.,* *Westermann, D.*	Völker und Kulturen, Sprachen und Eingeborenenerziehung in Afrika in: Obst, E. (Hrsg.), Afrika. Handbuch der praktischen Kolo- nialwissenschaften, Band XIII/1, Berlin 1943
Flora, P.	Die Bildungsentwicklung im Prozeß der Staaten- und Natio- nenbildung in: Ludz, P. Chr. (Hrsg.), Soziologie und Sozialgeschichte, KZfSS Sonderheft 16, 1972, S. 294 – 319, Köln
Forschungsstelle für *Vergleichende Erziehungs-* *wissenschaft* *Universität Marburg*	Grundfragen der Vergleichenden Erziehungswisschenschaft München 1981
Franke, M.	„. . . und alles, weil wir arm sind." Produktions- und Lebensver- hältnisse in westafrikanischen Dörfern Saarbrücken 1983
Frey, T.	Die Gesellschaft der Missionare von Afrika. Weiße Väter in ihrem 50jährigen Bestehen (Oktober 1868 – Oktober 1918) Trier 1918
Froese, L.	Bildungsstrukturen in Ost und West in: Paedagogica Europaea, 1. Jg. 1965, S. 209 – 219, Braunschweig
Galtung, J.	Eine strukturelle Theorie des Imperialismus in: Senghaas, D. (Hrsg.), Imperialismus und strukturelle Ge- walt, Frankfurt 1972
Gensichen, H.-W.	Die deutsche Mission und der Kolonialismus in: Kerygma und Dogma 8.Jg. 1962, S. 136 – 149, Göttingen
Gentrup, Th.	Die Definition des Missionsbegriffs in: ZM, 3.Jg. 1913, S. 265 – 274, Münster
Giesebrecht, F.	Die Behandlung der Eingeborenen in den deutschen Kolonien Berlin 1898
Giesen, B.	Funktionalismus und Systemtheorie in: Reimann, H. (Hrsg.), Basale Soziologie: Theoretische Mo- delle München 1976

Goldschmidt, D. (Hrsg.)   Die 3. Welt als Gegenstand erziehungswissenschaftlicher For-
                            schung
                            Weinheim 1981

Goetze, D.   Entwicklungssoziologie
                            München 1976

Gouldner, A. W.   The Coming Crisis of Western Sociology
                            London 1971

Größer, M.   Die Emporentwicklung der Neger nach den Methoden Dr. Boo-
                            ker T. Washingtons
                            in: ZM, 8. Jg. 1918, S. 113 – 130,
                            Münster

Grohs, G.   Zur Soziologie der Dekolonisation in Afrika
                            Frankfurt 1973

ders.   Stufen afrikanischer Emanzipation. Studien zum Selbstver-
                            ständnis westafrikanischer Eliten
                            Stuttgart 1967

Gründer, H.,   Christliche Mission und deutscher Imperialismus. Eine politi-
                            sche Geschichte ihrer Beziehungen während der deutschen Ko-
                            lonialzeit (1884-1914) unter besonderer Berücksichtigung Afri-
                            kas und Chinas
                            Paderborn 1982

von Haller, A.,   Die Welt des Afrikaners
                            Düsseldorf 1960

Hammer, K.,   Weltmission und Kolonialismus
                            München 1978

Hanf, Th.,   Bildungsplanung in Entwicklungsländern
                            ohne Ort, 1966

ders.,   Erziehung und politischer Wandel in Schwarzafrika in:
                            KZfSS, 21/1969, Sonderheft 13, S. 276 – 327,
                            Köln

ders.,   Strukturalreform des Primarschulwesens in Rwanda
                            in: Engels, B. (Hrsg.), Deutsche Bildungshilfe in der zweiten
                            Entwicklungsdekade, S. 421 – 439,
                            München 1977

ders., Dias, P. V.,   Erziehung und Entwicklung in Rwanda, Probleme – Aporien –
Mann, W., Wolff, J. H.   Perspektiven
                            Frankfurt 1973

Hansen, K.   Deutsche Kolonialherrschaft in Afrika. Wirtschaftsinteressen
                            und Kolonialverwaltung in Kamerun vor 1914
                            Zürich 1970

Hauck, G.,	Das Elend der bürgerlichen Entwicklungstheorien in: Tibi, B. (Hrsg.), Handbuch 2, Unterentwicklung Frankfurt 1975
Hausner, K. H., Jezic, B.	Rwanda – Burundi, in: Die Länder Afrikas, Band 36, Bonn 1968
Hertlein, S.,	Die Kirche in Tansania. Ein kurzer Überblick über Geschichte und Gegenwart Münsterschwarzach 1971
ders.,	Wege christlicher Verkündigung, Band 1 und 2 Münsterschwarzach 1983
ders. (Hrsg.),	Zukunft aus empfangenem Erbe. 100 Jahre benediktinische Missionsarbeit St. Ottilien 1983
Hilker, F.	Vergleichende Pädagogik München 1962
Hinz, M. O., Patemann, H., Meier, A. (Hrsg.)	Weiss auf Schwarz. 100 Jahre Einmischung in Afrika. Deutscher Kolonialismus und afrikanischer Widerstand Berlin 1984
Hochstetter, F.	Die wirtschaftlichen und politischen Motive für die Abschaffung des britischen Sklavenhandels im Jahr 1806/1807 Leipzig 1905
Hörler, E.,	Touba: Das schwarze Mekka in: Neue Zürcher Zeitung, Nr. 250 vom 28.10.1989, S. 44f, Zürich 1989
Hörner, R.,	Erziehung des Negers zur Arbeit in: KM, 1919/1920, S. 182f, 197f, Freiburg
Honke, G.,	Als die Weissen kamen. Ruanda und die Deutschen 1885 – 1919 Wuppertal 1990
Horstmann, J. (Hrsg.),	Die Verschränkung von Innen-, Konfessions- und Kolonialpolitik im Deutschen Reich vor 1914 Schwerte 1987
Hücking, R., Launer, E.,	Aus Menschen Neger machen. Wie sich das Handelshaus Woermann an Afrika entwickelt hat Hamburg 1986
Huisken, F.,	Zur Kritik bürgerlicher Didaktik und Bildungsökonomie München 1974
Hundsdörfer, V.,	Die politische Aufgabe des Bildungswesens in Tanzania Saarbrücken 1977

Iliffe, J., Tanganyika under German Rule 1905 – 1912
Nairobi 1959

Informationszentrum Die armen Primitiven – Schüler schreiben über Afrika
Dritte Welt, Blätter des iz3w, Heft 99, 2/1982, S. 23 – 46,
Freiburg

Israel, N., Album 1901, Die Deutschen Kolonien
Berlin 1901

Jones, Th. J., Education in East Africa. A Study of East, Central and South
Africa by the Second African Education Commission on the
Auspicies of the Phelps-Stokes-Fund, in Cooperation with the
International Education Board London
London 1925

Jouhy, E., Die Dialektik von Herrschaft und Bildung in der Dritten Welt
in: Goldschmidt, D. (Hrsg.), Die 3. Welt als Gegenstand erziehungswissenschaftlicher Forschung, S. 67 – 76,
Weinheim 1981

Khushi, M., Matthies, V. „Hilfswissenschaft" für die Dritte Welt oder „Wissenschaftsim-
(Hrsg.) perialismus"? Kritische Diskussionsbeiträge zu Aufgaben,
Möglichkeiten und Grenzen der Entwicklungsforschung
München 1976

Ki-Zerbo, J., Die Geschichte Schwarz-Afrikas
Wuppertal 1979

Köhler, J., Deutsche Dissertationen über Afrika (1918 – 1959)
Bonn 1962

König, R., Offene Fragen und ungelöste Probleme der Entwicklungsforschung
in: KZfSS, Sonderheft 13, Aspekte der Entwicklungssoziologie,
Köln 1969

Kolodzig, G., Das Erziehungswesen in Tanzania. Historische Entwicklung
und Emanzipation von der kolonialen Vergangenheit
Saarbrücken 1978

Koneffke, G., Integration und Subversion. Zur Funktion des Bildungswesens
in der spätkapitalistischen Gesellschaft
in: Das Argument, 54/1969, S. 389 – 430,
Berlin

Kramer, F., Die Socialanthropology und das Problem der Darstellung anderer Gesellschaften
in: Kramer, F., Sigrist, Ch. (Hrsg.), Gesellschaften ohne Staat,
Band 1: Gleichheit und Gegenseitigkeit, S. 9 – 27,
Frankfurt 1978

KZfSS, Aspekte der Entwicklungssoziologie, Sonderheft 13
Köln 1969

Lehmacher, G.,   Die Werbekraft des Islams
                        in: KM, 48. Jg. 1919/1920, S. 190-194
                        Freiburg

Lerner, D.,   The Passing of Traditional Society
                        New York 1958

Loth, H.,   Sklaverei. Die Geschichte des Sklavenhandels zwischen Afrika
                        und Amerika
                        Wuppertal 1981

Loth, W.,   Zentrum und Kolonialpolitik
                        in: Horstmann, J., (Hrsg), Die Verschränkung von Innen-, Kon-
                        fessions- und Kolonialpolitik im Deutschen Reich vor 1914,
                        S. 67 – 83,
                        Schwerte 1987

Mamozai, M.,   Komplizinnen
                        Reinbek 1990

dies.,   Schwarze Frau, weiße Herrin. Frauenleben in den deutschen
                        Kolonien
                        Reinbek 1989

Marsh, R. M.,   Comparative Sociology
                        New York 1967

Martinelli, A.,   Dualismus und Abhängigkeit. Zur Kritik herrschender Theo-
                        rien
                        in: Senghaas, D. (Hrsg.), Imperialismus und strukturelle Ge-
                        walt, S. 356 – 378,
                        Frankfurt 1972

Mbiti, J.,   Afrikanische Religion und Weltanschauung
                        Berlin 1974

Meillassoux, C.,   Die wilden Früchte der Frau. Über häusliche Produktion und
                        kapitalistische Wirtschaft
                        Frankfurt 1983

Merensky, A.,   Wie erzieht man am besten den Neger zur Plantagen-Arbeit?
                        Berlin 1886

Meueler, E. (Hrsg.),   Unterentwicklung. Arbeitsmaterialien für Schüler, Lehrer und
                        Aktionsgruppen, Band 1 und 2
                        Reinbek 1974

Michler, W.,   Weißbuch Afrika
                        Berlin 1988

Mirbt, C.,   Mission und Kolonialpolitik in den deutschen Schutzgebieten
                        Tübingen 1910

Mock, E.,   Afrikanische Pädagogik
                        Wuppertal 1979

Mühlmann, W. E. (Hrsg.),	Kulturanthropologie Köln 1966
Müller, F. F.,	Deutschland – Zanzibar – Ostafrika. Geschichte einer deutschen Kolonialeroberung 1884–1890 Berlin (Ost) 1959
Myrdal, G.,	Ökonomische Theorie und unterentwickelte Regionen Stuttgart 1974
ders.,	Politisches Manifest über die Armut in der Welt Frankfurt 1970
Najman, D.,	Bildung in Afrika. Vorschläge zur Überwindung der Krise Wuppertal 1976
Nestvogel, R.,	Verstärkung von Unterentwicklung durch Bildung? Schulische und außerschulische Bildung im Kontext gesamtgesellschaftlicher Entwicklung in Kamerun Bonn 1978
Niesel, H.-J.,	Kolonialverwaltung und Mission in Deutsch-Ostafrika 1890–1914, Diss. FU Berlin Berlin 1971
Nohlen, D. (Hrsg.),	Handbuch der Dritten Welt, 2. Ausgabe Hamburg 1982/83
Nuhn, W.,	„Plündern, brennen, Felder verwüsten!" Verbrannte Erde in Deutsch-Ostafrika in: DIE ZEIT, Nr. 14, S. 41 – 42, Hamburg 1990
Nuscheler, F.,	Lern- und Arbeitsbuch Entwicklungspolitik Bonn 1985
ders.,	Zur Geschichte und Problematik des Entwicklungsbegriffs in: Weber, H. (Hrsg.), Entwicklung – der Begriff und die Praxis, S. 11 – 25, Bonn 1990
O'Brien, Ph. J.,	A critique of latin American theories of dependency in: Oxaal, I. (Hrsg.) Beyond the sociology of development, S. 7 – 27, London 1975
Oxaal, I. (Hrsg.),	Beyond the sociology of development London 1975
Paczensky, G. v.,	Die Weißen kommen. Die wahre Geschichte vom Kolonialismus Hamburg 1970
Parin, P. u. a.,	Die Weissen denken zu viel: Psychoanalytische Untersuchungen bei den Dogon in Westafrika Zürich 1963

Parsons, T.,	Gesellschaften. Evolutionäre und komparative Perspektiven Frankfurt 1975
ders., Shils, E. A. Toward,	A General Theorie of Action Cambridge Mass. 1951
Peters, C.,	Zur Weltpolitik Berlin 1912
ders.,	Wie Deutsch-Ostafrika entstand Leipzig 1940
Pfeiffer, H.,	Bwana Gazetti. Als Journalist in Ostafrika Berlin 1933
Pietsch, J.,	Die Vorbildung der katholischen Missionare in: ZM, 2.Jg. 1912, S. 128 – 138, Münster
Prewo, R., Ritsert, J., Stracke, E.,	Systemtheoretische Ansätze in der Soziologie. Eine kritische Analyse Reinbek 1973
Polany, K.,	Ökonomie und Gesellschaft Frankfurt 1978
Recum, H. v.,	Bildungsplanung in Entwicklungsländern Frankfurt 1963
ders.,	Das Bildungswesen als Entwicklungsfaktor in: Entwicklungstheorie und Entwicklungspolitik, S. 385 – 408, Tübingen 1964
Politische Bildung Schwarzafrika.	Entfremdung und Aufgabe, Jg. 13/1980, Band 2 Stuttgart 1980
Reichel, E.,	Was haben wir zu tun, damit die deutsche Kolonialpolitik nicht zur Schädigung, sondern zur Förderung der Mission ausschlägt? in: AMZ, Band 13 1886, S. 39 – 55, Gütersloh
Renner, F.,	Der fünfarmige Leuchter. Beiträge zum Werden und Wirken der Benediktinerkongregation von St. Ottilien, Bd. 1 und 2 St. Ottilien 1971
Rivinius, K.J.,	Mission und Neokolonialismus in: Verlag Herder, Stimmen der Zeit, Heft 10/1988, Freiburg 1988
ders.,	Das Interesse der Missionen an den deutschen Kolonien in: Horstmann, J., (Hrsg), Die Verschränkung von Innen-, Kon- fessions- und Kolonialpolitik im Deutschen Reich vor 1914, S. 39 – 65, Schwerte 1987

Rodney, W.,	Afrika. Die Geschichte einer Unterentwicklung Berlin 1975
Rogers, E. M.,	Modernization among Peasants New York 1969
Rohrbach, P.,	Deutsch-Afrika – Ende oder Anfang? Briefe an einen jungen Deutschen Potsdam 1935
ders.,	Deutsche Kolonialwirtschaft: Kulturpolitische Grundsätze für die Rassen- und Missionsfragen Berlin 1909
Rostow, W. W.,	Stadien wirtschaftlichen Wachstums. Eine Alternative zur marxistischen Entwicklungstheorie Göttingen 1960
dos Santos, Th.,	Über die Struktur der Abhängigkeit in: Senghaas, D. (Hrsg.), Imperialismus und strukturelle Gewalt, S. 243 – 257, Frankfurt 1972
Schäppi, F. S.,	Die katholische Missionsschule im ehemaligen Deutsch-Ostafrika (Diss.) Oberginingen 1935
Scheel, W.,	Deutschlands Kolonien Berlin 1914
Schlunk, M.,	Die Schulen für Eingeborene in den deutschen Schutzgebieten Hamburg 1914
ders.,	Das Schulwesen in den deutschen Schutzgebieten Hamburg 1914
Schmidlin, H.,	Deutsche Kolonialpolitik und katholische Heidenmission in: ZM, 2.Jg. 1912, S. 25 – 49, Münster
ders.,	Katholische Missionsgeschichte Steyl 1924
ders.,	Katholische Weltmission und deutsche Kultur Freiburg 1925
ders.,	Die katholischen Missionen in den deutschen Schutzgebieten Münster 1913
Schneider, F.,	Vergleichende Erziehungswissenschaft Heidelberg 1961
Schramm, P. E.,	Deutschland und Übersee Braunschweig 1950

Schwager, F.,	Die Bedeutung der Arbeitserziehung für die Hebung der primitiven Rassen in: ZM, 4.Jg. 1914, S. 278 – 298, Münster
Senghaas, D. (Hrsg.),	Imperialismus und strukturelle Gewalt. Analysen über abhängige Reproduktion Frankfurt 1972
ders. (Hrsg.),	Peripherer Kapitalismus. Analysen über Abhängigkeit und Unterentwicklung Frankfurt 1974
ders.,	Plädoyer für eine Reorientierung von Entwicklungsforschung in: Khan, K.M., Matthies, V. (Hrsg.), „Hilfswissenschaft" für die Dritte Welt" oder „Wissenschaftsimperialismus"?, S. 119 – 142, München 1976
ders.,	Die Überwindung von Unterentwicklung: Handlungsspielräume und Aktionspotentiale in: Deutsche Gesellschaft für Friedens- und Konfliktforschung (Hrsg.), Konflikte zwischen westeuropäischen Industriestaaten und Entwicklungsländern und deren friedliche Überwindung, S. 33 – 44, Bonn-Bad Godesberg 1974
ders.,	Vorwort. Elemente einer Theorie des peripheren Kapitalismus in: ders. (Hrsg.), Peripherer Kapitalismus, S. 7 – 36, Frankfurt 1974
ders.,	Weltwirtschaftsordnung und Entwicklungspolitik Frankfurt 1977
ders.,	Menzel, U. (Hrsg.), Multinationale Konzerne und Dritte Welt Wiesbaden 1976
Shanin, Th. (Hrsg.),	Peasants and Peasant Societies Harmondsworth 1971
Sithole, N.,	Der Gott der Brot ißt Stuttgart 1962
St. Josefs-Missionsdruckerei Reichenbach,	Das Missionsinstitut und die Missionsgesellschaft von Reichenbach – als Manuskript gedruckt ohne Datum, Archiv St. Ottilien
Stiftung Entwicklung und Frieden,	Die Herausforderung des Südens. Der Bericht der Südkommission. Über die Eigenverantwortung der Dritten Welt für dauerhafte Entwicklung Bonn 1991
Streit, R.,	Die katholische deutsche Missionsliteratur. Die geschichtliche Entwicklung der katholischen Missionsliteratur in deutschen Landen von Beginn des 19. Jhd. bis zur Gegenwart Aachen 1925

Taylor, J. G.,	From modernization to modes of production: A critique of the sociologies of development and underdevelopment London 1979
Tetzlaff, R.,	Koloniale Entwicklung und Ausbeutung. Wirtschafts- und Sozialgeschichte Deutsch-Ostafrikas 1885 – 1914 Göttingen 1970
Theye, T. (Hrsg.),	Der geraubte Schatten. Eine Weltreise im Spiegel der ethnographischen Photographie (Katalog) München 1989
Thurnwald, R.,	Die Psychologie der Akkulturation in: Mühlmann, W.E. (Hrsg.), Kulturanthropologie, S. 312 – 326, Köln 1966
Tibi, B.,	Internationale Politik und Entwicklungsländerforschung. Materialien zu einer ideologiekritischen Entwicklungssoziologie Frankfurt 1979
Traber, M.,	Rassimus und weiße Vorherrschaft Freiburg 1971
ders.,	Das revolutionäre Afrika Freiburg 1972
Wallerstein, I.,	Das moderne Weltsystem : Die Anfänge kapitalistischer Landwirtschaft und die europäische Weltökonomie im 16. Jahrhundert Frankfurt 1986
Warneck, D. G.,	Eine bedeutsame Missionskonferenz in: AMZ, Band 12 1885, S. 555 – 563, Gütersloh
ders.,	Missionsrundschau in: AMZ, Band 12 1885, S. 146 – 149, Gütersloh
ders.,	Nachschrift (Mitteilung über die Gründung der deutsch-ostafrikanischen Missionsgesellschaft) in: AMZ, Band 13 1886, S. 226 – 231, Gütersloh
ders.,	Zur Lage in Ostafrika in: AMZ, Band 16, 1889, S. 1 – 20, Gütersloh
Washington, B. T.,	Vom Sklaven empor Berlin 1902
ders.,	Charakterbildung Berlin 1910
ders.,	Handarbeit Berlin 1913

Weber, H. (Hrsg.),	Entwicklung – Der Begriff und die Praxis Bonn 1990
Williams, E.,	Capitalism and Slavery London 1964
Zache, H. (Hrsg.),	Das deutsche Kolonialbuch Berlin 1925
ders.,	Deutschlands koloniale Ehrentafel in: ders. (Hrsg.), Das deutsche Kolonialbuch, S. 229 – 248, Berlin 1925
ders.,	Deutschlands koloniale Eingeborenenpolitik in: ders. (Hrsg.), Das deutsche Kolonialbuch, S. 41 – 73, Berlin 1925
Zahn, F. M.,	Die Mission auf dem allgemeinen deutschen Kongreß zur Förderung überseeischer Interessen in: AMZ, Band 14 1887, S. 29 – 48, Gütersloh
ders.,	Handel und Mission in: AMZ, Band 13 1886, S. 481 – 502, Gütersloh
ders.,	Die Verweltlichung, eine neue Missionsgefahr in: AMZ, Band 13 1886, S. 193 – 211, Gütersloh
Zeitschrift für Pädagogik	Die Dritte Welt als Gegenstand erziehungswissenschaftlicher Forschung: interdisziplinäre Studien über den Stand der wissenschaftlichen Berichte, 16. Beiheft Weinheim 1981

Zeitschriften

Allgemeine Missionszeitschrift (AMZ),	Monatshefte für geschichtliche und theoretische Missionskunde Gütersloh 1874 – 1921
Blätter des iz3w,	Informationszentrum Dritte Welt Freiburg
Die deutschen Kolonien,	Monatsschrift für die sittliche und soziale Hebung der Eingeborenen in den Schutzgebieten Berlin 1902 – 1907
Deutsches Kolonialblatt,	Amtsblatt für die Schutzgebiete in Afrika und in der Südsee, Herausgegeben im Reichs-Kolonialamt 1879 – 1914
Deutsches Koloniales Jahrbuch,	Berlin-Wilmersdorf
Deutsche Kolonialzeitung,	Frankfurt 1884 – 1911
Entwicklung und Zusammenarbeit (E + Z),	Deutsche Stiftung für internationale Entwicklung (DSE) Bonn 1965 ff
Die katholischen Missionen,	Illustrierte Monatsschrift des Vereins der Glaubensausbreitung, hrsg. von Priestern der Gesellschaft Jesu Freiburg 1873 ff
Kreuz und Schwert im Kampfe gegen Sklaverei und Heidentum.	Illustriertes Missions- und Unterhaltungsblatt für das katholische Volk, besonders für die Mitglieder des Afrikavereins deutscher Katholiken. Centralblatt für die gesamte Missionstätigkeit in Afrika Münster 1893 – 1905
Missionsblätter,	Illustrierte Zeitschrift für das katholische Volk, St. Ottilien 1889 ff
Zeitschrift für Entwicklungspädagogik (ZEP),	Unterentwicklung und Überentwicklung als Herausforderung für Erziehung und Politik Reutlingen
Zeitschrift für Missionswissenschaft	Münster 1886 – 1931